现代应用心理训练与心理咨询理论与方法

张忠秋　刘冯铂　主编

人民体育出版社

图书在版编目（CIP）数据

现代应用心理训练与心理咨询理论与方法 / 张忠秋，刘冯铂主编. -- 北京 : 人民体育出版社, 2024
ISBN 978-7-5009-6465-0

Ⅰ. ①现… Ⅱ. ①张… ②刘… Ⅲ. ①心理训练—研究②心理咨询—研究 Ⅳ. ①G804.86②B849.1

中国国家版本馆CIP数据核字(2024)第101012号

*

人 民 体 育 出 版 社 出 版 发 行
北京明达祥瑞文化传媒有限责任公司
新 华 书 店 经 销

*

710 × 1000　16 开本　12 印张　220 千字
2024 年 7 月第 1 版　　2024 年 7 月第 1 次印刷

*

ISBN 978-7-5009-6465-0
定价：62.00 元

社址：北京市东城区体育馆路 8 号（天坛公园东门）
电话：67151482（发行部）　　邮编：100061
传真：67151483　　邮购：67118491
网址：www.psphpress.com
（购买本社图书，如遇有缺损页可与邮购部联系）

前　言

运动心理学是一门研究体育运动中的心理特点及其规律的科学。从学科属性上讲，运动心理学是一门交叉学科，也是应用属性较强的学科，能够科学有效地指导运动员心理测评、心理训练和心理咨询等工作。

当前，随着生活水平的提高和科学技术的不断发展，各个国家精英运动员在身体素质和技战术水平上的差距日趋减小，运动员临场心理状态成为保证其流畅发挥的重要因素而广受关注，精英运动员之间的竞争也已成为在体能、技术、战术，尤其是心理方面的比拼。然而，与我国运动心理学学科发展一样，我国的心理训练与心理咨询服务起步较晚，致使运动心理学在相当长一段时间内仅停留在心理指标描述、测量和运动员心理选拔方面，服务效果也在不同程度上受到质疑。本书的出版，将为广大教练员、运动员和心理服务人员在心理训练与心理咨询方面提供实践借鉴，同时，能够为运动心理科研人员提供宝贵的理论研究资料。

回忆本书的编写过程，虽漫长但却充满愉快。在新冠肺炎疫情出现之前，国家体育总局体育科学研究所会定期举办全国竞技体育科学化训练高级研修班，来自不同运动项目国家队的优秀教练员及心理工作者在此分享各自队伍的成功经验，以及心理科技服务内容。举办该研修班不仅搭建了教练员和心理工作者介绍成功经验的平台，还增进了不同队伍工作人员之间的交流，各种奥运冠军训练和比赛的宝贵经历也在此得以“绽放”。考虑到心理训练与心理咨询工作的重要性，编者特将研修班上众多报告中关于上述“心理服务”的部分摘出，并在考虑了科学性和严谨性的基础上，选择了以下内容呈现给读者。为了做到实用，特别选择了心理学理论与精英运动员实际训练和比赛实践联系最为紧密的专题；为了做到全面，我们还提供了其他领域（如：军事体育领域）的心理训练和咨询案例，以确保本书能够对运动心理学的主要知识点做到较为全面的覆盖。

本书由国家体育总局体育科学研究所张忠秋和郑州轻工业大学刘冯铂担任主编。具体分工如下：张忠秋设计本书整体框架，并编写第一章和第二章；刘冯铂编写第三章、第四章和第五章。

感谢人民体育出版社促成本书的成功出版。感谢贾彬彬、刘书强和张蓉能够积极发挥主观能动性，在工作和课余时间对书中的文字进行了审核。

由于编者水平有限，书中难免出现缺陷与不足，敬请广大读者批评指正。

张忠秋　刘冯铂

2024年6月6日

目录

第一章

运动技能形成的心理特点

运动员训练的心理学初始条件

中国科学研究院心理所　张建新

运动员训练的心理学初始条件是什么？目前，运动员的管理以及训练当中，最受人关注的是，我们投入这么多的时间、精力，还有国家经费支持，最后运动员能不能在大赛中发挥出来，能不能制胜、创造优异成绩。很多人建构的理论观点是，运动员在比赛竞技场上能不能制胜，主要是三个方面：第一是运动员的体能；第二是运动员的技能，包括战术；第三是运动员在关键时刻能不能有最佳的竞技心理状态。

前两个方面我相信教练员有更深的体会。运动员没有好的体能是不可能发挥出最佳状态的，那么没有技能，没有平时熟能生巧的训练也不可能达到最佳状态，而心理状态也能够调节到最好，使三者完美叠加，应该就是一种理想状态，是运动员能够在比赛场上制胜的最好状态。当然能不能达到这种叠加，其实有很多的问题存在，比如说教练员的主观因素，或者管理者的主观因素。我们中国运动员，在世界竞技层面都是很优秀的。如果能达到这种巅峰状态，就可以使其平常训练的水平发挥到极致，这就离世界冠军、奥运冠军的世界一流水平更近了。

我们是大国，在大宗的人群里面选出优秀的专项竞技人才来，他们的体能应该是非常优秀的，再加上我们有一支非常优秀的教练员队伍，这种训练其实也就是国际一流的。在此基础上，如果我们可以做到和做好日常心理训练，并据情况适时调整，以符合运动场和比赛竞技场相关要求，并与对手等诸多因素结合起来，就能不断保持竞技状态的完美叠加，这就是我们追求的最理想状态。大家都知道要刻苦训练体能，其实无非就是要把体能达到非常好的状态。比如说高原上缺氧，在缺氧的状态下训练，当再从高原上下来的时候体能可能被促进到很好的状态。技能方面，比如集体项目中怎么训练最佳的战术配合，从我们教练员来说都是非常重要的训练内容。教练员主要做什么样的指导，我想主要是在第二个方面。体能主要是和自身遗传及身体状况基础有关，而心理在这三者的叠加里，应该是要引起中国运动界关注的方面！

相信教练员及管理者都是希望能全面科学地了解运动员，怎么样使对运动员的心理重要性落实到可以操作化的层面，使各位教练员及管理者受益，这个的确是一个很重要的科学研究问题。因为怎么样能够找出心理制胜状态的前因后果，能够找出因果关系，找出相关关系，找出适时有效的抓手，其实是离不开科学研究的。我是从心理研究角度做一些提醒，也可以说怎么样把这些机制搞清楚，是有待于回答的问题。国家体育总局科研所、北体大等许多单位具有专门从事高水平运动心理研究工作单位的科研人员，为我国运动员备战国内外重大比赛做了许多有益的科学探索和科技助力工作，创新了很多有效的科研训练方法。所以我们要在这个基础上把一些最新的心理学的研究成果提出来与大家分享，以对我们实际的运动员训练比赛指导方面有一些科学启发作用。

心理学的研究对象都是人。人首先是一个生物体，其具有生理及生化的特质，同时还具有特殊大脑神经的人类特性。当前心理学其实超越了过去传统心理学的一些方法，比如脑神经科学已经成为回答心理学问题的前沿手段，所以脑神经的特点对我们运动员训练有很多启发作用。此外，运动员实际上不是在真空里面的一个个躯体和生物特性，其实更是一个个独立个体，是在社会群体里存在，接受了特定社会文化、经济等熏陶的这样一个个体。通俗来讲，其既具有生物特性，特别是脑神经方面的特性，同时又具有社会文化特性。所以这里要特别强调，如果一个运动员在心理方面能够达到一个很好状态的时候，其实是有一个最基本的初始条件的，这就是我们所提的初始条件，在这基础上加以指导、加以训练就很容易出好成绩。如不具有这些初始条件，不管你怎么样去雕琢他，他或她都成不了优秀的运动员，也许他们会成为优秀的公务员，一个优秀的卡车司机等。但是作为一个优秀运动员必须有其特殊的初始条件，所以初始条件对我们运动员的训练选拔就具有了非常特殊的意义。这样的前提条件正好是刚才张忠秋主任说到的国家心理咨询师的培训，心理咨询师培训慢慢地从过去的生物医学模式转到了生物医学、社会心理文化和工程的模式。以这样的一个模式，在你研究一个人的前提时，要遵从一定的理论框架或理论模式，不可片面对待，不能只把其当作一个动物，或只把它当作生物人，这样的视角会使你对运动员的指导训练有所偏颇。如果你把它当作心理学，不去顾及生物学的基础，也是有所偏颇的。可见要有这样的复合思维，要有全面的理论前提，这个前提就是我们所讲的各个方面都要涉及到的相关要素。我们知道将来的心理训练的设备，其实和工程是有直接关系的，这是我们心理支持的条件，所以我个人觉得无论你做心理咨询也好，做运动员的培养也好，都应该遵循这样的基本假设，只有这样才能使得你对人有完整的认识。

在我们的日常生活里面，真正达到前面的对人的认识，其实还是需要很多的理解、宣传，不断地去推广这种认识。在大家都接受之前，很多人的认识还是存在偏差的。比如那种属于生物学假设的认识，认为人无非是一种生物，和动物没什么区别。我们知道马戏团的那些动物，只靠运用动物本能的东西来加以训练——怕惩罚，给予一个刺激激励，就是吃的。你做错了，电棍就击打上去，它怕疼，这是生物学的本能。它饿了，就渴望某种食物，对它有种吸引。两个方面一罚一奖，让动物通过最初的训练，学会一种技能，这种技能当然是机械的，只能在表演的一段时间里来做。但是如果我们持纯粹生物学的假设的话，有可能它就会在训练运动员的时候发挥积极作用。

然而运动员是人，可能这种态度对我们刚才讲的心理制胜这种状态不仅没有任何帮助，且往往适得其反，所以我们说一个运动员能够在比赛场上制胜，这三个方面的支撑都是非常重要的。如果你认为这三个方面很重要，你对运动员训练持这种假设的话，那么显然第三个条件你就不可能去满足。所以我想这样的观点一定是要改变的，当然我也相信现在持这种观点的人已经开始少了。

另外还有一种机械论的假设。我们知道心理学的行为主义，它是机械论的典型，基本的一个原理就是强化。当然人的强化和动物的强化不太一样，人与动物有许多高于动物的区别，不管怎么样，如果我们了解人的这种需求，根据这种需求进行强化，和动物训练本质上是一样的，即引导这个人的某种需求某种原则去把他的技能培训出来。行为主义的主张就是你让我培养12个不同职业的专家，我就能够做到。它是假设我只要遵从行为主义强化的这种机制，人就能够成为我设定的那种人。脑子里想到的都可以。但是我们知道这种理论和认识也是偏颇的，没有一个人可以做到这样。因为毕竟在中国大家都知道中国人都非常重视教育，每个家长在自己有了孩子以后，都以为自己能够按照自己的设想和理想模式把自己的孩子塑造成一个优秀的人。但是实际上我们知道大多数家长在这方面都比较失望，为什么呢？因为家长按照其想的没满足的愿望去培养孩子的时候，他们很快就会发现，到了3岁甚至更大的孩子们其实已经有了一套自己的心理，这个人成为个体以后，当他们成熟到一定阶段以后，就会按照自己的一套规律去发展。其实外界的指导，外界的干预、鞭策、教育有没有作用呢？一定是有作用的，但是你只有在符合了个体心理发展规律的时候，这个外界的干预，在外因和内因相同的时候才会起一定的作用。那么反过来，如果外界的影响力和自身的规律不相符的时候，一是达不到预期效果，二是可能与预期效果相反。比如在我们的生活里面，许多家长会很失望，怎么这个孩子不具有可培养性，怎么我投入这么多，这孩子怎么还令我失望，这就是他没认识到人的自身内在的发展规律及特点，只有认识到这些规律及特点，你才能够因人而异地进行施教。我相信对于运动员训练也是这样，特别是我们运动员很多是从很小开始训练的，比如体操运动员，我知道是很小就开始选材和进行系统培训。如果我们教练员能够很好地了解这个人的初始条件，在早期培训的时候，实际上运动员离竞技比赛是有距离的，所以更多的是对基础的奠基，这个就是我们讲的初始条件，要把这个初始条件打好，在将来走向赛场的时候我们才能通过运动心理学的方法把这种制胜的心理状态调节出来。这个机械论的假设是错误的，我们教练员对这种生物论和机械论的偏差一定要进行调整。要把运动员当作一个完整的、具有心理自身发展规律的社会生物学的一个人，在这种情况下你才能对其进行外界有效的干预。我们讲了运动员的训练可能有很多的偏差、偏颇，比如说强化训练强调体能，体能在初级阶段可能是一个制胜法宝，但达到高级运动员的时候，只有体能训练是不够的。这个在奥运会等重大比赛上我们都是可以看到的。

第二个方面，我们训练有时候是以教练员为中心的，这是误区也好，偏颇也好，实际上训练比赛一定是要以运动员为中心的。如果你以教练员为中心，这个偏颇就跟刚才我举的例子一样，在进行孩子教育的时候，如果你以家长为中心，这是一定会存在问题的，一定要以孩子为中心，你的所有的期盼，所有的措施一定是希望孩子健康成长，而不是说实现家长你自己的愿望，实现你小时候的没有满足的愿望。教练员与运动员也是这样的关系。所以技术、战术非常重要，有些经验是教练员在做运动员的时候的经验，符合他身体本能的制胜条件的经验，所以他就能够取得好成绩，你的运动员和你的心理、本能肯定不太一样，所以这个时候你一定要根据他的状态和特点进行技术、战术培训，只有这样你才能使运动员的三种状态在竞技的时候有很好的发挥。否则的话，你只根据自己的经验，而忽略运动员本身的条件，把你的技术战术强加给运动员的时候，也可能适得其反。

我不是教练员，没有切身体会，但是通过理论的推演大家可以想象到，运动员的体能、运动员的心理状态、教练员的有效指导加起来才能使三者有完美的结合。所以任何一个条件的制定，一定是针对这个特殊运动员本人制定，而不是说一般性的一个模型、一个理论框架，我可以使所有运动员都按照这个模式去培训，持有通行的这个观点肯定是有问题的。我们在选拔培训运动员的时候，很多时候忽略了这种状态。之所以运动员在比赛的时候有这种心理制胜的状态，其实跟他所具有的心理条件有很大的关联程度。有很好的初始条件，你才能在比赛的时候，达到制胜状态。为了达到理想的制胜状态，运动员在训练比赛时应该从哪些方面考虑心理的初始条件？我是从心理学研究领域和大家分享一些研究成果。当然，至于能不能很好地运用到训练过程中及赛前指导里，还需要教练员们根据自己的经验、根据所指导运动员的情况、根据赛场的情况等诸多条件去进行自己的创新及自己的思维。

人的心理是非常复杂的，心理学的研究无非就是想把人的主观世界，通过不同的领域、不同的方法切块或切片，然后把某一个块某一个片分解出来，孤立出来，通过科学研究把它的因果关系搞清楚，然后再把它放在整个的心理世界里，看看它的作用。但是把所有的条条块块都拿出来，作为初始条件是办不到的，太复杂了，所以我这里只用了三个方面，这三个方面恰好和心理学最新的发展是有关系的。这三个方面，一个是积极心理学，心理学现在从过去的消极心理学的模式慢慢转变到积极心理学的模式。从积极心理学可以知道这个人有积极心理的潜质也有消极的特点，所以一个人不可能是完美的，纯粹是积极的或消极的，他一定是两个方面的复合体。对我们教练员最重要的启示就是要调整视角，你在看你的运动员的时候，如果你是从过去权威式家人的角度看他的缺点，只是希望把他的缺点补救出来，然后让他更完美，我相信我们许多教练员持这种观点，如果这个小孩有这个方面的缺点，那个方面的缺点，我的作用就是把他的缺点补上，这种视角按照积极心理学的想法稍微有点过时。积极心理学的视角是看到这个运动员他内在的潜质，他内在积极的方面，我怎么把这些东西更好地开发出来。而这些积极的东西如果能够给他开发出来，能够和运动员的训练、参赛的要求契合起来的话，这种方法会更有积极作用，对运动员的成长促进作用会更大，这是积极心理学。

第二个方面，大脑的执行功能。人不仅有四肢，最主要的是大脑，作为生物体最重要的发展就是大脑。大脑对运动员整个的训练比赛起到的作用是非常大的，过去我们大家都会有这样一种说法，运动员是四肢发达，头脑简单，似乎你只要肌肉满满的、力量无穷或灵活性非常好，那么这个运动员就是优秀的运动员。但是实际上到目前为止，我们看西方在训练的时候、在培养运动员的时候，其实他是全人的评价，更多的是从心理进行评价。西方的这种培养对大脑执行功能有很大的促进。所以说现在的运动员，特别是杰出的运动员，他不仅仅要做到四肢发达，而且要做到头脑发达。只有头脑发达、四肢发达的运动员才可能最后在赛场上真正制胜，所以过去的观点是有问题的。这个我也会提到一些研究帮助大家思考，这些研究反过来有一些方法，在将来我们都可以考虑在我们的训练及选拔里面加以运用。

第三个方面，刚才讲运动员一定是出生、生长、生活在某一个特定的社会环境中，而文化社会环境对这个运动员的影响是方方面面的，特别是对其心理素质方面有很大的影响。实际上从三个方面抽象地来说，情绪、个人的认知和个人的文化，这是三个心理学发展比较迅猛、比较前沿的研究。

再回到第一方面，就是积极心理学的研究。我们讲的初始条件是运动员的心理是健康的，我相信不仅仅是运动员，很多职业都要求首先心理是健康的。如果我们没有这一基本的条件，在有问题的初始条件上给他很多的教育、培训、训练，其实是出不来成果的。为什么心理健康这个问题人们越来越重视，原因就是在这里。现在对中小学生加强了心理健康的教育，包括教育部也开会提出把心理健康教育作为学校重要的工作，不仅要教数理化、英文、语文，也要教心理健康。因为如果没有健康的心理，那么，第一数学、英文、语文等这些课程可能学不好，第二就算这些基础的技能学好了，那可能到真正需要的时候也发挥不出来，甚至走偏。这些心理学方面的例子很多，包括我们运动员也是这样，作为教练员我想会有更深的体会。比如，有些运动员嫉妒心理很强，嫉妒心理虽然看起来仅仅是某一个方面，实际上对他自己本身是一种伤害，因为运动员除了在赛场上跟对手去竞争比较，更多的时候是跟我们的队友进行比较，实际上是互相较劲。如果一个运动员嫉妒心非常强的话，你可以看到他处于一种消极的状态，这种消极状态对他的训练实际上是有伤害的，而且有时候他会走向极端，甚至伤害其他人。

世界卫生组织（WHO）关于人心理健康的基本界定，大概有十个方面。那么现在的问题是，怎么样才能有心理健康的状态？心理学家有两种，刚才我已经提到了，最早的传统心理学，除了积极心理学我们把它叫作消极心理学，现在出现的最新的发展我们叫作积极心理学。它们两者的区别在于，消极心理学主要是根据以人的缺憾、缺失、不满足及痛苦为中心。当然我们知道中医讲人的“七情六欲”，如喜、怒、悲、伤等这些东西，实际上你可以看看，这之中只有喜是积极的，其中悲、怒、思、恐等全部是消极的。这个是什么意思呢？就是人从出生以后，在他的成长过程中他确确实实要克服很多困难，要面对很多的痛苦及失意，这是人心理发展过程的必经之路，必然要面对并加以解决的，只有在解决过程中这个人才可以去不断成熟，不断发展。消极心理学以痛苦为中心，其实没有错，因为人的一生确确实实有太多负面的东西。积极心理学认为：虽然你没有完全错，但是你看人的时候，看到太多负面的东西，结果把人看扁了。其实人们心理积极的内容及潜能还是很多的，你没有看到，如果我们把它挖掘出来，那么积极的东西，像社会上宣传的经常讲的正能量，如你正能量多一点，负能量不就少一些了吗？所以积极心理学是以快乐为中心的。

两种心理学确实有区别。看积极心理学，我们在做运动员心理健康指导的时候，经常会听到一些这样的词汇，消极心理学用这样的词汇建构了这样的理论框架，然后我们再看运动员的时候，再看其他人的时候，因为我们用了这样的概念，看这个人全身都有毛病。有时候我开玩笑，说心理咨询师是干什么的呢？有的人他很会讲课，但是他一个人讲课，下面所有的听众听完他的讲课就会觉得自己真有问题。我就开玩笑说，心理咨询师讲课宣传，为的就是把别人说成有毛病，然后他就可以有事所做，就可以赚很多钱，因为别人都去找他咨询了，每一次咨询费都是很高的。当然这是开玩笑的。但是你要知道消极心理学确实是这样看人的，积极心理学最新的发展不是这样，其实它更多的是从另一方面看人。比如一个人他和好朋友在一起时非常愉快，那么这个愉快我们讲是其心理非常积极的潜质，那么我们能不能把他的这个东西挖掘出来，让他不仅仅跟他好朋友在一起的时候愉快，我们能不能把他教育开发到和任何一个人在一起的时候都是这么快乐，这就是积极心理学的一种思维。那么如果是这样教育开发，最后培养的这个人不仅跟自己的朋友，跟自己的家人是愉快的、安全的，而且他跟其他陌生人在一起的时候也是安全的、不焦虑的、放松的，这样的话，他的成绩不是就上去了吗？积极心理学就是从这样的视角来尝试挖掘一个人内心的潜能，我相信运动员也是这样。

家长经常说孩子是夸起来的，你要去体会他身上的亮点，抓到这个亮点，由小集大，不断地给他这种正向的反馈，那这个小孩就会慢慢地自信起来。比如我们有时候回家问孩子，物理老师、语文老师、英语老师你喜欢谁，他可能会说我喜欢物理老师，然后你看他物理课学得非常认真，而且成绩很好。那你再慢慢去问他为什么，你会发现原因非常简单，就是有一次上物理课的时候物理老师点到他的名字，让他回答一个问题，他答对了，老师表扬了他。如果物理老师点到的是另一个同学，他也回答对了的话，物理老师也会说同样的话。

但是对这个小孩来讲，物理老师这样一句赞美的话，这样一句夸奖的话，深深地埋在他的心底，所以他就会对物理老师有好感，对物理好感增加了，他的积极性就出来了。所以积极心理学就是有这样一种换一个角度看人的方法，现在积极心理学包括国内有很多的积极心理学的类似授课，去推广积极心理学。

当然我也经常讲，在推广积极心理学的时候，也千万不要把原来的消极心理学一概否定，说消极心理学不对，其实不是，消极的东西及积极的东西有生存的价值，有生存的意义，它有进化的意义在里面。比如说恐高症，恐高它有一个消极心理的特性。我们知道人类早些年生活在树上，你要是在地面上，你就会被更凶猛的动物消灭，这个恐高是保护自己的，是有进化意义的。当然随着人类的进化，我们直立行走以后可以制服任何凶猛的动物，所以恐高在大多数人类里面已经慢慢地退化了，不再发挥作用，只有很少的人还恐高，你让他从20层往下看的话他不敢。所以我们讲这种消极的心理是有它进化的意义的，包括焦虑。一个运动员在面对比赛的时候，他一定是焦虑的，但一定要把他的焦虑压制到最低，如果一个人他没有一点点焦虑，他上不了战场。所以我们在做运动员心理指导的时候，其实是在试图找到符合一个运动员体能、心理、技术的恰当的一个焦虑的水平。如果我们教练员能够掌握这样一个技能，能够在比赛前把运动员的焦虑水平做适当调整，让他保持在一个既不损害他的其他技能发挥，同时又使他足够的觉醒这样的焦虑状态的话，那么这种焦虑对运动员取得好成绩是非常有用的，是我们需要的一种焦虑。如果我们把消极心理学都去除的话，其实不是完整的观点。我想说，在我们运动员的训练教学中，我们要把积极心理学和消极心理学两个方面很好地融合起来，这是我们要进行思考的。

那么，积极心理学对我们最大的一个启发在哪里呢？就是成功与快乐的关系。一般人来讲，我们现在不管大人或小孩都会说：你成功了才快乐。小孩也是这样，只要你努力了，学习成绩好了，成功了，那么你才会快乐，一般人都会这样，就是成功在前，快乐在后。但是积极心理学告诉我们，你如果把两者的关系颠倒过来的话，那可能会取得一些意想不到的结果。我们来看快乐是什么，其实快乐是一种情绪体验，每个人都会有他的情绪体验。比如说我们遇到挫折了，我们会情绪低落，我们会不满足，这个反面就是我们感觉很安逸、很满足，充满能量，感觉对很多事情都充满很大的好奇心，这种状态是处于一种快乐状态。包括愉悦、投入等都是一个人处于快乐状态的基本标志。处于快乐状态的人的成功机会会比处于消极状态的人的成功机会高很多。从这个角度来讲，积极心理学主张快乐在前，成功在后，这样的次序其实是更有道理的。这个就是我们要说的第一个方面，运动员的快乐情绪其实是他心理的初始条件之一。

教练员会有这样一个感觉，那些快乐的人会更受欢迎，而这些人也更容易出成绩。相反，斤斤计较、嫉妒这些消极方面比较明显的人，发挥出成绩的可能性低一些。快乐可以使人适者生存，拓展他的行动范围能力和认知能力，因此获得其他的社会支持和社会资源。运动员也是一个社会人，他如果带给人快乐，别人也会给他很多帮助，比如训练技能的交流、互相学习等，如果一个人比较孤独，那他从其他人那里得到资源的可能性就会降低。反过来，消极情绪占主导的运动员，他的内心可能会有怨恨，经常发火，别人去帮助他可能会适得其反，他可能会把这个意图曲解，认为别人是坑他。这种状态不利于他的成绩发挥出来，所以快乐本身就是一种竞争力，从这种角度来讲，快乐的情绪或者振奋的心境是运动员取得成绩的初始条件之一。所以怎样创造一种环境，使得每一个运动员经常有这种快乐的状态、快乐的情绪、快乐的心境，从积极心理学来讲这对教练员及管理者是一个较大的挑战。因为让一个人创造正能量的周边环境其实不是那么容易的。

现在整个社会压力很大，负能量非常大，所以在这样一个负能量大的社会团队里面，想开辟一个正能量的小环境是很难的。怎么样去创造快乐的环境，不仅是对运动员，也是对我们教练员及管理者的重大挑战。

所以在选拔、训练以及在赛场的时候，运动员能够出现好的心理制胜状态，教练员要关注正能量，关注快乐，关注运动员积极的心态。积极心理学的基调提升了运动员成功的概率。运动员面对困难的时候，他自己的问题都解决不了，更别说去提高比赛成绩。最好的方法是保持乐观的态度，教练员自身是这样，也应该引导运动员有这样的状态，这样才会有好的发展，第一方面就是心态。

第二方面的初始条件是跟神经科学的最新进展有关系的。人的认知活动，其实无非是两个方面，一个是自动化的，一个是有意识控制的、受控的状态，就像我们学自行车的时候，学习的时候要把学自行车的过程，不断地在脑子里操作，这个就叫有意识操作。一旦我们学会了骑自行车，我们就随随便便地上去了，我们可能在和别人聊天，可能在观察周围发生事件的时候，我们意识不到是怎么骑上自行车的，自行车怎么样平平稳稳地往前走。学骑自行车是一个受控的过程慢慢转化成自动化的过程。认知过程更多是外界的受控的过程，运动员的认知执行过程其实要比一般人更发达，只有这样他才能够有好的成绩。

执行功能怎么样呢？简单来说就是大脑的功能可以使人进行有目的导向的思考与行为，就是你的大脑的支配项，你朝向某个目的去想事情和行动。其实教练员与运动员的互动过程、教与学的过程都是目的性非常强的，目标就是在赛场上制胜，非常明确，所以怎么样在这个过程中把运动员的执行功能调动起来，能够加以评估、评价，这是非常重要的一方面。

很多认知神经科学的证据证明，大脑这部分受损，执行功能也会受到伤害，如果执行功能受到伤害，我们整个的高级心理功能就会受到极大的制约，人的心理功能完善，前额叶的执行功能是非常强大的，运动员也是这样的。执行功能需要意志努力进行控制，所以它是需要消耗能量的，注意资源不足的时候，执行功能的效率会降低。现在科学研究已经表明这个是铁定的事实，是不可质疑的，那么现在的问题是我们怎么去考察这个人的执行功能效率的高低。

其实有很多方法，举一个例子，有一个方法叫Flankers任务，可以把它当作一种测量人的执行功能的方法。其实非常简单，有五个箭头，其中中间的箭头叫目标箭头，旁边各两个箭头当作线索，注视中间箭头的方向，如果向右你按右键，如果向左你按左键，就这样一个非常简单的任务，不要管侧面的箭头向哪个方向，只看中间的。第一个任务就是这样的，非常简单，有很多人反应非常快。第二个任务也非常简单，就是只按左手键，但是如果中间的箭头向左，实际上两边的四个箭头都是向右，这个时候你的反应可能会慢，同理，中间向右，两边向左的时候你的反应实际上也是慢的，这是因为有一个干扰。五个箭头朝向一致的测量任务叫和谐型的任务，目标箭头和线索箭头是一致的、和谐的，这个时候反应非常快。中间箭头和两边箭头相反的测量任务是干扰型的任务，要观察的目标箭头和两边的箭头方向是反方向的，这个时候反应就会慢，我们把这两个任务反应叫动作反应过程。干扰型的任务需要考虑得更多，实际上这里面有认知加工过程，你要排除旁边四个箭头取向对判断目标箭头方向的干扰，干扰排除以后才能认准目标箭头，认准正确的按键。干扰型任务的反应时间减去和谐型任务的反应时间，剩下的叫抑制过程，或者叫抑制性功能的需要的时间。大脑在做判断指挥行动的时候，把行动的时间去掉，指挥的时间正好是抑制过程。这个过程越短，那么这个人执行功能越强或者效率越高，反过来，抑制过程时间越长，这个人的大脑加工时间越长，效率越低。所以，可以把人的大脑执行功能效率高低做一个非常直观的测量。

当然，还有儿童版的Flankers任务，用小鱼代替箭头的形式，我们在儿童运动员中做了很多的研究，其中一个是运动员训练与执行功能关系怎么样，很多研究都可以发现，运动员特别是优秀的运动员在执行功能上，他的抑制时间要比普通人更短。这是因为优秀的运动员的执行功能是非常强的，他的效率非常高。Flankers测量任务对于科研、选拔运动员以及培训运动员都是有启发作用的。研究表明，执行功能越好，那么运动员的运动成绩也就越好。从神经认知科学的角度来讲，运动员不仅仅是四肢发展，头脑发展也非常好，所以这需要教练员，包括普通人调整这种认识。其实运动员并不是四肢发达，头脑简单的。因为他们受训，知识结构有的时候会少一点，但是他们的大脑执行功能并不差，甚至优于常人。如果有运动心理学专家把这样的测量手段转化成可操作的一种方法，我们在选才的时候，可以把认知神经执行功能比较强的小孩选出来。

执行功能越高，运动员水平越高属于正相关关系，但是目前还没有确实的证据证明它是因果关系。无论如何，这给了我们一个提示，我们通过认知神经科学的最新发展了解到高水平运动员的执行功能是很强的，高水平的执行功能一定是未来选才、训练的一种依据，是优秀的临场发挥很重要的前提条件，这是我讲的第二个方面的初始条件。

第三个方面，集体主义价值观与自我实现的动机。最新的研究表明，这两个方面对于人的个性方面的表现，包括运动成绩，都有一个非常强的预测作用。社会心理学和文化心理学的一些结论对运动心理学有一些启发，这些研究发现，人的各种各样的行为里面，有这样一个基本的维度或者是因素是非常重要的，我们把它叫作集体主义和个人主义。在这个维度的描述下，我们通常会认为西方人，如美国人、欧洲人，是更加个人主义的，东方人，如中国人、日本人、韩国人，更多的是集体主义。

个人主义更多的是通过竞争的手段追求权力、追求个人的成功。这个实际上是在竞技体育里面表现得非常突出，个人要突出才行，一定要有这种劲头，你才能把别人比下去，你才能够突出出来。群体主义更多的是关注群体的和谐，关注群体的成就，其实大家都非常熟悉这样的文化，对教练员、运动员的影响是非常深的。

很多研究说，集体主义和个人主义并不是一个纬度的两极，它们不是对立的。它们有很多成分，是多元的概念，其中最主要的是价值取向和自我表征。群体为主是牺牲“小我”为“大我”或者为集体的价值取向，自我表征就是说我要做得非常突出，把个性表现出来。在运动员训练，包括在学生的培养里面，这两个方面其实在很多时候是矛盾的。大家觉得培养集体观念就要抑制个人的想法，反过来，如果灌输个人的想法可能会破坏集体观念，这是我们一般人认为的。特别是在运动员的训练里面，比如一个集体项目，那么个人和群体的关系就非常复杂。恰好这个研究发现，其实它们并不是完全对立的，我们可以通过一种方法把两者结合起来，就是利用价值取向，我们给它一个基本的定调，所有学生、运动员，特别是参加集体项目的运动员，首先要有集体主义的价值取向。这是一定要抓牢的，包括西方人，其实他们在这方面抓得也很紧，也是要以群体的胜利为最主要的目标，但是又不埋没个体的独特性，就是说在群体的目标的获得过程中也要保持个体的特性，而不是说在群体中我是默默无闻的，成为了一个机械的螺丝钉，这种观念在西方是不接受的。研究人员对集体的价值观和个人主义进行了一系列的研究。结果发现，一个人身上，既可以有朝向集体取胜、朝向集体目标的价值体系，同时他又可以有强烈的自我的独特性，追求自我实现的动机，就是说既照顾群体又兼顾自己的倾向，在一个人身上是完全可以同时存在的，这叫作群体的独立性。实验表明，这样一个既照顾群体目标，同时又保持自己独立性的个体，在群体的运作中有很好的效果。不管是在群体的创造性、群体的绩效、群体的合作方面都会有很强的预测能力。研究里经常用预测能力来讲，那些太过自私或者太过讲求集体丢失自我的人，他的效率、创造性、创新能力不如这种同时存在两种特性的人。这个是我要和大家分享的第三个方面。

运动员的执行功能非常强，心态积极、乐观，下面我们讲他的价值观，说大一点就是他的世界观。一个人能不能做到乐观向上，在一个集体的项目里面能不能既突出自己、保持自己的独特性，使自己的成绩最大化，同时又能够兼顾集体的目标实现，互相配合，只有这样的人的成绩才会好，对集体的贡献非常大。所以在运动员的培训过程中，对这种软性的东西，我们建议不要忽略，不要以为它是摸不着看不见的，就把它忽略掉。这是高层次的，价值观层面的东西。如果我们给予了关注，在将来运动心理学的推动下，能够做出一些可操作的培训计划和课程，让这些运动员在培训过程中，把这些集体性的个人主义价值观，慢慢地融入到自己的价值体系里面以后，我相信对我们将来对他做心理制胜状态的调节会有很好的帮助。群体性的个人主义价值观或许在未来是一个新的文化的雏形。因为中国在未来的发展，既不能靠一盘散沙似的个体主义，同时也不能走回头路，大家都是统一的制服、统一的发型、统一的模式成长发展，这样的民族没有创造力。“君子和而不同”就体现了这样的文化价值观，大家和谐，但是大家又都是独特的，这样的文化对我们的国家，对我们的运动队、运动员和教练员的互动以及促进他们的成绩都是很好的。

最后总结就是这三个方面：快乐心境（情绪测验），强大执行功能（Flankers测验），指向群体价值而又充分追求自我独特性的心理倾向（和而不同启动测验）。要创造一个快乐的小环境，在这样的环境里，运动员成绩的提高及竞赛制胜的几率会有很大的提高，然后培训强大的执行功能，再有意识地在课程里长时间的培训，培养出“和而不同”的人生价值观，使得运动员能够在追求自我实现的同时，能够放下个体的作用，使得成绩提高，制胜的条件就能够得到很好的培养。

如何做好自控

北京体育大学　张力为

别想白熊实验：首先在大屏幕上展示一张有白熊形象的幻灯片，然后让大家轻轻地闭上眼睛并说："请轻轻闭上眼睛，别想白熊。"时间持续1分钟。时间到后，让大家睁开眼睛，然后询问大家在刚才的1分钟内，脑子里面有没有出现白熊的形象以及白熊这两个字，没有出现的请举手。结果大概只有1/20的人做到了，其中一个人说他之所以没有想白熊，是因为他在脑海里想一件好事。我们之前做的实验情况也是这样，只有2%～3%的人可以做到。学过心理学的或者听过我以前讲座的同学大概都知道这是一个非常经典的实验，屡试不爽。而能够做到不想白熊的人通常是用其他的事情来占据头脑，一般来讲这1分钟内要你什么都不想，这个可能性说实话不是很大。所以我们在比赛之前如果提醒运动员"你什么都不要想"，我们的运动员如果有3分钟、5分钟或者更长时间的间隔，那他们能不能做到什么都不想？答案肯定是"做不到"。所以你和运动员说"你什么都不要想"这类话其实是没有用的。一分钟时间也不长，不让你想白熊，结果白熊还是钻到你的脑子里面来，其实让你别想白熊就是一个典型的控制力任务。但是很多人就是做不到，这是为什么呢？这是第一个问题。第二个问题就是像哪壶不开提哪壶一样，即说别紧张反而更紧张的效应。那么这种效应是在我们平时没有压力的情况下更明显还是在紧张的时候更明显呢？比如说决赛的时候，运动员肯定是紧张的，你越和运动员说别紧张，什么也别想，就越没用，更可能出现反作用。这就是我想说的一个经典的白熊实验。在心理学中，我们把这个实验所体现出来的效应叫作"逆效应"。

关于这个实验，心理学家从1984年就开始研究并发表相关的论文，后来的一系列实验研究也都表明这是一个非常经典的实验。我自己的研究团队也对这个实验进行过改进，比如让运动员轻轻地闭上眼睛，告诉他们别想教练。大家可以思考一下是别想白熊难做到，还是别想整天和他们朝夕相处的教练更难做到。我们的研究结果表明别想教练更难做到。因为教练和他们的生活联系更为紧密。换句话说，当你紧张的时候，哪件事情和你的关系越紧密，你就越难做到把这件事情放下，而往往在这种时候我们又需要把这件事情放下，这就是我们所说的自我控制力。除此之外我们还有几个实验，例如让一组被试看搞笑的或者比较残忍血腥的视频，告知他们尽量保持面部表情，然后让另一组被试根据被试的面部表情来猜他们看到的视频是搞笑的还是恐怖血腥的。这个实验主要是测试情绪控制。我们还有注意控制的实验，在我们的左边放一个“911事件”的幻灯片，右边放一系列枯燥的数字，要求被试只看数字不看幻灯片，这个也是比较难的。当然了，我们还有很多和控制有关的实验，在此就不一一赘述了。

毫无疑问，逆效应是不好的，需要我们去克服。关于如何对抗逆效应，研究人员做了一个试验，让两组运动员观看澳大利亚足球比赛，其中一组被试被告知观看比赛视频10分钟，而另一组被试，和之前提醒他们不要看裁判不大一样，这次是告知他们观看比赛视频10分钟，并注意其中一支球队的左后卫。试验结果表明，两组被试看裁判的时间差异不显著，但是第二组被试注视左后卫的时间明显长于第一组被试。这个试验就告诉我们为了有效对抗逆效应，我们可以引导运动员去关注具体的技术战术。

那下面我想问大家，逆效应是在高压力情况下更容易出现还是在低压力情况下更容易出现？和前面的结果类似，学员们一致认为在高压力情境下更容易出现逆效应，所以说这就提醒我们在高压力情境下要尤其注意这种逆效应，在这种情境下我们的运动员一定要注意提醒自己该做什么，而不要提醒自己不要做什么。当然这并不妨碍我们的教练员在平时的训练中提醒运动员不应该做什么，因为在训练中有些错位动作还是需要教练员去纠正。关于逆效应我之前也给教练员讲过很多次课，帮助教练员理解逆效应背后的原理，但是一到比赛，还是有很多运动员回到原来的习惯。下面我讲一些常用的心理训练方法可以用来帮助运动员形成对抗逆效应的良好习惯。因为心理训练归根到底不是讲清道理，而是形成良好的思维和行为习惯。

请运动员在训练日记中罗列赛前和比赛中经常运用的自我提示语。找出这些自我提示语中的消极成分。用积极提示语代替消极提示语。每天训练前默念积极提示语3次，以形成做积极语言暗示的习惯。

之所以这么强调习惯是出自两方面的原因。第一，在关键时刻习惯最有力量；第二，习惯最节省能量。所以我们说习惯是可靠的，特别是在比赛的关键时刻，习惯往往起了决定性作用。我记得有一次我在银川给那边的教练员讲课，讲着讲着整个楼都开始晃，有个教练说地震了，之后有人就尖叫起来，大家刚开始也是一愣神然后一拥而出。还好这次地震级别不大，没有造成太大的破坏。大家可以想一想地震的时候你会有什么反应，我估计大部分人都会跑，但是我后来了解到最正确的自救办法是第一波地震的时候应该找坚硬的东西，比如桌子，躲在桌子下面，等到第一波震荡结束后，马上跑出去，因为第一波震荡是上下的，真正危险的是第二波，它的震荡是左右的。在两波地震之间有一个间歇，但是很多人是不知道的，当他们遇到地震的时候，还是会习惯性地往外跑。所以我强调习惯就是力量。

自我控制的对象有很多。我举几个简单的例子。“冲动是魔鬼”这句话经常被人们所提到，我们有购物的冲动，我们有吃东西的冲动。愤怒是魔鬼。国会议员也有可能大打出手，运动员更是这样。恐惧是魔鬼。记得有一次我和自由式滑雪空中技巧队去加拿大参加比赛，中间安排了一些活动。有一天当地的导游带领我们乘船漂流，然后爬山，最后一个项目是悬崖蹦极，我当时心里就在纠结我跳还是不跳呢。不跳，别人就会感觉，你说了这么多心理调节课到头来自己却不践行，以后肯定不能服众。跳，我自己也有很多顾虑。虽然我会游泳，但毕竟我也是上有老下有小的人，万一发生什么意外，我也没法交代，所以我就很纠结。当然最后我还是跳了，而且还跳了两次。又比如昨天晚上我给自由式滑雪空中技巧队讲课讲到了伤病的问题，这个就和恐惧有关系，原来受过伤的人肯定会有恐惧，就算你原来没有受过伤，但是你跳的时候，特别是脑袋冲下的跳，肯定会感到恐惧。甚至有一个13年运动生涯的老队员告诉我说，比赛之前经常会睡不着觉，压力太大，因为比赛确实是有受伤的危险，所以我们说恐惧是魔鬼。懒惰是魔鬼，我们也都经历过，运动员就更不用说了。我当运动员的时候，在中国乒乓球队，每天早晨6点钟出操，北京队也是如此，6点起床，6点10分出操，一周6天，天天如此，我们在座的很多教练也都经历过，哪怕能够多睡5分钟都觉得是巨大的奖励，要是能够睡到自然醒，那就更不必说了。所以说，懒惰是魔鬼。

在这里，我们说了很多魔鬼，但其实每个人都有自己的魔鬼。自由式滑雪空中技巧队原来有一个加拿大的教练，也是一个非常好的教练，有一次我们两个聊天，我说：“谁都有魔鬼。”他就说：“What is your master? ”我说我的魔鬼特别的简单，就是可口可乐，我一到吃正餐的时候就想喝碳酸饮料，虽然我也知道可乐对成年人的骨质有不好的影响，但就是忍不住。所以每个人都有自己的魔鬼，有魔鬼就需要自我控制。

自我控制的核心有以下几个部分：改变、调节、变更、克制习惯性冲动和欲望反应的能力。比如，到了晚上，大家进餐，假如说这时候有一杯可乐或者是苏打水，那么我的魔鬼就要折磨我了，我喝还是不喝。有人可能会觉得这没什么大不了的，不就是小事一桩，喝点可乐能有什么，但是那个时候你要想自我控制是非常非常难的。我对于自我控制的界定就是为实现目标而对抗自己的本能。什么叫本能呢？你的本能是脚冲地落下来，而不是脑袋冲地落下来。但是自由式滑雪空中技巧、跳水、体操等有很多动作都要求你脑袋向下，那么这个过程毫无疑问是一个自我控制的过程，一开始很困难，到最后也仍然会感到恐惧，这是我们所说的对抗自己的本能。进一步说本能是什么，小时候你想干的那些事就是本能，你要吃喝，但是运动员又要求体重控制，好不容易放三天假回家，你不敢吃牛肉，也不敢吃猪肉，你最多吃点鱼肉，所以我觉得运动员确实贡献很大，也很可怜，但是因为兴奋剂控制比较严，所以很多事必须要严格执行。再比如休息和训练，你其实是想休息，想睡觉，但是你必须训练。我们经常所说的“小不忍则乱大谋”中的“小忍”其实就是自我控制，当然这个界定你在百科全书、心理学词典里面可能查不到，这是我自己理解的。

我们每个人的头脑都有两个小人经常在打架。一个小人代表的是“我想要”，其实就是本能。比如你自己的孩子看到别人手里有一个他特别喜欢的玩具，就跟别人要，结果人家不给他，他就去抢，然后你就打了你的孩子。这就是不付出就想得到的本能，当然其实我们大家都有这种本能，如果不是因为有法律和道德的约束，各位，我现在就拿出一把枪让大家把钱包都交出来，这就是本能。再比如我经常说我们学校里面的免费午餐非常好，但对每位女士都是一个很大的威胁。“我想要”是人的生物性，“我应该”则反映出人的社会性。所以不可避免的这两个小人就会打架。

人脑中的前额叶部分是人的自我意识中枢和自我控制中枢，当然不是所有的自我控制都是在这里实现的。如果你的前额叶受到损伤的话，那么你的这些功能就会受到不同程度的影响。有一个前额叶受损的病例，你要求他去洗澡，他就去，但是他把水龙头打开之后就不知道该干什么了，你如果不叫他出来，他就会一直待在里面。原因就是他失去了自我控制的能力。另一方面，我们的下丘脑和边缘系统就是欲望中枢的所在地，这个系统更多的是一些本能的释放。我们思考一下，人和动物哪两个系统的区别比较大？答案显而易见，肯定是越深层越古老的部位，动物和人的相似性就越强。然而人之所以能够成为万物的主宰，就是因为我们的自我意识、自我控制。从大的方面来说，整个新皮质的发展使得人和动物区分开来。而这种新皮质的发展，尤其是前额叶的自我控制中枢，和我们很多任务的实现、目标的实现是紧密联系在一起的。

国外的一些学者曾经提出人类有两套控制系统，一套是热系统，另一套是冷系统，两套系统各司其职，自我调节和目标抑制的交互作用构建起人的自我调节系统。我下面主要介绍一下什么是热系统，什么是冷系统。热系统其实就是我们刚才讲到的欲望中枢，它是比较情绪化的，而冷系统就包含了我们的前额叶，和自我意识中枢关联更大，它是认知性的。我们常说理智战胜情感，就是说冷系统的认知战胜热系统的情感。热系统相对冷系统来说比较简单，但是越简单的东西速度就越快。它很有用，比如人一接触到电，啪一下就避开了，非常迅速，因为这是人本能的逃避反射，它有一个非常重要的作用就是保护人不受伤，所以它是先天性的。而热系统则相对复杂，假如你是一名老运动员，虽然你一身伤病，但是奥运会你必须上，必须再坚持一下，这就比较复杂。前者是反射性的，不用学就会，而冷系统是反应性的，是通过后天的学习才能掌握的。热系统快，冷系统慢。热系统发展比较早，所以越是儿童，热系统就体现得越明显；越是成年人，冷系统发挥的作用就越大。热系统受压力调节，冷系统也受压力调节。热系统是根据刺激做出反应，而冷系统更多的是自我控制。所谓刺激就类似于我们刚才所举的例子，要是漏电了，一碰你自己就很快避开了。这个电就是一个刺激。热系统包含了与饮食、睡眠、规避等和生存相关的本能冲动，需要即时满足，而冷系统更多的是计划、监控、问题解决，等等。我们常常想做的就是让热系统别太热，冷系统别太冷，二者之间达到一种平衡的状态。但是这只是一般情况，有时候我们也需要把热系统激活起来。

认知神经科学的证据显示，前面我们所说的热系统，在头脑中所处的位置有很多与生存息息相关的中枢，比如杏仁核。如果把猫的杏仁核摘掉，就发现这个猫不会愤怒了。学过心理学的人都知道，心理学中有一个很重要的实验，实验人员通过使用电流对小白鼠大脑具体位置进行微弱刺激发现了一个很重要的中枢，这个地方后来被命名为奖励中枢。而理智，我们具体一点说，比如前额叶，这和人类的长期计划有关。前面我们提到的那个洗澡的病人，他之所以不知道出来，就是因为自我控制出现了问题。另外一个脑结构——海马——和记忆有关，你的计划，特别是长期的计划，和记忆的关系则更为紧密。最近我还接触到一些关于做梦的研究。基本上每个人每天熟睡都会做梦，从有梦期到无梦期再到有梦期如此循环大概有3～4个周期。如果在有梦期，也就是在你快速眼动的时候，把你叫醒，你就会立刻回忆起来你刚刚在做的梦。现在的问题是在快速眼动期，大脑的哪些部分处在兴奋的状态，哪些部分处在安静的状态。因为你做梦肯定会有一些大脑的神经中枢在兴奋，当然它们兴奋的状态肯定和正常的状态不太一样。然后研究发现，做梦的时候，人体自我意识的功能下降了。用弗洛伊德的话来说，你的超我不工作了，或者说工作得比较少。那大家可以想一想你做梦的时候主要是谁在工作，是本我，还是自我？肯定更多的是本我。弗洛伊德的这一套理论在现代神经科学的研究中得到了一些支持性的证据。已有的研究表明，在做梦时，人的热系统，就是我们之前提到的和本能相关的大脑区域处在兴奋的状态，其中也包括我们刚刚提到的奖励中枢，所以弗洛伊德在《梦的解析》中才说："梦是欲望以曲折的形式在进行表达。"青少年，包括处在这样一个年龄段的运动员，他们更可能会出现一些危险行为，主要是因为青春期大脑的社会情绪系统迅速成长，他们的冲动形式和倾向都在增加。在这个时候你就会发现有些青少年运动员，会出现成瘾的问题。其实出现这个问题的一个主要原因就是同伴的影响。同伴或者朋友一般会说："不就是一根烟吗？你抽吧，要不然你就白活一辈子，来吧没事，抽吧。"相似的，吸毒也是这样，但是吸毒更厉害，你一次都不能沾，沾上去就不好戒掉。而相反，从青少年到成年，危险行为是在不断减少的。这主要是因为大脑的外部皮质迅速发展，特别是自我控制的中枢在不断发展，所以我们成年人的行为才和青少年、儿童慢慢地区分开来。因此如果我们的大脑一直停留在儿童的发育程度，人类能不能战胜老虎、猴子、大象都不好说。

如何进行有效的自我控制。这是我今天要讲的主要内容。我们主要围绕热系统和冷系统两个方面进行讨论。热系统我讲六个方面的内容，冷系统我谈四个方面，之后我会提到几个在心理学上与自我控制有关的效应，最后作一个小结。

我有很多自我控制的实例。我们的教练员和科研人员如果想帮助运动员更好地学会自我控制，可以给运动员举这些实例，比如卧薪尝胆。有的运动员还真不一定知道这个故事。再比如韩信的胯下之辱，这些都是非常好的中国古典文化当中自我控制的实例，我们要学会利用国学文化的经典来帮助我们的运动员。当然，还有一个例子，就是曼德拉，这也是我每次讲课都要提到的例子。在小学的时候，如果老师给小学生留这么一个作业，写一篇作文题目叫《我心目中的英雄》，这些小学生最有可能列出的心目中的英雄是谁，我觉得他们的爸爸妈妈肯定是最经常出现的。就是说从小时候开始，这些小孩子就有偶像，大多数小孩子的偶像都是他们的爸爸妈妈。但是如果你让运动员写，他们有可能会写点特别的，那么大家猜测一下运动员提及的人最有可能是谁呢？没错，很可能是教练员。因为教练员对他们的影响特别大，他们也常常把教练员作为自己的偶像。所以有的运动员，他走路的姿势都像教练。那我的问题是当人们到了20多岁、30多岁、40多岁的时候，他们的心中还有没有偶像？我认为很多人还是有的，所以我就拿我现在的偶像曼德拉和大家再讲一下。大家都知道曼德拉在20世纪60年代被判无期徒刑，之后就在罗本岛监狱里面服刑，坐了27年的牢。当时南非还是白人至上的种族主义政权。中国有句俗话就叫“君子报仇，十年不晚”，27年之后曼德拉出狱，3年后当上了南非总统。曼德拉在总统就职典礼上向大家一一介绍来自世界各国的政要，但是最后介绍了三个人令全场吃惊，他说：“最后我还想为大家介绍三位尊贵的客人，他们就是当初在罗本岛关押我的狱警，让我们有请这三位先生。”大家全都愣住了，因为谁都没有想到一个黑人总统，会把原来关他的三个狱卒请来参加总统的就职典礼，而且是作为贵宾来对待，如果你说这是政治家作秀，当然也有可能，但是后来大家确实觉得曼德拉这个人心胸开阔。所以之后在2007年8月29日，伦敦议会广场，时任英国首相布朗，为致敬曼德拉举行了一个铜像揭幕仪式，曼德拉的铜像在伦敦的议会广场和林肯、丘吉尔并列。这意义非同一般：第一，曼德拉当时还尚在人世，而前面两位都已故去；第二，他是黑人，前面两位都是白人；第三，他本人没有任何英国的血统，像丘吉尔大家知道是英国首相，林肯则是因为英国和美国的特殊关系。可见全世界对曼德拉都是恭敬有加的。我们最近一次知道他，就是南非的世界杯比赛，曼德拉本来是要出席开幕式的，结果因生病没有参加，总之，他是非常受大家爱戴的。后来还有一个小故事，讲的是南非公安部的网站被黑客攻击了，弄一个黑猩猩的画面，等于故意羞辱南非的总统曼德拉，然而曼德拉一笑了之，没有再去追究。

还有一个实例，可能很多心理工作者比较熟悉，但是对于教练员来说，我还是要再讲一下。美国斯坦福大学的教授曾经做过一个实验，把一群小孩请来，一个接一个地带到实验室。实验室里面就一个桌子，桌子上有一篮巧克力糖，然后实验人员就会假装有事要出去，并且对小孩子说你先帮我看着这些糖，你要是实在想吃的话就拿一块吃，而且只能吃一块，但是如果你能等到我办事回来，你就可以吃两块。就是这么一个很简单的实验，结果有的小孩子忍不住吃了一块，有的小孩子等到了实验人员回来，大约15分钟，拿到了两块糖。现在我的问题就是得到一块糖的小孩子与得到两块糖的小孩子相比，30年后谁的出息更大？答案没有出乎大家的预料，那些能够等到研究人员回来的小孩子，30年以后更有出息。这个实验体现出来的就是我们心理学中所说的棉花糖效应。其实一开始这个心理学家没有打算对这些小孩子追踪30年，他一开始也只是想研究下小孩子抵制诱惑的能力，但是没有想到的是他把自己的三个孩子也拉进了实验室。过了一段时间他在和自己的孩子吃饭、聊天的时候就发现他们的行为表现和学习成绩好像和当初的实验结果有一定的关联。所以他才决定对这些小孩子的家长进行连续性的跟踪调查。结果发现那些没有等到实验人员回来，只得到一块糖的小孩在长大之后更有可能会出现吸毒的问题，吸毒毫无疑问和自我控制有关，他们也更有可能出现学习问题，不做作业，要不然就拖拖拉拉。当然，让一个孩子从小学到高中每一次都按时交作业确实也挺难的。而那些能控制住自己，最后拿到两块糖的孩子长大了之后很少出现类似的社会问题，而且学习成绩也明显比拿到一块糖的孩子要好。最后这个心理学家总结：人们的智力固然重要，会对你的学习成绩和工作成绩产生影响，但是你的自我控制能力也很重要，换句话说，就是你能不能学会"延迟奖励"。所以在中国我们就有"卧薪尝胆"，有"君子报仇十年不晚"。而且动物界里的一些动物，比如狮子、老虎、狼等这些肉食性动物，为了狩猎可能等上个两三天，这其实也算是延迟满足的一种形式。那我们从卧薪尝胆、胯下之辱、曼德拉以及小孩拿糖的这四个故事中能够发现什么呢？答案就是这些行为都是冷系统控制的，由此可见理智是多么的重要。当然上述四个例子有一个共同点，就是自我控制和延迟奖励是有密切联系的。

接下来介绍九种有效的自我控制方法。

（1）确立目标，回应目标，指向目标。我们学校有一个老师，他在自己的房间门外挂了一副对联，"浑浑噩噩过日子，朦朦胧胧混乾坤"。横批"难得糊涂"。这是他一生的处世哲学和生活目标，很有意思。当然，运动员的哲学不是这样子，运动员的目标可以分为短期目标、中期目标、长期目标，都是非常明确的，尤其是短期目标更是如此。

（2）积累好的习惯。有研究表明，只要进行自我控制，就会消耗自我控制的能量，越到后来自我控制就越难。自我控制资源损耗之后，精疲力竭了，如果之后还要完成一些事情或者任务，那么在这种情况下，你最有可能是按照你的优势习惯去做事。那么什么叫优势习惯？房子着火了，那我们肯定要跑，这就是优势习惯。运动员比赛几天之后，身体和心理上肯定很疲惫，所以说越是到最终决赛的时候，优势习惯的作用就会越大，因为习惯所消耗的心理能量是最小的。因此，建议教练在平时要注意培养运动员简单、有效的行为习惯。紧急情况下，优势习惯反应就会增加。例如现在有一个任务，要你立即用筷子把花生米从右边的盘子里夹到左边的盘子里，大多数人肯定是用习惯手去完成这个任务，这是毫无疑问的。所以说，越到危急关头，习惯性反应就越容易冒出来。那对于教练员来说，就要帮助运动员建立良好的行为习惯，靠习惯做好自我控制。

（3）榜样启动。告诉运动员在一些具体的情况下，还有比他们做得更好的人。每个运动员都可以向自己身边的优秀运动员学习，向名人学习。比如《吉尼斯世界纪录大全》，运动员可以以上了《吉尼斯世界纪录大全》的这些人为榜样。我记得曾经有一个很感兴趣的世界纪录，问："世界上连续不间断拿到世界冠军最多的人是谁？"答案是中国羽毛球运动员——杨阳。但是一般人都不会知道这件事，其实这些运动奇迹都可以作为运动员的榜样。

（4）自我肯定。有一个女子击剑队的例子，虽然当时中国女子重剑队的技术水平已经和法国队很接近了，但就是捅不破这层窗户纸。有一年世界锦标赛之前，为了让队员提高自信，一位教练提议说只要提到法国队，谁都不许说他们的优点，只能说他们的缺点。这个结果证明这个方法还挺奏效，在那届世锦赛上我们战胜了法国队拿到了冠军。当然每个教练不可能原封不动地照搬这个方法，但是至少有一点是可以肯定的，那就是在大赛之前，应该更强调自己队员的优势，在平时就要帮助运动员建立这样的习惯，多说多想自己的优点。

（5）执行意向：赛前预案。做好赛前预案很重要的一点是如果有突发的情况，我们能够做到有备无患，未雨绸缪。曾经首都体育学院徐守森老师的一个报告让我很受启发。他们在2012年伦敦奥运会前给国家羽毛球队作了一个赛前预案，关于这个预案从教练员到队员再到科研人员反复讨论了好几轮，最后才达成共识。例如其中的几个问题：比赛过程非常艰苦，如若运动员比赛信心出现瞬间动摇怎么办；比赛中为什么会出现思维空白，如何解决；冒尖的年轻运动员为何比赛表现起伏大，如何正确对待；赛前大家都看好你，都说你比赛没问题怎么办。一些问题作成预案之后对应着好几种应对方案，也就是丁雪琴老师（国内著名运动心理学家）经常告诫大家的一句话："办法总比问题多。"这是一个做好自我控制很重要的方面。

（6）自控练习。在平时的生活中有很多看似不起眼的小练习，这些小练习经过心理学工作者的检验之后发现确实管用。比如每天利用10分钟时间练习特别简单的一件事，用你的非习惯手把花生米从一个盘子夹到另一个盘子。有研究发现经过两个星期的夹花生米练习之后，对于非习惯手的控制能力可以迁移到其他的自我控制中去。所以我比较推荐大家去做的一个自我控制练习就是使用非习惯手去完成一些日常生活中简单的任务。我在自由滑雪空中技巧队的时候，要求队员练习写毛笔字。写大字要用心，教书法的老师说的就更有道理，他说："要写好大字就一定要纸正、笔正、身正、心正、人正。"我觉得他说的非常有道理，以小见大。练习书法一方面能接触到中国的传统文化，另一方面也能提高他们自我控制的能力。我们当然不指望最后能让运动员字能写得非常好，但是贵在坚持。我们也尝试把学习中国优秀传统文化和练习自我控制相结合。

（7）休息放松和营养补充。比如你感到很烦，动不动就发火，或者是情绪低迷，什么事情都打不起精神来，这时候你就要考虑营养补充的问题了。有研究表明，像香蕉这一类水果有利于对大脑中的5-羟色胺进行控制，而5-羟色胺的提高是抑郁的一个非常明显的症状，因此像香蕉这些可以控制5-羟色胺的水果对于缓解抑郁症状有一定的作用，其他的像面包、蔬菜等食物都有助于控制抑郁。当然不是说运动员有抑郁症，而是说他们可能会出现抑郁情绪，不管什么事都提不起精神来。而教练员最着急的两个事，一个是伤病，另一个是不够投入。网球比赛过程中，打一局球运动员可以休息4～6分钟的时间，局间休息就更少了，只有90秒。那么在这些短暂的休息时间里，这些运动员都在干什么呢？答案显而易见，他们无一例外都在补充能量，也不单单是补充能量，他们是通过这些能量使身体保持一个良好的竞技状态，进而增加自我控制的能力。

（8）积极情绪。积极情绪本身可以作为一种自我控制资源，毫无疑问也是一种重要的自我控制资源。

（9）具身效应：这是一个纯粹的心理学名词，大致的意思是说我们有很多思维和认知是和外部的动作联系在一起的，也就是说你有什么样的动作就可能会产生什么样的思维，而不是你有什么样的思维才有什么样的动作。例如让你用非习惯手握拳，或者是连续10次用最大力量使用握力器，然后再让你去解一个不可解的迷宫任务，不管你怎么试，到最后都走不出来，但是你在做这个迷宫任务的时候不知道它是不可解的。实验结果发现，用力握拳的那组在做不可解迷宫任务时坚持的时间更长，这就是具身效应。握拳可以给人控制的感觉，能对人的意志品质产生非常重要的影响。

除了上面九种具体的方法外，还有一些上面没有提到与自控有关的心理学效应，它们从不同的角度对运动员如何进行有效的自我控制给出了一些建议和启发：

1. 自我损耗效应

男子200米起跑反应时：

表1是首都体育学院研究团队的一项关于惩罚情景对短跑运动员起跑反应时影响的研究。原来比赛出现抢跑之后，会召回全部运动员重新起跑。当然现在不允许了，任何人出现抢跑都是直接被罚下。这张表给我们三个重要的启示：第一就是第一次起跑反应时低于重新起跑反应时，第二就是越接近决赛反应时越快，第三就是初赛阶段两次起跑的反应时差值明显低于1/4决赛两次起跑的差值。这说明越到关键时刻运动员的抑制性反应越强，越怕犯错误。这也就表明所有的自我控制都会消耗能量，而且越到关键时刻自我控制所消耗的能量就越大。这提醒我们要帮助运动员千方百计地保存这种能量。

表1

比赛	一次起跑反应时	重新起跑反应时	Sig
初赛	158 ± 18（ms）	161 ± 16（ms）	0.319
1/4决赛	148 ± 16（ms）	158 ± 15（ms）	0.049

那么该如何应对这种自我损耗的效应呢？有三个方面。第一，增加能量储备。第二，减少能耗，简单来讲就是开源节流。增加能量储备很常用的方法就是进行体能训练，增加能量储备，保证运动员在关键时刻有良好的发挥。“节流”常用的方法是模拟训练，其实进行模拟训练主要就是适应。适应了比赛环境之后，在真正的比赛中就不容易转移注意力，也就不用从哪些新奇的环境中拽回你的注意力，进而减少自我控制的能耗。还有一种方法是做好比赛预案。精细的赛前预案能够很好地减少临时应对的损耗。第三，养成积极良好的思维和行为习惯。习惯一旦养成，它所损耗的能量就相当的小，而且好的习惯还会让你受益无穷。其实心理调节的主要工作就是帮助运动员养成良好的思维和行为习惯，这样在真正的比赛中我们需要干预的事情其实已经不多了。

2. 纳达尔效应

纳达尔的比赛有很多都打得难舍难分，我们在比赛中发现不管对手打出的球有多么难救，每一次救球纳达尔都不惜体力全力以赴。比赛解说员对此说：“你不知道你的努力什么时候会起作用。”我自己又加了一句：“但你一定要相信你的努力一定会起作用。”这也就是说运动员要有信念，虽然不知道对手什么时候会崩溃，但是你要相信他们早晚会崩溃。无所谓对错，关键是要有坚定的信念。

3. 机械节省化效应

选取两组射击运动员，一组为高水平选手，一组为新手，让他们分别完成专长任务（射击）和非专长任务（投飞镖），两项均为准确性任务，同时在实验过程中使用脑电记录仪分析中枢神经系统的兴奋性程度。实验结果发现，不管是专长任务还是非专长任务，高水平选手的中枢神经系统的兴奋程度都要比新手低，而且在执行专长任务的时候这种区别更加明显。在这项实验中，研究人员还比较了两组被试大脑左右半球的兴奋性水平，实验结果发现高水平组的大脑左右半球的兴奋性较新手组别差别较大。在射击和飞镖任务中显然右脑是主要执行脑（涉及空间定位和视觉判断），所以高水平组和新手组都是右脑兴奋性水平大于左脑，但是高水平组的左右半脑兴奋性差别更大，这说明高水平组在做动作的时候兴奋的焦点更为集中。运动员经常会在比赛场上关键时刻灵光一现，做出高难度的动作，但是问他们当时怎么想的，他们一般都表达不出来。这是由于在做动作的时候，主要是右半球的运动中枢在起作用，左半球的语言中枢受到抑制，所以人们一般不容易用语言表述出怎么做动作，正如最佳竞技运动表现的其中一个特征就是“很难用语言描述”。

所以，在完成特定任务的时候耗能更小，存留的能量更多，且相关系统的参与程度高度集中。运动训练与其说是练身不如说是练脑，或者是身和脑的结合，训练进步和高水平的标志是机能节省化。

对于运动员来说，他们在平时训练的过程中一直训练基本的技术动作，很多运动员想不明白，不知道这种枯燥的训练意义何在。即使是到了世界冠军或者是奥运冠军这种水平，他们为什么还要继续练基本功？有些人会说是因为这些基础训练能够帮助运动员保持高水平的竞技状态。这种观点虽然很有道理，但这不是我在这里所要表达的，我想说的是不管你的技术有多么娴熟，在执行动作的时候神经系统还是要消耗一定的注意资源和能耗，教练员让运动员一直练基本功的目的是让运动员在技术上消耗的注意资源和能耗减少再减少，只有这样运动员在真正的比赛中才会有更多的心理资源去应对战术层面的问题，这就是“机能节省化效应”，这个效应提醒我们反复重复和正确动作的过度练习是必要的，动作技术的练习的自动化程度越高，它所节省的注意资源也就越多，进而帮助运动员更好地应对关键时刻的各种挑战。

4. Stroop效应

一般认为，念字和说出字体颜色是两个不同的认知过程。Stroop于1935年做了一个实验，他利用的刺激材料在颜色和意义上相矛盾，例如用蓝颜色写“红”这个字，要求被试说出字的颜色，而不是念字的读音，即回答“蓝”。结果发现，说字的颜色时会受到字义的干扰。我们在经典的Stroop实验中加入特定名词（如蜘蛛），那么有蜘蛛恐惧症的人对于蜘蛛词汇颜色辨别的反应时较快还是较慢，实验结果是较慢。所以这个Stroop的实验结果提示我们焦虑和恐惧的人会过多关注有害刺激或消极刺激，而且对有害刺激的关注也会使人感到焦虑和恐惧，这也提示我们在运动员的比赛期间有必要让他们回避一些信息，比如在大赛之前，运动队里禁止上网看任何和比赛或者运动员个人相关的信息。因为不管是消极还是积极的信息都有可能会给运动员造成影响，进而干扰运动员的比赛表现。

上述提到的各种效应以及与之相关的经典实验都生动地说明了学会自我控制对于一名运动员的重要性。

压力下的运动表现

浙江大学　王进

参加竞技体育项目的比赛，压力肯定会有。如果优秀运动员一年参加10次比赛，那么他90%的时间是在训练，10%的时间是在比赛。所以，运动技能的形成以及平时的训练都是在一个无压力状态下进行的。运动员适应了无压力状态，然后用10%的时间参加比赛，那么运动员一定有不适应压力的情况，所以我们关注的是运动员如何在有压力的情况下发挥出他的运动成绩。

压力对我们运动员的运动表现会产生一个效应。我们通常看到的这个效应是发挥失常，发挥失常有很多案例。我们先举一个2011年NBA湖人队的一场比赛的例子，大家都认为科比是一个很优秀的运动员，并且在很多关键的时刻做出了贡献。但是在2011年这场季后赛中，湖人队在领先16分的情况下被逆转，以94：96的比分输掉比赛。科比在最后时刻两次失误后又再失绝杀的三分球。再来看2013年全运会男子3米跳板的比赛，何冲何超兄弟组合原本在前五跳一直是第一名，但是由于最后一跳失误，最终排名垫底。在这么多案例中，最经典的案例就是，2004年王克楠在那次的比赛中也是前五跳领先第二名12分的情况下最后出现了致命的失误。何姿在2007年奥运会的选拔赛以及伏明霞在2005年选拔赛上都有在最后一跳上出现失误的情况。还有一个例子，2007年墨尔本的世锦赛上，同样是在3米跳板比赛中，俄罗斯组合也是在第六跳中，一个人发挥出了正常水平而另一个人失误了。这些都是跳水的例子，我们再来看看蹦床的案例。2012年伦敦奥运会的蹦床比赛中何雯娜前九跳都非常出色，但是她在第十跳也就是最后一跳中出现失误。

还有一个非常经典的案例就是射击项目的埃蒙斯，他在三次比赛中在同样的情景犯了同样的错误。第一次是2004年雅典奥运会埃蒙斯在领先第二名1.7环的基础上，最后一枪打到别人的靶上去了。之后2008年北京奥运会上又是在最后一发，解说员还没有把话说完，他就一枪失误只打到4环。所以我们认为第一次脱靶的经历对他产生了一些心理阴影。到了2012年伦敦奥运会的时候，最后一发时他是排名第二，前面两个比赛都是排名第一。伦敦奥运会上他在第二的情况下，最后一发只打出了6环，结果只拿到一个银牌。尽管他的三次比赛最后一发是一次比一次稍微好一点，但是都出现了发挥失常。跟这种情况完全相同的，在2010年广州亚运会上，越南的黄春荣出现了跟埃蒙斯一模一样的情况，也是在领先第二名的情况下最后一发出现失误。因此在极度压力下，也就是即将获得金牌的情况下有可能出现这种技能失误。像这样一种技能失误绝非是由于运动员的技术问题，而是由于一些心理问题。

但是同样存在在最关键的时刻运动员出现发挥超常的情况，最典型的例子就是仁川亚运会200米自由泳比赛中，中国浙江队的孙杨和韩国队的朴泰桓处在最后冲刺阶段，一直都是中国队和韩国队角逐冠军所以没有人注意到日本队。但是在最关键的最后时刻，日本队的荻野公介以超常的能力超越了中韩两国的选手，获得了第一名。还有一些其他例子，在2008年NBA马刺对太阳的首场，第二个加时赛中，只剩下1.6秒的情况下，吉诺比利在关键时刻投球进篮使分数逆转。这种情况在运动界我们称之为绝杀。有很多这种绝杀的案例。除了这个例子，还有2011年的英超比赛第14轮比赛中，热刺在上半场0：2落后阿森纳，范德法特在后半场成为了逆转比赛的关键人物，他不仅组织了两次成功的进球，还罚球成功，最后以3：2逆转。还有一个很容易发挥超常的运动员——丹尼斯。丹尼斯是美国的棒球运动员，我们如果观察他的运动生涯，会发现，丹尼斯在1988年到1992年期间以最后上场的形式，一共为他们队保住了214场胜利。也即是说，在他最后上场的时候，他使他的队获得胜利。我们对他做了一些统计，可以看到，1988年一共以这种情景完成了45场比赛，1989年完成了33场，1990年、1991年、1992年分别是48场、43场、45场。最后，他在他们队是特定的替补队员，而这种替补队员，丹尼斯总是在最关键的时候被换上去的。

从这些案例中可以发现，尽管都是在压力状态下，但是有的运动员能够超常发挥，有的运动员就会出现发挥失常。这些案例可以得出，当运动员在面临压力的时候其实都是能认知到这种压力的存在。然而这种压力的存在导致我们在运动表现上产生了两个相反的情况。我们曾经对足球运动员进行了实地采访，询问运动员怎么样对待压力，关键时刻他到底有没有认识到有压力。这个运动员说："当我临门控制球的时候，我会感觉到空前的压力，因为这个时候我感觉到所有的担子都在我身上，进球得分是我的责任。"那么在这种压力状态下，他的运动表现出现了两个不同的结果。如果是不好的结果，叫作"choking"。"choking"本意是卡住（阻塞），国际上的运动心理学认为

“choking”就是一个运动技术，动作本来很流畅，但是突然卡壳了。现在的研究还没有一个比较合适的中文词来表达压力状态下的发挥失误。所以我们暂时还是用英文的名字。那么与它相反的是“clutch”。“clutch”是离合器的意思。在运动心理学中是在压力状态下就像离合器一样的运动员，感觉就是很有劲，成绩突然一下就爆发出来。所以国外就用离合器来描述在压力状态下运动员超常发挥的一种状态。

我们认为，在压力状态下运动表现的极性反应是值得思考的，因为它与我们的运动技术没有关系。通过前面的案例可以得出，无论是在有压力下的“choking”，还是在无压力下的“clutch”，都是优秀运动员表现出来的一种结果。运动员不可能在面对压力的时候突然出现技术回到零点的情况。因此我们要思考为什么运动员在同样的压力状态下可能会出现两种不同的结果。我们研究这个问题的意义不仅体现在体育运动表现上，还体现在我们生活中。我们都会面临一种压力，比如学生在考试时听见老师说：“还剩下5分钟，马上交卷了。”原本学生写得很好也觉得自己背得滚瓜烂熟了，老师一说5分钟之后就要交卷，他越使劲地想答案，脑子就越是一片空白，等他把卷子一交，出考场就全部想起来了。还有一些艺术家，在唱歌或者表演的时候，突然接下来的动作、歌词就记不得了。经过很多事情分析，发现飞行员在着陆的时候压力很大，因为他不知道会出现什么问题，还有军队、消防，这些行业压力都很大。运动心理学中关于压力下的运动表现的理论已经逐渐扩展到音乐界、经济学等。经济学的例子就是绩效工资，工资越高压力越大，压力越大就越有可能工作效率下降。这些应用说明运动心理学有关压力下表现的理论已经领先别的领域并可以应用到其他领域。

对压力下的表现的研究对运动心理学来说具有重大意义，因为直接跟运动员的运动表现有关系。那么如何界定“choking”表现。在压力状态下有两种极性反应，一个是“choking”，一个是“clutch”。那么什么叫“choking”。这个最早是由社会心理学家观察到的一种现象，他把在压力下的运动表现没有达到预期结果的现象定义为压力下的“choking”，也就是压力下的运动技能失误。以上是一种操作性概念。举个例子，比如100米跑，希望跑9秒8但实际上跑了10秒。他本应该达到9.8秒但是没有达到。从机制上来讲，压力状态下的“choking”是一种运动技能执行发生衰变的现象，也就是如果在没有压力的情况下运动员的运动技能执行是正常的，有了压力就会发生衰变。运动员在运动比赛中运动成绩下降但是并不意味着所有的下降都是叫“choking”。

“choking”的特征（哪些情况下是“choking”）。（1）运动员要意识到压力。比如说运动员在完成这个动作之后就能拿到冠军或者这次运动员参加的比赛对于他来说是非常重要的，如果他输掉这场比赛，就不能被选拔到国家队或者省一级的队。具有重大意义的比赛对于运动员来说有压力，运动员意识到有压力。（2）我们把“choking”定义为不是由于技术上不行，而是由于运动员的心理状态不好，“choking”是一种心理现象。（3）在压力状态下运动员经过努力但是最终还是失败。我们其实也发现有的运动员在压力状态下会放弃，因为他觉得没有什么希望。这种放弃行为不是叫作压力状态下的“choking”。有的作运动员在感到压力很大的时候他就逃避，这种逃避不是“choking”，而是叫作习得无助，这也是心理学的一个研究内容。有些运动员压力过大，他觉得没有希望就放弃了。所以我们在这里要掌握“choking”这几个特点。

现在的一些研究认为这种“choking”现象表现的是一种个人“choking”的现象，比如说某个运动员的技术发挥得怎么样。在后来的观察中还发现其实还存在队伍“choking”的问题。在比赛的时候，一个运动员失误，经常出现其他运动员跟着失误的情况。2002年韩国釜山杨贵对中国男篮的那场比赛，当时王非是国家队教练。那场比赛中国人有绝对优势，因为当时中国队还有巴特尔、姚明，不论身高还是技术都压倒韩国队。就是在最后6分钟的时候，中国队的刘玉栋传球被抢断以后，他就连续失误，有个3分的罚球也没有进。最终这场球在领先的情况下打平了，打平了就有加时赛。加时赛中，韩国队有一个队员犯规太多被罚下场，最后以韩国队少了一个人的情况下反被韩国队赢了1分。这种情况就是队伍集体“choking”。去年的一个研究提出队伍“choking”产生的诱因、机制以及中介。研究认为诱因压力源是责任感、担心出错、对手表现（对手如果过于强烈）还有焦虑。这些都可能导致队伍出现“choking”的现象。从机制上来讲，研究认为是认知的控制感和动机出现问题。中介因素主要是团队的激情，队伍很想赢，成绩反而下降。

“choking”有一个现象就是，在关键时刻你越努力“choking”发生的概率就会越大。我们平常的一种概念就是在关键时刻你要使出你最大的力，研究结果却发现越努力的运动员可能越容易出现“choking”。原因是如果优秀运动员在无压力条件下，他的运动技能已经达到自动化并不需要意识控制，但是到了关键时刻意识控制就破坏自动化。往往有时候教练员没有注意到这个问题。你可以观察一下，一个跳高运动员在正式跳之前反复跑到起跳位置试一下再回来，一定会跳不过去。因为这个时候他还在想如何跳，有些教练员还会跟运动员反复强调要怎么注意动作，还在临场指导动作。其实这个是很要命的，这样就把运动员的注意力放在了执行过程上面，破坏了他的运动自动化。一个正确的指导应该是在关键的时刻要把运动员的注意力放在他的运动节奏上而不是运动执行过程。以上介绍了“choking”的表现形式以及基本的原理。

“clutch”指在竞赛中的超常发挥，这种超常发挥是在关键时刻意识到输赢结果的情况下，凭借着自己的技术获胜而不是通过幸运。比如乒乓球赛点的时候，一个擦边球对方打不起来了，你赢了。这个情况下不是“clutch”。“clutch”是凭你的技术而不是侥幸，不是用战术欺骗对方得到的成功。这种“clutch”现象的表现特征主要是：（1）运动员表现能够改变比赛结果，这个运动员能意识到我最后的头球能够使我们队胜利；（2）“clutch”运动员能强烈的意识到这是一个挑战；（3）胜负决定是瞬间的，没有很多时间思考。现在有人统计了在什么情况下可以逆转。比如在篮球赛中200毫秒内可以逆转比分，在这种情况下你的一个动作就可能改变局势。

为了研究这两种极性表现，我们提出了一个研究范式，叫SPCCT训练范式。我们先假设运动机能执行是一个系统要完成一个动作，它是一个执行系统。这个执行系统首先要接受一个压力，也就是外界的刺激。一旦我们接受这个刺激，不同运动员所具备的个人因素可以决定对刺激的认识。有的运动员有丰富的经验，他具有运动员的人格优势，他可能把这个压力任务看作是一种挑战而不是焦虑，挑战是正面的。对压力的认知取决于个人特质，这种认知可以是正面的也可以是负面的。不同的运动任务和不同的应对方式就会造成不同的结果。我们把这样的一个模式叫作认知对信号的处理，比如说压力来了之后，这个信息是怎么处理的。现在我们知道它跟认知压力有关，跟个人的人格有关。关于它是怎么处理的我们现在有一些研究成果，可以跟大家分享一下，也是我们将来要进一步去发展的领域。这样一个模式可以告诉我们有没有可能专门训练一种“clutch”运动员，这是我们求之不得的。我们在训练中发现一个问题，很多教练员辛辛苦苦地把运动员选出来，最后培养出来的是一个训练型运动员而不是一个比赛型运动员。这样既浪费我们的精力又浪费我们的能力。还有就是在研究过程中，我们觉得为什么有些运动员的运动生涯这么长而有些运动员的运动生涯就很短，只能昙花一现。这与压力刺激有关，作为一个运动员，90%的训练时间是在无压力状态下形成运动技能，只有10%的时间是在非正常的情况下完成正常所形成的技术，一定会觉得不适应。这就为我们提了个醒，研究证实如果一个运动员的运动技能是在无压力状态下形成的，那他就一定会对压力有个适应。那么教练员有没有考虑在运动员运动技能形成过程中把压力作为一个因素放在常规的训练模式里？如果没有，那么运动员就有可能是一个训练型运动员，而不是表现型运动员。

与自我有关的压力刺激有：（1）比赛的排位。当比赛的排位越来越接近的时候，运动员认知到的压力会越来越大。（2）激励的压力。一般来说中国运动员比国外运动员感知到的压力要更大，因为他要承受一些社会上的压力，要为祖国拿金牌。国外很简单，运动就是一种爱好，运动员出于酷爱这种运动才来比赛。但是中国运动员不是这样的，他要为祖国、教练、家人去做这个事情。这是内部感知。（3）负面评估。2012年的研究认为运动员害怕表现不好的时候教练员会对他失望。刘翔就是一个例子，他确实有伤，但退赛主要还是承受了太多的社会压力，承受社会对他的负面评估。社会往往认为你已经是个英雄了，你就必须要完成。但是刘翔由于伤痛降低了自我效能感导致不能完成比赛。（4）出场的顺序。教练员应该关心的问题是这些来自于内部的压力，而这种内部压力运动员往往在平时没有注意。比如说在训练的时候运动员不会考虑第几个出场，所以训练时的运动执行过程全部是自动化的。当你增加了内部考虑，典型的例子是丁俊晖第一次参加斯诺克欧洲赛的时候，他是以持外卡的形式进入的比赛，是个无名小卒。但是他进去之后表现得非常优秀，进入了冠军争夺赛。当时的冠军全是欧联杯和英联杯的大腕，他本有实力但之前他没想过成为冠军。在这个时候他突然有个一定要使自己的排位上升的想法，结果一上场稀里哗啦就下来了。

与外部有关的压力刺激有观众主场效应。运动员在主场的时候有优势，有观众有场地有支持。但是现在2012年和2013年的研究中发现有些情况并不是这样的。比如2012年的研究认为主场接近输球的时候有这个优势，因为输球的时候大家都很着急，在赢球的情况下大家要保住，赢球压力反而很大。2013年的研究发现在不同运动项目也存在主场优势和主场劣势。2013年美国对篮球、棒球（美国的联赛打七场，1–3场是一般赛制）的研究否定了之前的结论——实际上只有在决赛的时候才有主场劣势。2013年的研究提出，真正的劣势正好是在3–5场，1–3场是主场优势，也就是在中间比赛的时候，运动员反而感到压力很大。

我们研究这些的意义在于，要了解各个比赛过程中到底哪些情况让运动员感受到压力的变化，或者说这种压力对运动员来说是什么样的变化，这样便于我们去模拟压力情景下的运动技能形成。这些训练模式是很重要的。我们实际发现每个运动员对压力的认知是不一样的。我们现在希望知道什么样的运动员、具备哪些人格特质的运动员把同等的压力认知成一种挑战，这样我们可以训练这种人格。我们一般认为在比赛的时候运动员的自信心越高就越有利于他的比赛。实际上通过10年的研究发现并不是这样。对于优秀运动员来说，如果自信心过高反而容易在比赛中出现“choking”。若竞赛中出现了意料之外的事情，他没有应对的方式，这时就感到无计可施。于是对于优秀运动员来说，自信心要稍微减少一些。若比赛过程中注重可能会发生的事件，那么可能就会有利于运动表现。自我意识也会影响压力反应。这里的自我意识是指个体对于外界环境的感知，比如说别人看着我比赛的时候，我很在意我的运动表现给观众造成的印象，这个叫作自我意识。但是有些人就不在乎，我只希望我自己表现好就可以。这里出现一个问题，自我意识强的人并不是自私，只能说很在乎人际关系。现在的研究认为自我意识越高的人就越容易“choking”，因为他很在乎意外，在乎压力，只要有人看着他，他就会感觉到有压力，这种压力是我如果表现不好，我的教练、领导会不会批评我，这种紧张对运动系统造成很大影响。这有一种隐蔽性，如果我们在选运动员的时候选上了自我意识高的运动员，这些运动员一般基础不是很娴熟，而且主要是运动技术学习型。因为这种运动员很在乎教练员和别人对他的评价，所以他在学习的过程中非常认真。一般现在的教练员是这样选材的，运动员过来跟教练训练两到三个月，教练觉得这个运动员不错，这几个小孩中他进步很快，这是因为他的自我意识很强，他很在乎，他就努力学习，进步也非常快。由于这个时候他的运动技能处在形成阶段，这个阶段需要把注意力放在运动执行上，如果注意力不放在运动执行上你就不容易学会。于是自我意识强的运动员当他的运动技能达到自动化的时候，自我意识就变成了成绩提高的障碍。这种障碍表现为有些运动员是训练型运动员，平常训练得很好一到比赛就不行。运动员一辈子在重大比赛中都没有得到过好成绩，但是在非重要的比赛中成绩很好，这就是典型的训练型运动员。另一种影响压力反应的因素就是再投入。再投入就是当我们面临压力的时候，有一种人会把资源再投入进来，就是运用更多的资源。但是往往在压力状态下的时候这样会造成过多的失衡。过多的失衡会产生一种额外的意识控制，破坏运动技能执行的自动化。同样影响压力反应的还有完美主义。很多优秀运动员都有完美主义人格，完美主义人格在关键时刻也会出现问题。今年也有一个和人格与运动表现有关的研究——情绪智能特质。情绪智能特质也会影响压力反应。情商很高的人擅长处理人际关系，从而能减轻压力。

关于压力认知的研究很有意思。在2011年美国的“choking”研究团队中，贝洛克（Beilock）做了一个连续的实验。第一个实验他认为运动员对压力的认知可能产生两种结果。一种是当压力来了以后运动员不能确定结果，他并不知道他的动作或任务完成之后能不能得到金牌，因为他的控制感不能意识到这个问题。还有一种是当压力来了以后运动员感觉到这个结果对他很重要。比如像第一种情况，如果让运动员拿冠军，但是他意识到不一定能拿冠军，这种变幻莫测的情况下运动员并不能知道结果。还有一种运动员不在乎结果，他在乎的是面对压力或者他人观看的时候一定要好好表现。贝洛克认为第一种情况是一个干扰。因为运动员会分析很多细节和各种各样的信息，他不知道是什么结果所以他一定要面对很多信息。第二种情况一般来说没有很多信息干扰运动员，他关注的只有一定要好好比赛。实际上这两种结果都会导致工作记忆和注意的控制受损。在第一种情况下太多的信息破坏了你的工作记忆，以至于你要同时处理很多信息。第二种情况可能阻碍工作记忆。在这个问题上面贝洛克做了一系列的研究，有一个值得我们讨论的问题就是自我意识。有的研究认为自我意识高的运动员容易“choking”，而有的研究认为自我意识低的运动员容易“choking”。后者的解释是自我意识高的人能够适应压力，因为他平常就很在乎，所以他面对压力具有抵抗力。我们认为尽管这个研究结果可以这样解释，但是这个问题还取决于任务的复杂性。如果对技术含量比较高的运动来说，尽管运动员有适应能力可能也很容易“choking”。这个是压力认知方面的研究。

除此之外，还有压力应对的研究，这个对于运动心理学实践意义特别大。在2012年的一个研究提出，在压力认知过程中，人们首先感觉到威胁，有了威胁后会产生一种情绪，这种情绪要调节。在压力状态下的发挥失误“choking”现象实际上和前面的没有关系，主要是调节情绪失败才会发挥失常。这告诉我们在最关键的时候要考虑如何调节压力。我们原来的研究把压力应对分成了两种形式。一种就是回避，比如在比赛过程中我犯了一个错误，我会赶紧忘掉这个错误往下面走，不再考虑这个，回避前面的比赛过程出现的问题，然后把所有的精力放在下面的比赛中。还有一种是积极的应对。积极的应对分两种，一种是在赛前，一种是赛中。赛前你可以发展积极的应对，但是在赛中有一种运动员犯了错误就会使劲地想我怎么样，还有一些教练员会马上分析错误。我们在研究中发现其实回避的应对更有利比赛。积极的应对往往会增加他的认知负荷。我们很多教练在这些方面没有把握住。在比赛过程中教练及时分析错误，提醒运动员怎么修改错误、需要注意哪些方面。这些指导更容易使运动员“choking”。所以我们要发展适合于个人在压力状态下的应对方式，也是现在我们需要去考虑的。比如说一个2012年对罚球“choking”的观察的研究，统计了1976—2006年309个罚球的数据，涉及了两百多名运动员。通过采访发现以前获胜的体验对结果有好处。获胜的应对是在罚球前，运动员要想技术是什么样的，我怎么样去完成，罚球角度是什么，因为很多东西都是自然地。通过这个研究你真正应对的时候，你只需要想以前是怎么成功的，而忽略具体的运动执行，因为这个时候运动员的注意一定要有一个方向，有这个方向的时候我们要正确地引导到一个合适的范围，这样他的成功率就会增加。这个研究发现并不是把注意放在你的运动执行，想想以前成功的经验反而会成功。

我们在研究里发现运动执行的任务，一般来说运动技能含量低的，如长短跑，技术含量低且是封闭式的、周期性的运动，运动员往往在压力状态下需要鼓励，鼓励会促进运动表现发挥。技术含量高的运动，像完美型的跳水、体操等要求技术比较高的，要是过多的鼓励，那么可能就会产生“choking”。不同的任务在压力状态下的注意调节方式也是不同的。运动执行的方式会产生不同结果。有研究认为规则学习型的任务和信息综合的任务产生的结果不同。这种观点认为在压力状态下规则学习型的任务，如果把注意力集中在任务上就容易产生“choking”；相反综合任务，比如排球的罚球，运动员要应对不知道从哪来的球，信息很开阔。在开阔面上你的注意力集中在一个点的时候可能有利于过滤杂念，对运动员的成绩是有力的。还有一种认知控制和认知执行的任务以及鼓励的任务和技术的任务。如果是需要鼓励的任务，你可以增加鼓励。但是技术型的任务，你越加努力越容易“choking”。这就是访谈中询问有的运动员在关键时刻的失误，他会回答：“我也不知道怎么搞的，就是我越想做好的时候结果就越做不好。”

SPCCT会帮助我们进行选材和训练。我们知道要关注哪些指标，这些指标可能对于我们在压力状态下会产生一些效应。现在关于压力状态下的争论点有两种理论：一种就是在压力状态下运动成绩下降是因为注意力被分散了，运动员的杂念很多，他想这样想那样于是成绩下降；另一个理论是由于运动员把注意力过多地放在运动执行上，结果导致他的自动化被破坏了。这两个理论是完全相反的。实际上这两种情况都存在，到底属于哪种情况主要取决于所执行的任务，这个任务既要求执行又要求自动化，运动员如果把注意力集中在任务上面可能就会造成破坏。如果任务需要信息，这个时候你的信息被占领了，你的工作记忆被毁掉，你可能就会出现成绩下降。我们需要证明的问题就是在压力状态下运动员的注意力到底放在什么上。有了这个证据我们就能回答他的注意力是由于过度注意执行或者是过度的分散，这是我们现在的研究需要考虑的。我的一个研究生现在试图用脑电来分析，在压力状态下运动员在完成任务的时候通过记录脑电，通过脑电分析能区分运动员在压力状态下的“choking”和“clutch”，这两种类型是我们现在面临的挑战。你如果用ERP或者EEG分析运动技能会存在伪波的处理，因为一动所谓的皮肤电等一下就进去了，就无法提炼出需要的信号。我们现在对大脑的工作状态进行整体分析，分别研究在高压状态下和低压状态下运动员的大脑状态，红线代表“choking”，蓝线代表“clutch”。成绩越好，它的复杂度越低。“clutch”的运动员无论是在高压还是低压下，他的变化趋势是一样的。但是“choking”不一样，“choking”是在低压状态下复杂度下降，高压的时候复杂度增加。所以在高压状态下“choking”的人脑的复杂度越来越高，也就是说他要处理的信息远远比“clutch”的运动员多。这种情况基本上就可以区别“choking”和“clutch”的脑电，然后我们在各个点上也会发现，他可以区别“choking”和“clutch”。这是我们初步的研究，通过这个以后就可以找到运动员的注意点在什么地方。我们解决了这个问题就可以针对不同的运动技能来观察“choking”运动员的注意点到底哪些是在运动执行上的，哪些是被干扰了的。这是我们最近在进行的研究，是关于理论上的一些探索，而且国际上还没有我们现在的研究方向，国外做的是行为方面的研究。香港大学曾经做过关于这个方面的研究，但是他们的研究是属于再投入，他们的假设和我们的假设有些区别。

研究者现在还关注的问题是在运动技能中“clutch”的情况，也就是在压力状态下的超常发挥是不是一种人格现象。如果是一种人格现象，那我们有没有可能去建立一种“clutch”运动员的训练模型，这是我们求之不得的。如果我们找到这个模型并按照这个模型去训练运动员，这就是我们最后要达到的最高境界，也是运动心理学的最高境界。如果这个逻辑存在，运动员到底存不存在一种叫“比赛”的核心能力。我们针对这些问题进行思考并做了一些研究，把压力情景进行对比，“choking”和“clutch”情景对比，我们发现其实压力主要存在几种类型：认知的压力、情感情绪的压力和应对的压力。第一关就是能够认识压力。有人认为是挑战，有的人认为是一种真正的压力。我们面对压力后产生的情绪会造成压力，我们在无法应对的时候也会产生压力。在对比分析后我们得出一个初步结论，我们认为“choking”更趋近于情景的行为，结果更基于情景上的变化。“clutch”更趋近于人格，因为我们通过浏览文献进一步寻找线索发现一个很有趣的现象，当我们对世界上的优秀运动员进行分析后发现这些优秀运动员“clutch”的现象特别多。以乔丹为例，在他的运动生涯中，一共绝杀（最后关键时刻扭转局面）28次，这个概率是48%，接近50%的成功率，甚至比他整个职业生涯（1982—2002）的命中率还高了一点。还有泰格伍兹，我们发现从2000年到2009年扭转局面的次数一共有9次，更有趣的是美国棒球运动员大卫·奥蒂兹（David Ortiz）在2003—2007年再见全垒打10次，再见安打16次，这使他一下子就成为很有名的美国棒球运动员。具体分析，2004年美国联盟冠军赛第四场最后一局他打出了再见全垒打扭转了局面，同年第五场比赛中再次出现这种情况。这不是偶然现象。像科比这种非常优秀的运动员可能偶尔出现“choking”。“clutch”这种现象它会屡次甚至在一个赛季中出现，这就导致美国会对“clutch”运动员进行排名。在美国的棒球网站上每年都会对“clutch”运动员排名，列出前十。这种现象已经发展到了美国的足球，足球也对每年的“clutch”运动员排名，并且现在我们观察到，美国在棒球和足球项目开始专门训练“clutch”运动员。基本上美国的棒球队都有一到两个属于替补的“clutch”运动员，他们在关键时刻替补上场，像丹尼斯。这就体现了“clutch”运动员是可以训练出来的。我们基于这个假设做了一个研究并在2003年和2004年《体育科学》中发表。我们根据这个假设提出了“clutch”运动员的模型，我们认为运动员的模型是由三个部分组成的：专项运动能力、压力认知能力、运动员的人格。通过长期训练运动员形成一种比较豪爽、比较开放、比较果敢、比较具有耐力、很豁达的人格。我们通过分析乔丹在生活中的性格发现，他的运动员的性格恰恰可以帮助他在关键时刻进行决策。所以我们今年对运动员进行了质性研究，通过访谈100多位优秀的运动员，以带动图的方式把这些特征进行归类，变成了图的形式，结果发现我们的这个模型得到了验证。但是我们现在还要进一步研究哪些运动员的人格是最主要的，哪些压力是最主要的以及哪些核心能力是最主要的。在2012年已经有人提出了比赛的核心能力。核心能力实际上是可以进行训练的。在2012年做的质性研究表明，核心能力具有收集帮助决策资源的能力、减少情绪压力的能力，以及识别关键时刻的能力。2012年另一个研究中提出核心能力具有心理稳定性、获胜动机和运动能力信任。这些只是初步的粗略的研究，但是我们在将来的研究中要进一步把运动员核心能力具体化并且把它变成一个可测试的。可测之后我们就可以尝试对运动员核心能力进行训练。对于这种核心能力，我们可能会强调他的心理稳定性，比如到底哪些是压力状态下的运动员的心理稳定性。如果是获胜的动机我们怎么样呈现它是获胜的动机，是不是还有其他的因素，比如说对能力的自信。这些我们都是可以做到的。但是到底是不是还有局限，还有其他因素。还有很多运动干预的研究，比如2013年对脑的训练组织压力衰变的研究，脑的训练就是通过人对大脑的控制来训练对压力的干预。一种观点认为“clutch”运动员是最终的追求目标，这种目标从另一程度说明现在很多运动员昙花一现，得过一次冠军之后就没有了，那么这个很有可能只是一种偶然的现象。我们要做的是怎么能让他稳定发挥，像乔丹、大卫、丹尼斯反复在关键时刻发挥能力。

在未来的研究中我们要注意六个方面。第一个方面是如何再进一步丰富训练模式SPCCT。第二个方面是再进一步加强观察运动员大脑压力的变化。第三个方面是进一步统一压力实验范式，现在有很多种压力实验范式，不同用法可能对结果有不同的解释。第四方面是从实践角度进一步探索“clutch”的优势，这也是我们的终极目标。第五方面就是深化对运动员竞赛核心能力的探索。前面的这些研究实际上都是为最后服务的，也就是把这些研究运用到训练和选材上，优化训练模式和选材模式才是我们最终要实现的，我们研究压力下运动表现就是为了最后达到这个目标。我们要是把这个问题解决了就可以大大地提高心理学作用，另一个好处是减少财力。如果开始选了一个“choking”的运动员，可能费了很多力最后却不能训练出一个比赛型运动员。那么我们可以有意识地培养，即使选到训练型的运动员，我们也可以改造他使他成为比赛型的运动员，像这些都是对我们将来有帮助的。

运动员的注意和思维控制

国家体育科学研究所　王智

体育运动中的注意，大多体现在我们经常听教练员跟运动员讲“投入”“精力集中”“集中精神”等这些词汇，其实就是普通心理学讲的注意，这些运动员的注意力问题都是我们在心理学上关于注意方面的一些问题。

注意或者注意集中指向当前任务，同时排除各种干扰，是决定运动员成绩好坏的一个重要的心理因素。其实在很多的心理学研究中，都已经发现了这样一个规律。心理流畅状态和一些书籍中都有提到过，造成发挥失常的要么是过度注意，要么就是注意分散。可以说注意力问题、注意集中问题在很多心理学研究中都有涉及到。另外一个方面就是，注意问题在不同的运动专项中具有显著的专项性。简单来说，射击运动员需要的是高度的注意力集中，而足球运动员不仅需要注意的集中、广阔的视野，还有注意的分配能力。各种不同的运动专项，需要的注意特点是不一样的，其中包含的规律也不一样。

注意集中很重要，但是我们发现它非常容易受干扰。还有想的和做的事不一致，这是注意力不集中的一种重要特征。为什么注意力集中非常容易受干扰？目前从心理学方面来说有两种理论，就是机械论和行为注意论。注意力非常容易受干扰的原因同样也有两种理论。一种理论是从认知心理学的角度来讲，注意的集中性有限。认知心理学认为人的大脑加工信息的资源是有限的，加工信息的容量和能力是有限的，这跟工作记忆相类似，而我们的注意又跟工作记忆有很高的相关性。这个原因我跟大家解释一下，因为工作记忆保持的时间只能保持15秒钟，这就造成注意的能力，包括注意资源是有限的。

另外一个理论是从进化的角度来讲，注意分散也是很重要的一个特征。在人类的进化过程当中，远古时期会遇到很多威胁，比如野兽的袭击，如果你的注意过于专注而不能分散的话，很可能受到生命威胁，甚至死亡。

目前，就体育运动而言，哪些常见因素干扰运动员的注意力集中？大概可分为内部因素和外部因素，常见的内部因素中，第一个因素是运动员经常在比赛当中专注于过去的事件。不久之前我去了高尔夫队，经过观察，发现他们最主要的一个表现就是：专注于过去的事件或过去的失误，之后无法摆脱，造成他们后面的比赛注意力也无法保持集中。举个例子来说，如果参赛选手的前一杆没有取得理想的成绩，他就会在后面的比赛当中反反复复地思考这个问题：我为什么会失误？导致运动员始终走不出上个失误的阴影。这是运动员非常常见的分心的事件之一。

第二个因素是运动员在比赛中专注于未来的事件。运动员发现比赛快要结束了，心里想着：如果最后一杆打好了，我就能拿到冠军。运动员借此可能想到很多将来可能会发生的事情，所以这一定程度上导致他无法把注意力集中在当前，造成比赛的失误，这也是比较常见的分心事件之一。

第三个因素则是自身压力导致的失常，也就是之前王进老师给大家讲的“chocking”现象，压力下可能造成运动员的注意力的分散，包括过度注意、过度努力，从而造成一些失常。这是因为压力会造成运动员的唤醒水平变化，唤醒水平的变化又会造成注意力发生变化。后面我也会跟大家详细讲一下。

第四个因素，是过度地从生物力学角度分析动作。这是什么意思，像昨天王进老师讲的那样，很多大赛运动员发挥不好，简单来说就是过度努力，过度地关注于整个动作执行的过程，也就是说我们过度地从生物力学的角度去分析动作。因为把所有的注意力放在动作的执行过程，想具体的动作该怎么做，试图把每一个动作分解而导致失败。因为运动员在比赛中需要的更多的是动作自动化，在高水平大赛当中尤其重要。例如，2008年之前我跟着乒乓球女队，进了乒乓球女队以后发现，女队就是推行技术男性化。运动员张怡宁当时具有典型的女子运动员技战术特点：防守性比较好。随后这几年队里一定要让张怡宁改造，加强她的进攻，加强她的前三板的能力。可改变后的张怡宁基本上没有什么成绩。后来经过一系列的观察和跟教练员的交流分析后发现，她的问题就出现在她的摆板上。她接发球的时候，觉得摆板是一个很技术性的动作，她总是担心摆板摆得不好，非常关注这个动作的细节，造成她以后衔接出现问题。因为本来打乒乓球是一个连贯的动作，当她过度地关注某一个动作之后，她不能注意下一个板该怎么跑位，该怎么走，导致她连续的发挥失误，造成她那一年成绩没有提高。后来我们决定干脆不学新动作，依然保持她动作的自动化。最后她在世界锦标赛团体赛的时候发挥得非常好，拿到了冠军。对于高水平运动员来讲，过度地从生物力学的角度来分析动作会非常容易分心。

第五个因素是过度地关注对手的运动表现。运动员经常在赛前或者在赛中发现对手在练习赛或者在准备活动的时候状态非常好，导致自己紧张，并且一直在想他要是发挥得比我好怎么办，这也是一个非常值得思考的问题。

第六个因素是疲劳和疼痛，如果一个运动员过度关注疲劳和疼痛，那么他也无法集中注意力。以前我们跟着女子举重队的时候，有一个运动员就是这样，每次在练大运动负荷的时候和在试举重量的时候，她总是注意力不集中。我们发现了这个现象，询问她是怎么回事。她最后告诉我，她一举大负荷的时候，她就会想：我这个肩有旧疾，千万别伤得更严重。这就是一个典型的注意力分散的特征表现；她想的事和她做的事情不一致，她在想疲劳和疼痛。而且有的时候运动员在一堂训练课快结束的时候，特别是下午的训练课时间都是两三个小时，到后面半个小时的时候，运动员经常容易注意力分散，因为他疲劳了。那么这时候该怎么办？其实这是教练员应该经常思考的问题之一。有很多运动员经常在比赛的最后半小时习惯性地注意力分散了。以上都是运动员比赛时容易出现的内部分心因素。

常见的外部分心因素，第一个是视觉分心物。例如，观众和新闻记者在比赛中照相时的闪光灯，这在乒乓球和举重比赛当中经常出现。在运动员开始试举的时候，经常有新闻记者不停地拍照。如果在训练当中运动员不注意抗干扰能力的训练，那么运动员可能在比赛中出现失误。

第二个因素是听觉分心物，简单来说就是噪音。运动员在场上的时候，观众的噪音对他们的注意力集中的影响是十分大的。现在很多国家都有意识地录制了一些以往比赛时场上的一些噪音，然后在运动员封闭训练期间播放，以增强他们抗干扰的能力。

第三个因素是刺激物的可预测性。如果刺激物的可预测性差，也很容易干扰运动员的注意力。举个例子：在排球比赛中，经常有背飞等其他的扣球动作，用一些技战术来干扰对方防守队员，让对方无法准确判断进攻的点。

第四个因素是人为干扰因素，比如裁判的不公正、对手采取一些不光明的但不犯规的方法。我以前跟一些乒乓球运动员在一起交流的时候发现，女子乒乓球的主要对手都是一些国外的球队，有时候对方故意使坏，会在比赛之前拼命地贬低自己，吹捧我们国家的运动员。这样做就是为了干扰运动员的思维和判断能力，无形中你的自信心就开始膨胀。之后干扰到你的注意力，开始不把注意力集中在比赛过程上。还有一种心理战也是如此，在赛前刺激你的一些敏感的地方，让你回忆起以往最痛苦的事情，造成你无法正常地投入比赛。下面我给大家讲的是注意的一些概括，会跟大家解释一下注意的定义、概念和种类。注意的心理加工模式，张老师也跟大家讲过，认知的两种过程，一种是控制加工，受控制的过程；一种是自动化的过程，其中注意作为一个认知心理学当中重要的概念，其实它也完全符合认知。

注意，是指人的心理活动对一定刺激对象的持续指向和集中。它的特点主要包括三个方面：选择性、强度和资源有限性。在普通心理学理论当中，我们又把注意概括为注意的广度、注意的分配性、注意的稳定性和注意的转移。下面我讲的是注意的三个主要特点就是选择性、强度和资源有限性。

注意的选择性是什么意思？前面跟大家讲了，为什么注意容易受到干扰。因为大脑的资源是有限的，信息加工能力是有限的。注意会把一些相对不重要的东西排除掉，这就叫注意的选择性。所以我们在训练、比赛当中一定要选择一些重要的东西和我们该注意的东西来进行指向。

注意的强度。因为我们的注意是要有意识地参与，注意是要有意志上的努力的，才叫注意。我们的注意还得保持一定的强度，才能保证注意力不发生变化，这叫注意的强度。

资源有限性则是指，在心理学简单的任务当中，我们最多能注意7 ± 2个模块，就是说任务很简单的时候，我们的注意也只能同时注意7 ± 2个东西，类似于工作记忆，工作记忆的容量也是7 ± 2个模块。但体育比赛中很多的任务并不简单，所以同时注意一两个，两三个就不错了。这就是为什么说足球这个项目的运动技能复杂，从一个后卫来讲，他不光要运球，同时，他还要注意观察，思考要采用一个什么样的进攻策略。

注意的种类——心理学根据不同的依据对注意进行分类。根据意志的努力程度来进行划分，可分为不随意注意、随意注意和随意后注意。随意注意指事先有预定目的，需要一定意志努力的注意。随意后注意是事先有一定的目的，但是不需要意志努力的注意。不随意注意指事先没有目的、也不需要意志努力的注意。简单来说，门突然“哐当”一声响，你回头看一下。因为外边的一个强烈刺激影响了你，你注意了一下。但假如外面突然进来一个人，进来的是你认识的一个人，你就会特别关注一下，这就变成随意注意。随意注意和不随意注意是可以相互转化的。从我们运动技能来讲，刚开始学运动技能的时候，你需要进行随意注意。你需要有意识地努力调动自己，来进行学习。当你的运动技能慢慢地自动化，熟练了，就转化为随意后注意。其实运动员中更多的注意是随意注意和随意后注意，随意注意和随意后注意也是可以相互转化的。从上述讲解中我们知道，随意注意是需要意志努力的，还具有目的性。

根据注意的指向，注意可以分为外部注意和内部注意。外部注意是指个体对周围刺激物的注意，它经常与知觉同时进行。内部注意是指个体对自身包括对身体和心理活动的注意。给大家简单地介绍一下什么叫内部注意，比如运动员的决策是一种内部注意，选择一种最有效的、比较合理的战术。

Nideffer的四种注意方式——我们目前的运动心理学界是比较流行的一种划分方式。他这种划分方式不仅考虑到注意的指向性，还考虑到注意的范围。主要分为四个模块（图1）。一个维度是注意的指向性分为外部和内部。另一个维度是注意的范围分为广阔和狭窄。比如，足球运动员需要很大的视角，来观察整个场上的变化，他注意的范围就比较宽广，而射击运动员的注意只要集中在靶上的某个点上，他的注意视野就比较窄。

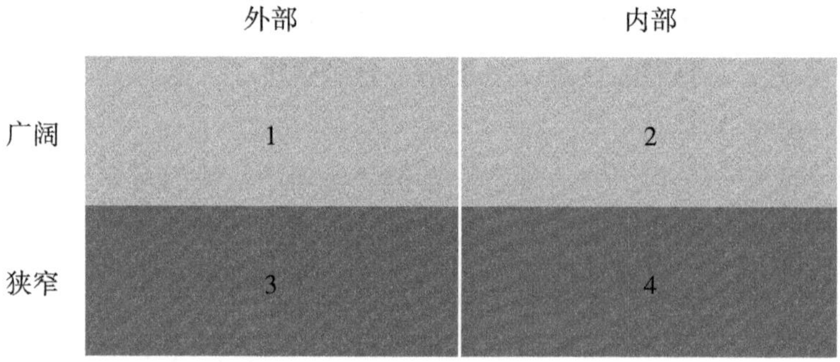

图1　Nideffer的四种注意方式

不同的运动专项，要求注意的指向性是不一样的，注意的种类也是不一样的。而且一个运动项目中可能同时具备几个注意的种类。有段时间我在高尔夫队发现，高尔夫运动员在每一个击球之前，四种注意都用上了。在开始击球之前，运动员要观察整个场地的情况、场地的风向，这属于外部的广阔的注意。之后运动员要思索：打这个球，我要用什么样的杆、使用什么样的技术更合适自己，这就属于内部的广阔的注意。进行球杆的选择后又开始思索：我应该走哪条线路；我应该从什么样的角度打出这个球。这就慢慢转到了外部的狭窄注意。有的运动项目只需要单一的注意种类就可以了；有的运动项目需要不同的注意种类来进行结合。越是复杂的运动技能，要求注意越多；越是封闭的技能，它要求的注意越单一。

这是一个比较经典的图（图2），列出了注意方式下的具体活动。把我们执教的过程当中常见的技能进行了归类。比如说在广阔的内在的注意里面，教练员或者运动员决定下一个比赛策略。因为比赛策略很多，它是运动员内部脑中的想法，需要广阔的内在的注意。而体操运动员上场前想象自己的动作，则属于内在的比较狭窄的注意。比赛开始时足球队员开球，要观察整个场上的变化、队友的位置和采用什么样的策略，属于比较广阔的外部注意。不同的运动技能所要求的注意种类、注意方式是不同的。这是我们需要思考的，我这个运动专项需要什么样的注意方式，而且不同的技战术也是不一样的，在训练当中有意识地训练，可以更有效地提高运动员的注意力水平。

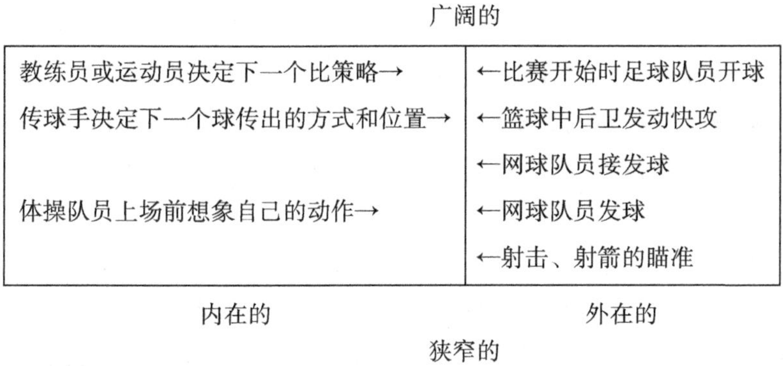

图2　Nideffer的注意方式与任务活动

技能任务中的注意需求。不同的运动技能注意需求是不一样的，技能活动分为：一种是控制的技能活动，还有一种是自动的技能活动。运动技能越来越熟，那么运动员就从控制的技术动作变成了自动化的技术动作。这时候要求的注意是不一样的。处在控制的动作的时候，我们的注意需要意识的控制。而变成自动的动作之后，我们的意识就不需要参与很多。采取什么样的注意方式，实际上取决于运动员的技能水平。技能水平越高越熟练，消耗的注意资源就越少。还有一点就是根据运动专项的特点，当你的比赛越复杂，面对的情景越复杂，你就需要更多的有意识的注意。周围的环境比较简单，消耗的注意资源就比较少。在心理学当中，有一个常见的方法，可以测试某个技能动作是否消耗很多注意资源，它是否是自动化的技能，就是双重任务测试法。如果你想知道某个运动技能是否自动化，就可以在主任务中增加一个次要任务。这个次要任务可以是一个很简单的任务，比如给被试一系列心算任务，给被试一个300以上的数字，如310，要求被试在执行某一个运动技能的时候报告310减3这个任务的结果，然后看被试的运动表现是否降低。如果运动表现没有降低，则证明这个动作是非常自动化的。假如降低了很多，则证明这个运动技能不是很自动化，还需要很强的意识。

2004年我在帆船帆板队，当时徐莉佳（2012年奥运冠军）的问题是过于集中注意在操作船的动作过程当中。因为控制船的平衡，需要看风、看帆的方向，还要转舵，动作比较复杂。帆船这项运动在航行的同时也要注意观察主要对手的航行路线，要对对手进行压制。徐莉佳的问题就是她过多地注意自己的动作，而将对手忽略了，她不观察主要对手和对手的航线，这造成她刚开始的航行不错，到后面往往出现一些低级失误，后来我们提出了一个解决办法，在训练课的时候要求她不仅仅要注意自己的航线，在训练课结束以后，我还询问她，她的队友怎么航行的，他们的航行路线是什么，给她增加一些负荷，这样不仅训练了她的注意集中，还加强她的注意分配，这方面我们可以有意识地进行训练。

我们还发现优秀体操运动员不同的注意方式的特点，体操运动员的运动技能非常复杂，体操由很多分解动作组成。体操运动员在做动作的时候，他们往往只把注意集中在最开始的动作，后面的一系列动作则是自动化，这样体操运动员就可以把注意更多地集中在运动表现上。花样滑冰运动员也是一样，如果运动员把注意力完全集中在动作执行过程上面，那么他的表现力往往会被忽视，包括他的表情管理、他的情绪感染都会被忽视。高水平运动员，应该把注意更多地集中在动作效能上，动作效能实际上就包括了动作的节奏、表现力和感染力。不同运动项目的主要动作技能的注意需求是不一样的，每个教练员可以根据自己的专项想一想：我的运动员需要训练什么样的注意类型。

在目前的研究当中，有很多关于内部和外部注意的研究。内部注意是指把注意集中在动作执行过程上。外部注意是指把注意力集中在与动作有关的外部情境上。

运动心理学的研究中，经常提到注意过程，注意过程到底是什么样的过程？很多人会误解是要把注意力集中在动作执行的过程上面。目前有很多研究表明，把注意力集中在动作执行过程当中，往往会造成运动员在比赛中发挥失常。比如体操，运动员将注意力集中在动作的效果上，可能会更好。跳水也是一样，以前我也跟过跳水队，一开始我认为在跳水的过程当中，跳水运动员翻转了很多次，他一定是把注意力集中在动作控制上。最后才发现，其实跳水运动员在翻转的过程当中眼睛是看着水面的，翻转一次看一次水面，这样判断自己的位置，他其实更多地关注运动的效果。举重运动员也是一样，举重运动员并不是把注意集中在某一个技术环节上，而是把注意集中在发力的效果上，包括杠铃的运动轨迹，这样他能够举得更成功一些。

现在很多研究不仅是针对高水平运动员的比赛表现，在运动技能学习当中也有效果。很多研究提出，运动员应该把注意放在外部注意，就是动作效果上面，那么运动员在运动技能的学习过程当中会学得更快一些。

刚刚给大家讲了注意有不同的类型，下面给大家简单介绍一下注意控制训练，注意控制训练是一种旨在提高多维度注意技能的心理技能训练程序，而不仅是注意集中。注意控制有很多的方法。

注意不集中是运动员训练或者是在比赛中经常遇到的一个问题，有效集中注意的原则是：第一，运动员主观上要努力集中注意；第二，运动员一次只能有一个想法，如果你想要集中注意的话，你干任何事情一次只能有一个想法；第三，保证你正在做的事和想的事没有差别，因为这样才能表明你处在注意集中的状态；第四，不要把注意力集中在自己不可控制的因素、与当前比赛任务不相关或还未发生的事情上；第五，尽量处于放松的状态，因为人紧张的时候，肯定内心会涌现很多想法，而且大多是消极的想法。那么这个时候该怎么办呢？我们可以适当转移一下注意。将注意从内部指向外部，然后再通过调整呼吸，把注意力重新集中。我以前讲课当中也讲过一个注意力重新集中过程，当你感到自己注意不集中的时候，你就把注意力转移一下，然后控制自己的呼吸，通过腹式呼吸调整呼吸频率让自己放松下来。放松了以后再给自己一些积极的暗示。这里使用腹式呼吸的原因就是，腹部呼吸可以使人放松，并且可以调整自己身体重心的变化，对于射击运动员这个方法尤其有效。

常见的注意控制训练的技术和方法有唤醒调节、设置线索词、思维控制。前面我们也分析了很多影响注意集中的分心因素，包括内部的、外部的。其中比较主要的就是思维倾向的问题，比如思维混乱，思维出现混乱了我们怎么办？我觉得比较有效的方法就是目标设置、心理定向和自我谈话。

另外一个是模拟比赛情景并设置比赛行动方案，在模拟的比赛情景中设置一些干扰因素用以干扰运动员，增强他们的抗干扰能力，使他们保持注意集中。设置比赛行动方案主要是指赛前的一些心理准备流程，大部分教练员在赛前都非常重视运动员的赛前身体准备活动，往往忽视了心理准备活动。心理准备活动也是有一个流程的，教练员在训练中或者在比赛前应该帮助运动员建立这种心理准备流程，结合身体准备活动，更有效地帮助运动员注意集中。

很多运动员在比赛中会出现首场比赛抑制，即第一场比赛打得不好。那么我们可以经常采用这种流程更加有效地帮助运动员注意集中，打好第一场比赛。

最后一个就是过度学习技能，也就是把技能学习得更加自动化，更熟练一些，它消耗的注意资源就会越少。

这里有一个理论（图3），唤醒水平与注意是有关系的。简单来说，随着唤醒水平的提高，注意的视野、注意的广度会越来越小。

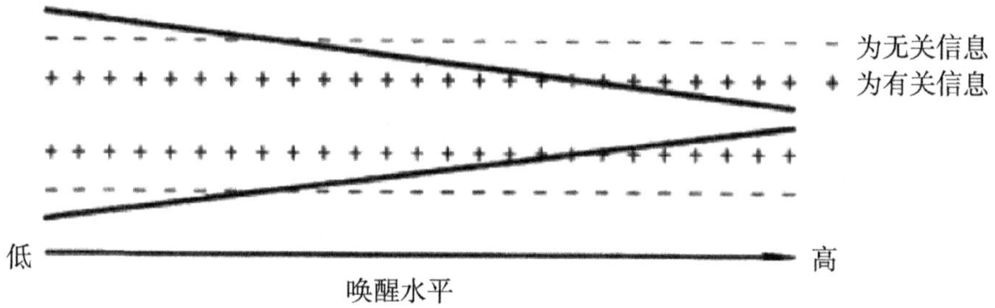

图3　线索利用和唤醒水平间的关系

唤醒水平就是指我们的身体和大脑的激活状态、觉醒状态。赛前准备活动主要是指身体上的激活，教练员同时也要注意激活运动员的大脑。

影响唤醒水平的第一个因素是情绪因素，焦虑、高兴会使运动员的唤醒水平增高。以前接触过的女子曲棍球运动员提到过她训练时候的一个情境：每次她拿到球以后，教练员总是催促她，给她很大的压力导致她的球更加传不出去了。这是因为她感到紧张，她一紧张就没办法把注意力的视野变得更宽广，就只能注意到自己的杆、自己的球，造成她更容易失误。所以教练员在场上指挥的时候，一定不要给运动员更大的压力，这样会使他的视野越来越窄。

图中的加号代表的是有关信息，减号代表的是无关信息。随着唤醒水平的提高，有用信息和无用信息都越来越少。当开始放松的时候，可能很多无关信息和有关信息，都进入大脑里面了。所以适宜的唤醒水平更有助于注意力的集中，这是一个规律。足球运动员在场上比赛的时候应该更加放松一些，他的注意的视野会更加宽广一些。其他项目比如射击运动员则要求他们的唤醒水平更高一些，让他的注意更集中。然而他们的运动技能比较复杂，运动技能复杂又要求他们的唤醒水平稍微降低一点。所以应该找到一个相对平衡点更有利于运动员比赛的发挥。

至于唤醒水平怎么调节，更多的要依靠运动员自己把握，通过回想以前打了那么多场好的比赛，当时自己是处于一个什么样的状态。比如你很焦虑，是处于一个什么样的焦虑水平。你很兴奋，是处于一个什么样的兴奋水平，依靠自己去总结在比赛和训练中的表现，找到一个比较合适自己的区间。但是运动员很多时候习惯思考和总结自己打得不好的比赛的原因，往往就忽视了发挥得好的比赛，所以唤醒水平的调节更多在于运动员自己去思考一些好的比赛当时是一个什么样的状态。这里有一个很简单的找出调节唤醒水平区间的方法，就是把手握得紧紧的，比如抓举运动员在握杆的时候，把手握得紧紧的，当手握得最紧的时候，就是紧张度最高、唤醒水平最高的时候，然后开始慢慢地放松，当你觉得握杆感觉最好的时候，就是唤醒水平最合适的区间。

设置线索词。主要是在运动员的运动技能学习过程中设置线索词，在比赛前设置可能更有效。在比赛中提供提示，效果可能会不明显，甚至破坏运动员的技能发挥。当运动员在场上状态很差的时候，教练员在他下场的时候再跟他强调战术指导问题，对运动员反而没有效果。还不如当时要求运动员放松下来，先把自己的情绪调整好，然后再跟他讲一些技战术指导，会更有效果。

以前也有这样的事情，郭跃在2008年世界锦标赛团体赛的时候第一个上场，结果失败了。之后她头脑中一片空白，教练员叫暂停，中场休息教练跟她讲战术之类的事情，可没有任何效果。后来我跟郭跃交流，她表示如果当时教练要我先放松自己，把注意力转移一下，我可能反而会有好办法。

我们在奥运会做一个心理苑的时候，特别强调遇到这种情况的时候，运动员该怎么样去做，让在旁边观看的教练能够根据运动员的个人特点进行指导。

当运动员没有一个明确的目标的时候，容易造成他们思想上的波动，产生很多想法，情绪也会产生相应的变化，造成他们的注意力无法集中在当前的训练中，训练质量也无法保证。所以我们可以通过合理的目标设置来降低运动员的情绪变化或者减轻对运动员的心理影响。另外还有自我谈话的方法，自我谈话就是通过一些积极的自我暗示，来帮助运动员注意力集中。

前一年教练员培训班中，我给大家讲的主要是运动员的心理调控。之后我也访谈了很多教练员，教练员的主要工作就是对运动员的思维进行控制。思维控制中一个很重要的方法就是对他的目标进行控制。因为一部分运动员拿了很多冠军之后，他往往丧失了目标。这个时候教练员怎么样给他设置更高层次的目标来激励他，而且能让他接受，那么这个教练员就是一个非常好的教练员。比如乒乓球运动员，拿了大满贯之后往往会丧失自己的目标，训练也就没有激情了。那么这个时候教练员可以给他设置更高的目标，比如超过王楠、超过张怡宁，来提高训练的热情，所以设置目标很重要。

目标可以分为长期目标、阶段目标和近期目标。长期的目标可以设置一些比较理想的、比较不太具体的目标。但是短期的目标一定要设置成具体的、明确的和可实现的目标，目标还可以分为最理想目标、现实目标、最低目标。为什么要设置多级目标？我们去过的很多运动队，教练员往往把运动员的最好水平作为他在比赛中的唯一目标，这就造成如果运动员一次比赛打不好，往往会影响他后面的比赛，在训练中也没有热情了。所以我们不仅要让运动员能够实现他的目标，而且还要促进他们的成长，所以尽量要设置多级的目标。最理想的目标往往就是最好、最高的目标，现实目标就是正常发挥的目标，最低目标就是无论出现什么意外的情况，都应奋力达到的目标。就像有的教练员经常说：我只希望你这次比赛发挥出你80%的水平就行了，这就是一种最低目标。

教练员和运动员很难不考虑比赛的成绩，第一名、第二名、第三名，这是任务。但是针对这个任务，我们应该思考，在技战术上我们该追求哪些指标？我们做过一些研究，发现关于结果目标和运动员比赛的发挥之间的相关度不是很高，但是过程目标跟运动员比赛的发挥相关度非常高。所以在制定目标的时候，教练员不仅要制定结果目标，而且还要结合过程、多级目标进行设置。

关于设置SMATER目标，有很多的要求，我特别强调下面两个。有时候我们和教练员制定目标，都没有跟运动员进行过沟通，造成运动员也是听说，致使运动员的目标不明确，这会影响到运动员的训练和比赛，造成他们没有热情运动，自觉性不够。同样，如果运动员自身树立一个目标，但是他不跟教练员分享，他自己练自己的，这也会导致问题。所以制定的目标要与他人分享，这样能帮助大家互相进行监督和考察。另外一个就是在目标完成的时候，一定要及时地给予奖励，这种奖励可以是物质奖励，也可以是精神奖励，或者是运动员自己奖励自己。

我们经常思考一个问题：为什么中国运动员的训练寿命比较短，不如西方的运动员？原因在于中国运动员在长期的比赛和训练中，运动员没有体会到训练和比赛给他带来的乐趣，他整天思考一些出现过的失误和失败的事情。教练员在运动员训练课练习得不错的时候尽快给予奖励，可能会增长运动员的运动寿命。大家可能觉得可能性不大，但如果真的这样去做，效果还是非常好的。

心理定向，就是比赛时的心理的状态和注意倾向。这有三个原则，首先是过程定向，过程定向主要指的是注意结果。从目前的理论来讲，应该更多地注意某一个技术技能的效果。还有当前定向，更多地去把握现在。主位定向，更多地考虑自己，不去考虑裁判、对手的发挥等因素。这三个基本原则也有利于运动员的注意力集中。

自我谈话：积极的自我谈话有助于我们保持注意力集中。自我谈话可以消除一些负面的想法，这对运动员是比较有帮助的。自我谈话有一个问题是它需要长期性的训练，不是说教完方法之后，马上用在比赛的时候就会有效果。为什么说“江山易改，本性难移”？因为一个小孩到3岁他的心理特点基本上就具备了。我们只能根据他的特点来对他进行教育，然后进行指导。所以改变一个人的思维方式需要反复地进行指导和训练才会有效果。下面请看消极的自我谈话和积极的自我谈话的差异，“你个蠢蛋，怎么会在这么简单的球上失误”，这是消极的自我谈话。“每个人都会失误，只要专注当下每一分”，这是积极的自我谈话。还有“我受伤了怎么办”？积极的自我谈话是“治疗需要时间，我只要每天参加康复练习就可以了”。心理学中其实还有一种方法——表象演练，通过表象演练也能够帮助运动员保持他的竞技状态。

自我谈话更多的是对消极的自我谈话有效果。首先要在训练中觉察到一些消极的思维。有些运动员在训练日记中写了很多自己在训练场上的一些想法，我觉得这是非常好的。在了解这些想法之后，我们可以更加直观地灌输一些积极的想法，将它明朗化，这样他就慢慢地养成一种良性的习惯。当他有消极的想法，就用积极的想法来引导他，慢慢地经过反复地练习，就能得到好的效果。

消除消极想法首先要自我觉察，然后阻断。怎么阻断呢？以前我经常跟乒乓球运动员讲，他们有一个好处，就是他们经常穿红颜色的衣服，包括臂胶也是红颜色的。这个时候你要想到交通指示牌，它有“停”的意思，严禁行车。你可以通过阻断将自己的注意力转移一下，转移了之后通过腹式呼吸再重新集中你的注意力，然后再去消除负性的想法。

很多时候能做到第一、第二、第三步实际上就可以了，基本上思维就已经控制住了。第四步最复杂，要同消极的想法进行反复的辩论。在训练中运动员有什么负性的想法，教练员可以进行积极的引导，该怎么样跟负面的想法进行辩论，怎么样用积极的想法来引导他，这都是要在平时的训练中注意的。

还有一个就是模拟比赛情境并设置准备活动流程。前面我讲了我们很多教练员往往注意运动员的身体准备活动，准备活动流程有一个心理准备流程，其中有个方法叫视动行为练习，就是训练员在上场之前，首先要放松，放松完了以后表象自己怎么样动作，在模拟情景下完成技术动作，然后自己再上场比赛。

2008年奥运会的时候，女子体操运动员基本上每次在上场之前，都要做这个流程，首先是放松，然后是表象，再上场比赛，这样能够提高她的成功率。掌握这个需要长时间的练习，所以在训练中我们要经常采用这种方法。在比赛前、比赛中做工作起不到好的效果，是因为增加了干扰，反而增加了运动员的负荷，造成注意力不集中。视动行为练习需要运动员在训练中进行，最重要的是放松，它的原理就是首先放松，然后表象，让他在脑子里想清楚。如果不放松的话表象就不清楚，跟刚才举的郭跃的例子一样，当她脑中一片空白的时候，你还跟她讲技战术是没有作用的。要先放松下来，大脑清醒以后，再去思考，包括做表象练习的时候也是这如此。

还有四步法也是一样，先做准备活动，力图保持一致性，然后将整个动作过程在大脑中进行表象练习，再把注意力集中在与动作效果有关的情境线索上，最后进行动作执行。一名网球运动员发球前的运动准备过程，一开始是身体的摆放，然后是决定发球的方式和落点，再是调整握拍与发球，深呼吸让自己放松，接着反弹球以感受节奏，再表象并感受完美的发球，最后是发球落点。

最后还有过度学习技能，什么叫过度学习呢？以前我问过一位运动员：你成功的经验是什么？他说：作为国家队运动员，其实大家的智商都差不多，那么你怎么比他更好，其实就是你要比他的基本功更扎实。乒乓球有发球，有对拉，你技术很好，但是你能100%成功吗？如果你能够有90%的成功率，那么我就练到100%的成功率，这就是过度学习。过度学习不仅是技术的成熟，还有注意资源消耗得更少。这就是到后面的比赛，还能保持一种好的竞技状态的原因。所以过度学习非常重要，不仅要提高成功率，还要练习好基本功。

训练运动员的注意力，不仅有注意力集中、注意分配，还有注意的广度，脑子里同时要想几件事，这时教练员要有意识地在训练当中给他加一些任务。如果想训练一个运动员的注意分配能力，就要像帆船的那个例子一样要有意识地增加他的负荷，来提高他的注意的能力。

第二章

高水平运动员
备战重大比赛的心理训练
理论与方法

优秀运动员在重大比赛中取得佳绩的心理准备要素与心理调控方法

国家体育总局体育科学研究所　张忠秋

奥运会实际上是一场心理大战。爆冷出局、黑马、大逆转、绝杀、卫冕这一系列现象都出现过。虽然这些现象是个案，但是其中蕴含着很多心理问题。所以，剖析极端现象更能够清楚发现重大比赛中的关键心理要素，更能分析出运动员参赛的一些心理调控要素。

一、“爆冷出局”现象与启示

爆冷出局是负面的，爆冷出局的现象有很多，其中很多例子都让我们记忆深刻。埃蒙斯，一个美国优秀射击运动员，但是在雅典奥运会、北京奥运会，最后到伦敦奥运会三度失金。在雅典奥运会，他在最后一枪领先三环的时候，打出了令人完全意想不到的一枪，打到别人的靶子上，以至于最后失去了宝贵的金牌。后来在北京奥运会上，他在最后一枪领先，并且优势很明显的情况下，又打了一个低环，失去了优势也失去了金牌。伦敦奥运会，是他第三次征战奥运会，毋庸置疑他有很大的心理包袱。在进入决赛的最后阶段时候他排第二名，当时也有可能冲击冠军。但是他在最后一枪打了一个七环，又把一块奖牌拱手相让。埃蒙斯的优势很明显，他具有天才的能力，其他对手都害怕他。但是他连续三届奥运会爆冷失金的表现，值得我们心理工作者思考。

波尔，在伦敦奥运会上的表现非常出人意外。波尔在乒乓球界的实力不容小觑，而且波尔非常冷静严谨，以至于在很多比赛中波尔能把中国乒乓球队压制。波尔常年被中国乒乓球队称为一号对手，但是在伦敦奥运会上波尔出现了意外，他找不到自己的节奏，出现了一个非常不好的心理波动。他说：“在这个赛场里我找不到正常的节奏，我们作为运动员有很多压力，有时你能适应这种压力，打出漂亮的比赛。但这次那种紧张的感觉就没停过。”这么优秀的运动员在重大比赛中都会出现这样一种心态，可见每一次重大比赛都需要认真的准备。

从爆冷出局现象，我们可以看到一个心理现象——“choking”现象，即在优势很大，不存在竞技能力问题的前提下，完全出乎大家意料的失手，所以叫爆冷，或者说“choking”现象，就是在重大比赛的关键时刻，运动员出现技术变形、反应变慢、连续失误或犯一些低级错误，最后输掉了本不该输的比赛。

放在心理学的层面，可以从自动执行理论假说上解析埃蒙斯现象。他在最后一枪的时候可能出现了额外关注自己的过程。这种额外关注会破坏习惯的自动化运动技术执行，引起运动过程的改变，最后导致运动成绩的波动。每个人的技术动作都有每个人的风格，并且有个人的节奏。每个运动员，特别是优秀的运动员，打比赛的时候都是有自己的节奏。埃蒙斯在前几枪的时候都按照自己的节奏，但是最后一枪也可能是由于他太在意了，他知道最后一枪带给他的意义，从而导致个人节奏被打乱，在最后关键的一枪完全用了另外一种节奏来控制这一枪，所以他失手了。关注比赛结果的重要性，这是我们在重大比赛中失常的一个很重要的原因。一般的比赛没有那么大的刺激性，但是奥运会的一块金牌无论在哪里都很重要，对于优秀运动员在各个方面都有很大的诱惑。关键时刻他倾注更多的注意到了其他方面，这是埃蒙斯的一个败因所在。

如果从干扰理论来解释，在复杂竞技运动情境中，运动员可能会将认知分布在一些无关信息源上，从而忽视了与任务有关的关键性线索，所以导致运动员在有限的比赛时间里不能处理过多的信息或捕捉不到与任务有关的信息从而导致运动过程失败。以波尔为例，乒乓球赛场环境复杂多变，运动执行要求随环境线索的变化而变化，获得足够的与任务有关的信息是成功操作的基础。但是波尔由于他在伦敦奥运会之前有很好的竞技状态，大家对他有很大的期望，导致波尔很在意比赛结果，导致他把注意力放在了一些无关信息上。从而忽视了与任务有关的关键信息，这是他爆冷出局的主要原因。

为了防止爆冷出局这种现象的出现，可以通过两个方面实现：一种就是增强自信；另一种就是使注意力更加集中。对于爆冷出局，这种现象给我们的启示就是要让运动员学会并掌握自我心理调控的有效方法，随时都能在需要时从紧张状态进入放松状态，做到内心平静。要努力提高集中注意力的能力，能确认自己的目标，学会克服内心顾虑，消除紧张和恐惧，提高耐挫折能力，树立必胜的信念。

二、“黑马”现象与启示

黑马就是在赛前没有人对他或她有什么大的期望，自己对自己也没有什么奢望，但是却在比赛当中大放异彩，以下克上，更有甚者拿了冠军。

雷声是一名优秀的击剑运动员，在2012年的伦敦奥运会拿到男子花剑冠军创造了历史。但这块金牌却是他的一个副项，他最想拿的金牌没有拿到，所以他的金牌是个意外的收获。李雪芮，2012年羽毛球奥运冠军，但她是在奥运会最后的选拔赛才勉强进入了奥运会阵容。当时没有人期待她拿奥运会冠军，她完全是一匹黑马。后来我们发现这些黑马运动员，如雷声的表现基本是场场拼命不留下遗憾，而李雪芮则是分分必争对结果没有任何的期待。雷声后来回忆说道：“我也没有想到这个结果。自己只是想专注打好每一个比赛，打一个自己不后悔的比赛。不论结果怎样我都不后悔。我告诉自己，我一定能走得很远。”这就是一个黑马的典型心态。

从心理学上对黑马来解读就是运动员参赛对于角色的合理定位。运动员参加重大比赛必须建立相对科学而合理的意识和习惯，就是自始至终将自己摆在“夺”“冲”的位置，不能患得患失。例如，跳水名将郭晶晶在跳3米跳板时，她回忆说跳完最后一个动作时还在想下一个动作，她对结果已经没有了意识，这是一种最佳的状态。黑马运动员抱着“向前冲、努力拼”的这种心态，他的注意力集中于比赛过程尽量不关注结果，也是由于运动员赛前没有受到很大的关注，反而激发了斗志和证明自己的决心。雷声在团体赛失利就是因为他之前拿过团体赛的冠军，他抱着保住金牌的心态，更多地关注比赛的结果，且赛前期望很高，压力很大，所以他失利了。

从黑马现象我们得到了如下启示：大赛前让运动员尽可能充分地做好应对各种困难的准备，以积极主动挑战的欲望来迎接可能遇到的各种困难和阻力，从内心里尊重和重视每一个对手，充分研究和掌握专项竞技比赛规则的要求和变化，把以上这些赛前的准备和认识用于激发和保证自己个人达到最佳动作节奏、比赛节奏的实现和发挥。对教练员和管理者来讲，在重大比赛前不要给予运动员过高的期望，更不要让运动员对对手产生麻痹和轻视，帮助运动员设定合理目标，充分研究和准备自己特有的比赛节奏，并有效实施和及时调整，帮助运动员屏蔽外界干扰，营造专心致志的大赛心理准备和积极适应的训练环境。

三、“大逆转”现象与启示

大逆转现象就是运动员在逆境中突然出现了转机以至最后取胜。

郭文珺，2012年伦敦女子10米气手枪金牌得主，她在伦敦奥运会决赛中，最后一枪之前落后了太多，按照常态，她很难拿金牌。但是到了最后一枪的时候，她异常的镇定。在大家都认为不可能拿金牌的情况下实现大逆转。郭文珺说：“在决赛中我一直很专注，杂念不多，做自己应该做的，对结果没有太多的想法和苛求。”和之前的埃蒙斯形成鲜明对比。

中国男子体操队，在预赛中排第六，和前面领先的队伍差距太大，但是在决赛中他们的表现很完美，零失误，最终实现大逆转。俄罗斯男排，在前两局比赛失利的情况下第三局开始发力，实现大逆转，赢得胜利。

对大逆转现象，在心理学中我们用运动情境理论来解释。运动员在挫折中必须在资源匮乏的情况下解决问题，在这种情况下关键不在于将状态调整到最佳，而是要充分控制自己的不合理，并尽可能利用对手的不合理，

大逆转现象对教练员的启示：首先，要帮助运动员认识逆境，建立良好的应对机制，并且结合自己的参赛经验预见和分析比赛中可能出现的逆境，并找出具有针对性的策略，最好有针对性地采用不同方案应对逆境，强化特色和主动意识，加强针对性技能训练，培养和建立积极性应对习惯；其次，作为一个教练员，要帮助运动员认识逆境，建立良好的应对机制。在挫折发生后，及时引导运动员将负面情绪降到最低，包括倾诉和宣泄、接纳自己、认真分析失败原因、制定解决问题的合理方法方案、设置新的目标；最后教练员还要帮助运动员建立自信、从容应对，在比赛中达到最好的状态，可以通过一些方法来建立自信，包括减少使用消极的语言暗示，加强积极的语言暗示，减少不利的他人参照提示，保持积极的心态，确立正确的任务目标与正确的胜败观。在日常训练中，引导运动员把失败转化为增强自信心的信息源，正确看待失败，客观细致地分析失败的原因，真正从失败中找到进步的线索。

四、“绝杀”现象与启示

伦敦奥运会上，中国女子重剑队与俄罗斯队的比赛一直在加赛，最后中国队一剑封喉拿了金牌。比赛当中一直不分上下，就在最后一剑赢得了比赛。女

子重剑队的李娜说："落后的时候，全队都没有紧张。大家都相信自己有这样的实力。"绝杀的关键在于自信心与意志力，专注过程淡化结果，信任与团队凝聚力。女子重剑队团队的几个姐妹，一直都很齐心，有互相依靠的一种力量。

绝杀现象给我们的启示：绝杀也需要心理积累与准备，要锻炼快速阅读比赛、观察对手的能力，这一点新手需要注意，注意培养最佳竞技状态，要始终激发和维护属于自己的比赛节奏和流畅性，比赛节奏这一点很重要，如果运动员了解了自己的比赛节奏，就能更好的帮助他们自己发挥竞技能力。

五、"卫冕"现象与启示

陈若琳在伦敦奥运会上获得跳水10米跳台金牌，最终实现卫冕。陈若琳说："夺得冠军仍需不断努力，对比赛依旧要谨慎，跳好每一跳。"

卫冕冠军的历程很艰难，需要的是超凡的毅力和艰辛的付出。首先要战胜外界，作为种子选手要卫冕压力很大，同时要适应规则变化，接受国内外新人的冲击，更要战胜自己并且对抗年龄的增长、身体发育带来的一系列难题，努力训练保持自己的竞技水平，要挺过奥运周期后的低潮期。面对大赛，种子选手的压力比一般运动员大很多，也更容易出现想赢怕输的心态。

卫冕现象带给我们的启示：首先卫冕需要理想的自我参赛角色定位，尊重对手，冲击到底，所以说要充分发挥水平，关键在于摆正位置，完全以一个新人的状态去面对每一个任务。那么如何应对社会各界期许带来的压力呢？大赛前尽量减少社会活动，优化运动员的社会心理环境，引导其进行积极性思维。在日常备战训练和比赛时，排除杂念，把注意力集中于过程，应对外界期望的理想方法是信息优化和积极思维。

我们从伦敦奥运会上总结了五种现象，对现象进行了分析。在爆冷出局现象中，比赛开始处于优势的情况下，出现注意涣散，最终出现了一个意想不到的结果。在黑马现象中，在完全劣势的情况下，运动员一冲到底取得胜利。大逆转现象，是在绝望且大势已去的情况下，绝处逢生，实现大逆转。绝杀现象，在相持的情况下，一种逆境的突破。卫冕现象是在优势很大的情况下，需要重新再来。对这五种现象可以总结为：面对未来新的、更大的挑战，所有选手都要充分结合自己专项、个人特点和节奏，深挖潜力、明确目标、应对逆境、挑战自我。

六、潜能是“逼”出来的

爆冷出局、黑马、大逆转、绝杀、卫冕这五个现象，都是在不同的特殊环境中逼出运动员的潜能来，当然这其中有负面的，也有正面的。但是无论从主观方面还是客观方面，我们都要把运动员逼到最佳的比赛心理状态。优秀运动员参加重大比赛的最佳心理状态是可以充分挖掘的，即潜能是“逼出来的”。如刘子歌说：“我希望能在这次比赛中逼出自己的最佳状态。”

为什么要“逼”出比赛最佳心理状态？从注意的双加工理论来分析，人的认知加工主要分为两类：一是自动化加工，此类加工不受认知资源的限制，并且自动化进行；二是受意识控制的加工，受认知资源的限制，需要注意力的参与。对于运动员而言，并非所有的技战术环节都能达到自动化程度，因此在比赛过程中，运动员仍需要在应激状态下合理集中注意力并充分调动自身的认知资源，很多优秀的老队员表现得都很突出。他们认为每一场比赛都是新的，都需要重新认识，而且他们有限的注意力能够合理分配到各个任务当中去。

对于有些运动员大赛中发挥不稳定的情况，双加工理论的解释：运动员过多地关注与比赛无关的事情，占用的有效认知资源太多，比赛所需的认知资源相应减少，从而导致技战术失误率增加，所以在比赛过程中，每一个间隙教练员都要尽量控制运动员不要受到外界干扰。“逼”的目的在于通过逼自己抛开非可控因素带来的认知资源损坏，以更加积极有效的意识控制增强重大比赛的心理发挥的稳定性。

为何能“逼”出比赛最佳心理状态？通过认知心理定向进行分析：（1）比赛过程定向：“逼”能使运动员更专注于比赛过程，更趋向无所畏惧的“夺”的心态，将注意力集中于比赛过程，而不是最终结果上。（2）趋近比赛定向：“逼”能使运动员趋近比赛的心理定向得到增强，放手一搏，主动比赛的心态让运动员对比赛的感觉需求不断提高，渴望趋近，主动投入比赛，增强比赛心理正常发挥的概率。（3）主位定向：“逼”能使运动员更加专注于任务本身，注意力更多地集中在当前比赛的应激准备上，背水一战，已不在乎对手表现，更多关注自己，将注意力集中于自己正在或即将要采取的一系列行动上。

通过增强意志品质进行分析。（1）“逼”能促使运动员克服惰性。在没有后路可退的竞争环境下，这种压力会使运动员更加努力表现自己，认真比赛，顽强拼搏。没有欲望，没有压力是无法实现自我突破的。（2）“逼”能使运动员坚持。“逼”能让人保持斗志，坚持到底。无路可退时，唯有逼自己一把，才能重获无限动力。杨威，一名非常优秀的运动员，他说：“奥运会的感觉真像是在童话中，我也终于可以挺起身板，摘掉什么‘千年老二’的帽子。为了这个冠军我等了很久，今天终于圆梦，这证明这些年我的努力没有白费。”（3）“逼”能使运动员增加内在动力。来自身边其他人（甚至是全国人民）的正面期望，可以带给运动员动力和信心，促使其最佳状态出现。正如观众效应和主场优势一样，但一定要在可控的范围内。如1981年日本排球世界杯，中国女排决赛对阵日本队，先胜两局被扳平，局势危急，当时袁伟民教练说：“你们不要这一局，中国人还要呢！”这句话在当时就是一种刺激，是一种“逼”的方式。

“逼”出比赛最佳心理状态的前提。压力是把双刃剑，因人而异，因时而异。运动员训练状态有周期性变化。所以我们要在合适的时候才能“逼”。“逼”是有前提条件的，“逼”不得法，适得其反。（1）赛前，做足心理准备。赛前心理准备是逼出最佳状态的前提，也是影响比赛发挥的关键因素。比赛准备是一种综合的准备，全面的准备，包括思想准备、训练准备、心理准备、器材准备和组织指挥方面的准备。其中，心理准备是非常必要，也是非常关键的一步。准备不足，乱上加乱。2011年世界杯预选赛20强第三场比赛，中国男足丢球后心理压力大，加之赛前准备不足，最终导致配合失调，注意力不集中，防守漏洞百出，进攻发力无章。（2）赛中，保持警觉，认清局势。面对比赛要留心场上的局势，集中注意力，了解并清楚场上的变化，时刻准备去迎接新的变化，才能发挥出应有的竞技水平。1982年汤姆斯杯男子决赛，林子经追平比分后，想乘胜追击，快速结束比赛，却恰好背上了对手刚刚甩掉的包袱，没能保持警觉，面对场上局势的变化，也没能及时理清思路，没能及时做出心态上的转变，因此错失了比赛良机。（3）平时训练中，习惯是“逼”出最佳状态的准备。将训练当作比赛，专注认真地带着目标去训练，将比赛融入训练中，才更有可能逼出最佳状态。平时懒散，没有压力，硬“逼”可能会适得其反。张娟娟是北京奥运会射箭冠军，她说过：“平时训练要严格要求自己，一靶一靶的打，按照比赛来打。在比赛中，则按照训练来，需要面对的不是别人，而是自己这一关。其实我只要把训练水平发挥出来就已经很厉害了。”日复一日训练的目的是运动动力定型。对于运动员来说，一个动作信号出现时，运动员就会自动化地反应出一连串的运动动作。这种训练形式单一，异常艰苦，要求极高。但是也只有这样“逼”才有可能达到最佳心理状态。训练没有压力，赛场压力就无法适应。总结以往男足平时的训练有一个特点就是缺乏压力，队员没有带着压力踢球的习惯，而真正的比赛总是充满压力，所以这样的压力反而会让赛场上的队员很不习惯，打乱节奏变得慌乱。

获得比赛最佳心理状态需要培养的基本心理品质:（1）专注力：集中精神，持续一段时间去做完一件事的能力。运动员专注力的培养，要从小就开始培养。在平时训练中，要通过视觉注意力训练、听觉注意力训练、动作注意力训练及混合型注意力训练，逐渐增强专注的习惯。现在很多运动员在平时训练中受伤，就是因为平时训练时专注力不够。（2）心理弹性：①个体能够承受高强度的破坏性变化，同时尽可能少的便显出不良行为。②个体从消极经历中恢复过来，并且灵活地适应外界多变环境的能力。③个体的一种能力，潜能或者特质。通过个体与环境的交互作用的过程，产生出良好的适应结果。良好心理弹性的特征包括：意识性、互动性、整合性和差异性。运动员心理弹性的本质是主体通过有意识的调节和控制，以达到对客体的一种良性适应。教练员可以设计一些正常训练以外的内容，增加一些心理方面的刺激强度，注意运动员的心理弹性控制。

总结：运动员要强化“全新挑战、冲击到底”的自我参赛角色定位。强化运动员对重大比赛要有“渴望趋近、主动投入”的感觉。强化运动员对重大比赛的“特色自信的自我效能感”。强化运动员“快速适应和把握节奏的临场应变能力”。赢，每个人都想赢。把赢字拆开看，会发现赢家必备的五种意识或能力。亡：危机意识。口：沟通能力。月：时间观念。贝：取财有道。凡：平常心态。这五个要素构成了我们想赢的结果。

运动员备战重大比赛的心理策略与心理节奏

国家体育总局体育科学研究所　张忠秋

在重大比赛中，很多时候都会看到运动员特有的精神面貌，特有的运动感觉，特有的最令人欣赏的专项战术、技术动作、节奏。以上这些方面是我们要非常关注的调节点。特点没有了，战斗力就没有了，比赛成绩就不理想了。

雷声作为奥运冠军，他在赛前非常专注，相应的比赛对自己的定位非常合理，在赛前只是想打一个自己不后悔的比赛，无论比赛结果怎么样都不去后悔，相信自己能走得更远，但是在全运会上这种感觉出现了一些问题。我们要稳定一种心理习惯、品质需要花费很大一部分时间和耐心，特别是教练员，这方面不是教练员谈一次话，进行一次激励就能够解决的事情。心理学研究表明，一个新的习惯从形成到落实需要两个月的时间，且是刚刚见效。如果只说一次，振奋了一下精神，可能起到一个唤醒作用，是对比赛的态度的一种改变，但是，转变整个比赛的作风，改变运动员的一些心态问题是不可能的。

真正的运动员心理训练过程是很艰苦的，从运动员的要求上就有一个记忆强化，从短期记忆到长期记忆需要你不断的提示，不是做一次会议的强化就能解决的，很多教练说我早就跟他们说了，但是说的太少，说的时机不恰当，说的不太及时。如果真正认识到了这个问题，想改变这个队员的心理环节问题，就需要系统安排。至少在新的要求改变的时候需要一个系统的强化，特别在近期阶段，要不断地进行重复强化。艾宾浩斯遗忘曲线指我们对一种知识的学习，在一开始的阶段遗忘得最快，所以我们要采用各种打动力比较强的方式来进行强化。运动员的这种改变，在他身上发生强化，发扬光大，在以后的比赛当中不断地出现这种作风，这一点是我们在应用工作当中必须要落实的。

我在为跳水队服务的过程当中，特别观察了一下，为什么这些奥运冠军的教练总是有那么大的本事培养出一些奥运冠军。我发现他们的工作在某种程度上符合心理学的原理，非常细致。他绝不许他的队员反复出现他说过的事情，如果出现了，他要重罚，一定要使提过的问题出现的频率逐渐降低，直至改变。这些是我们在应用过程中很多的管理者、教练员疏忽的问题，往往是当时的一个见解出来以后，没有实际的强化训练，导致他们这种问题以后反复出现，心理问题始终在循环出现。

从对重大比赛的备战来讲，心理策略是非常重要的。我们有良好的心理策略，才能够把握大局，不至于大失水准。我们现在有些队伍平时训练确实很艰苦，也很用心，但是由于心理方面的问题，他们所有的努力都会白白浪费，很多国家队教练员对此深有感触，所以我们应当加强这个方面的认识。策略是可以实现目标的方案集合，一个重大比赛的谋划必须要把各个方面的方案进行集中排列组合，最后形成一个大集合。它是根据形势发展而制定的行动方针和斗争方法，特别是一种交流性的，必须知己知彼，很多的位置、细节都要特别到位。我有幸与德国的一个心理专家进行交流，德国的足球那么强大，开始我们认为他们基础好，教练员体质培养各方面都很好，而实际上是他们工作做得很细。他们给我看了一下他们的资料，在世界杯过程当中他们有一个科研实践。他们把每场比赛对手部分人物的心理特点都进行追踪研究，研究完以后针对对手，特别是防守中间这些队员的漏洞，对他们行进上的一些特点进行研究，然后分析战术，怎么样干扰他，让一些关键位置的队员出现状态的起伏，他们了解对手到这种程度，能够在比赛当中影响对手的核心队员，使对手的核心队员作用降低。相应地，我方的发挥在不断地提高，因为抑制了对手的核心队员，实际上就抑制了整个比赛。我们熟悉的排球、篮球、足球等比赛，核心队员的价值非常突出，他们是驾驭全场的能量。如果对手的核心队员被我们抑制住了，比赛的天平就向我们这边倾斜了。我们要有斗争的意识，要注意方式方法，我认为这是我们在实践当中必须要努力理解的。

运动员和教练员为了获得优异的运动成绩，达成竞赛的目标，要根据体育竞赛的实际情景采取有效的措施，程序、方法、技巧以及调控方式具有明显的内因性、目标指向性、变更性特征，这个策略是非常有针对性的，就是说对我们自己的调整有针对性，对对手的影响也有针对性，这是我们在这一方面的潜能。《辞海》中对节奏的解释：古指法制的具体规定。《旬子·强国》中说“破国者亦有砥历，礼仪、节奏是也”，就是说实际上打仗做的一些设计，都是节奏性的事。节奏把握好了，针对你个人，针对对方的弱点，这就是一个成功的心理战术，包括音乐节奏中节拍的强弱或长短交替出现合乎一定的规律，它才有战斗力，才有美感。同样，要达到一个好的比赛效果，我们必须要理解节奏，理解运动员个人的节奏，理解我们全队的节奏，理解对手的节奏，把握整个节奏，这是我们研究的一个点。心理节奏，是节奏的一个核心。我们想要把握的节奏，实质是心理节奏，它指的是个体对运动表象或自身运动的时间与空间动态特征的专门化知觉，也包括行为目标所内化的动机，所引发的情绪以及生理唤起的时空知觉。

当一个运动员处于最佳比赛状态的时候，他的天赋、时间控制感、节奏表现都淋漓尽致，这是我们所需要的。如果一个队员在比赛场上很流畅，发挥得淋漓尽致，那一般都是把他个人最佳的专业节奏发挥出来了。节奏感是重要的运动能力之一，在这里不再赘述。在2013年温网，费德勒终结斯塔霍夫斯基，他在谈他的比赛策略的时候，提到核心的一点："我想今天我最成功的一点就是一直没让他找到回球的节奏。"这是他的一种策略，他在影响着对手，对手回球的节奏实际上是一种防守，他的进攻策略非常有针对性，他能够抓住这些策略方面的一些关键点，获得胜利。

一个在沈阳全运会上发生的故事。安徽队的张亮亮一路拼搏，最后卫冕，其余的所谓大牌明星，全部发挥失常，这件事引起了击剑界的轰动。最后一天我专门请教了王海滨总教练，也是CCTV体坛风云人物的最佳教练员。一个教练员达到这种水准，我觉得他的队员拿奥运冠军是肯定的。王海滨在心理方面有很多的感悟，这个情况出现，特别提到了一句话："有些成功的运动员，他做到了把握自己的特色和节奏，就是到了这个时候，除了做好自己该做的，最需要的就是心态了。"我们的主题为什么是重大比赛，因为重大比赛的目标定位全是在正常范围内的，没有人完不成的。但是，你已经实现过的目标，在重大比赛中实现不了，80%是心理问题。因为这时候重大比赛的保障力度很大，从国家备战奥运会到各省备战全运会，物力、财力各个方面都可以保证非常到位。但很多时候，在这种特殊的运动氛围引导下，有些教练员、运动员心态发生了很大变化，已经不是他自己正常的对专项的热爱态度了。他们热爱的是结果，他们不像平时那么自如，很累，打完一场正常的比赛，就感觉非常的艰难，全是心态的问题。我们还在研究舌尖现象，运动员到了关键时刻，很多时候大脑忽然一片空白，大脑对专项的编码混乱，这个时候都是在策略节奏安排方面出现了一些负效果，这些问题都是可以从心理方面改变的。李娜总结历任的教练，她最认可卡洛斯，而卡洛斯最重视的一点：心理。由于卡洛斯在心理方面给了她很好的引导，使她在心理方面得到了解放。卡洛斯对她的问题非常有耐心，而且，当他抓住李娜的一个问题的时候，他会在训练、比赛当中反复引导，强化落实，鼓励她，增添她的信心，最后提高她的目标和自控能力。卡洛斯是非常有耐心的，这一点和很多中国教练员不同，我们很多教练员在训练课上说问题，但这堂课讲完以后，就对重点队员的心理问题不太重视了，一般都留在比赛中再强化。卡洛斯是从发现问题就开始落实，这个问题怎么改、怎么鼓励队员。我之前说过，一个好习惯的建立至少要60天才能初见成效，没有持续的强化、落实，让它重复的出现，就不可能真正改变实现，这就是在心理策略节奏方面存在的重要问题。

运动员的心理调节有许多方法：放松手段、认知调节手段……它们都是一些很好的辅助力量，但核心是所有一线的教练员才是根本。所有的强化效果都是在教练员的执行下完成的，包括勒夫，如果勒夫没有把心理专家的力量结合到他的技战术训练当中，他的心理专家的作用也不能突出发挥。

我们回顾一下心理学的一个理论：倒U曲线。只有我们处于适中的唤醒水平、兴奋度，运动员的表现才能是最好的，唤醒水平有很多方法可以调节，在比赛中有特别低落的运动员，教练员让他快速跑一圈，心跳加快，提高唤醒水平；太激动的运动员，就让他坐下安静会儿，仪器调节也可以。但是有些在认知方面的调节就不是那么简单的事了，我们要注意深层次的调节。

关于逆转理论、唤醒水平和主观体验到的愉快程度或操作成绩之间的关系不是简单的倒U型，而是一种X型。如果运动员对比赛的内容非常向往，非常有主动性，这时候他越兴奋发挥越好，也就是达到超发挥的水平；如果运动员对这个比赛的结果很恐惧，很躲避，运动员越兴奋，越会产生相反的作用，产生高焦虑，会完全失去自我，教练员要认识到为什么有些运动员水平很好，准备工作到位，但是到了重要的比赛关口严重发挥失常，根本落实不了教练员的意思，该打的基本节奏战术打不出来，这是因为他在认知方面不是过程的定向，他是害怕结果，躲避结果，从内心里对比赛没有一种自我实现的感觉。

同一种唤醒水平可能对应两种完全不同的主观体验，低唤醒可能被体验为放松，但也可能被体验为厌倦；高唤醒可能被体验为焦虑，但也可能被体验为兴奋。看到外国运动员做的一些危险动作项目，我们都觉得不可思议，实际上不是我们的器械训练条件不行，而是我们在心理阶段严重落伍，我们的队员对项目的热爱程度不够，项目对他的吸引点根本没有引导到位，完全是对结果的常规性导向。可是在一些重要的比赛当中，这个导向再加上很多方面的强化会很可怕，重大比赛中的很多失误就是这样出现的，由于他对这个项目过程本身的兴趣导向是弱的，而对这个结果方面感觉很强，他的唤醒水平就会严重影响比赛的结果，一种唤醒水平到底会引起什么样的主观体验，主要取决于被试运动员处于什么动机状态。在目标定向状态，低唤醒被体验为放松，如果是他能掌控的目标，是他自己想去实现的目标，他完全是一种放松、自如的状态，高唤醒被体验为焦虑。而在非目标定向状态，低唤醒被体验为厌倦，高唤醒被体验为兴奋。在过程当中，有些运动员处于非目标状态，不是左右他结果的状态，是过程的导向目标，这就完全不一样了。我曾经调节过一名田径运动员，当时他参加全国比赛的时候，练得非常好，他太希望拿冠军，教练对他也抱着很大希望。在比赛前，由于高目标导向，使运动员在比赛前一天出现严重的紊乱状态。这个时候我提示教练员去掉对他的结果导向，让运动员降低目标，导向完全改变，紊乱状态得到调节。对运动员的非目标定向要强化，在这种非目标定向下，运动员越兴奋，发挥得越好，最后表现非常突出。在非目标状态下，高度的兴奋符合过程导向，符合我们的心理学原理。

逆转理论给我们的心理启示：当运动员的唤醒水平过高时降低唤醒水平，当运动员的唤醒水平过低时提高唤醒水平。而事实上如果运动员没有进行长期的心理技能训练，想“降低”或“提高”他们的唤醒水平是非常困难的。即便是平时进行了心理技能训练，也不一定能在赛前或赛中随心所欲地“降低”或“提高”唤醒水平。这就需要把运动员研究到位，了解到位。如果我们能像勒夫教练那样，在备战当中有重要的科研支持，在心理方面给他助力，把队员的信息、对手的信息都研究到位，情况就会有很大改善。

突变模型理论对我们也非常有价值。在低认知、焦虑水平的条件下，生理唤醒和运动行为间呈平滑的倒U型曲线关系；在适度的认知焦虑水平下，生理唤醒和行为水平间呈略有变形的倒U型曲线关系。而在高认知焦虑水平条件下，生理唤醒和运动行为之间呈严重变形的倒U形曲线关系，即心理认知焦虑唤醒水平的升高会导致比赛过程中的竞技行为表现发生突变而导致竞技表现水平异常下降。突变模型理论给我们的心理启示：应对大赛前社会各界期待等带来的特殊压力时，必须及时主动地做好科学合理的自我参赛角色定位。（1）大赛前尽量减少社会活动，优化运动员的社会心理环境，引导其进行积极性思维。（2）在日常备战训练和比赛时，排除杂念，把注意力集中于过程。（3）应对外界期望的理想方法：信息优化，简单积极。

再简单地介绍一下心理节奏在重大比赛中的心理启示。实际上勒夫所谓的干扰对手就是在破坏对方的节奏。节奏是我们的灵魂，比如，奥运会、全运会四年一个周期，年初到年终，都有一个节奏，每场比赛都有一个节奏。不同项目的专项特点决定了运动员心理节奏的专项性。有的时候甚至我们在一个项目当中每一个场位，都有自己的节奏特征。前锋、后卫、守门员都有自己的要求和节奏。为了更加清楚地描述运动项目的节奏性规律，将有序性节奏特性项群分为延迟爆发性节奏、高频周期性节奏、低频周期性节奏、舞蹈性节奏共四个亚类项群，无序性节奏特性项群分为激发组织性和激发组合性两个亚类项群。这些研究在训练学上有很多，实际上它的心理含义明显，如何在物理和心理节奏之间相互协调是我们共同关注的问题。技术节奏、负荷节奏、生物节奏、比赛节奏等提示我们如何使队员达到正常状态，个人的生活节奏、他的专项节奏特点、发挥的条件，要对这些节奏重点把握。比赛场上出现问题的时候，首先表现出来的是节奏紊乱，当我们改正运动员一个问题的时候，运动员表现出来的也是一种节奏的恢复。

对运动员的启示，有研究表明优秀的运动员会更有效地应用心理策略的手段调节自身心理状态，竞赛心理策略中的自我谈话、目标设置、表象、动员、放松这五个手段的应用与运动员达到流畅状态和良好的专项节奏呈高度相关。对于教练员的一些启示，运动训练是运动员在教练员指导下的双边活动，其中教练员的指导起着主导作用。心理策略理论提示我们，不仅要重视运动员赛前的心理特点以及情绪状况，更要科学地调控、引导及强化运动员个体化的最佳专项技战术节奏，激发队员对节奏当中的兴趣，让队员兴奋，给他定一些具体的要求让他自己充分感悟，然后去实现。我觉得这是教练员对运动员最有用的且最有意义的指导。很多的批评、对已经发生事情的处理我觉得都是无意义的。如何恢复运动员本人的节奏，恢复运动员本身策略的感知，是我们在现实指导中应该特别注意的。

大杨扬在冬奥会实现了金牌零的突破，她的教练在她最困难时，实际上也是在运用一种节奏的策略。大杨扬冬奥会第一个项目是1500米，也是她最有优势的项目，由于外界的压力和她要实现冬奥会金牌的梦想，导致她完全崩溃，赛前两天她完全直不起腰来。经过1500米的惨败，我们及时运用心理学专业知识，及时配合教练员转移了她的结果定向，把她的过程定向真正地细化落实，比如她下面要开始的500米项目，我们强化她的起跑，这是她的非目标点，我们把她以前比赛当中起跑积极甚至抢跑的录像给她看，给她提示，增强她的自信：我可以起跑很快。大杨扬是一个长距离选手，如果她起跑够快，500米肯定能拿下来。我们以往一直在强调对她成绩的要求，对她整个能力的要求，结果在出现1500米失败后我们强化她的非目标定向，也就是起跑。通过她的认知转变让她强化：我能，我行，我愿意把起跑发动。这样她基本上是一种放下结果的状态，而且在赛前安排了一个很有节奏性起跑力量刺激，让她感受一下对手的节奏，这些有效的措施，使她在后面的最弱项500米上达到了一个极致性的发挥，直接拿到了她不可能拿到的荣誉，实现了冬奥会“零”的突破。这个突破以后，她解放了思想，完全恢复了她正常的节奏，享受着这个状态。反观她前面的1500米，那是最强项，但是没有节奏，这是非常鲜明的对比。

从节奏指标把握心理调控的内容，是我们研究的一个方向和重点，它是结合实战、运动员整体运动技能的最明显的体现，能够结合专项运动再做一个小的具体环节的调整，会更有实用价值。对于管理工作者也需要强化这方面的意识，要配合运动员、教练员，强化专项的一些个人节奏特点，像勒夫的心理专家，他帮助勒夫收集对手的节奏内容和我们队员的节奏内容，以及如何打乱对方的节奏，发挥个人专项特有的节奏。

最后总结一下，我们现在备战重大比赛，有两个关键点：第一是心理策略，这是比赛很重要的一个方面，我们一定要使比赛的非目标状态的指标更鲜明，更有吸引力，让运动员认为这个比赛过程的指标有挑战性，而不是强化结果；第二，要抓住心理节奏这个重要指标。如果懂得队伍的节奏特点、风格，懂得每个位置队员的节奏要求，懂得这个队员特有的专项天赋的节奏，你就会配合教练员，做到疏导调节。要使动作有效化、能力节省化、效果最大化，良好的心理策略、非目标定向的积极诱导、高唤醒状态下的发挥，再加上专项节奏的实现，就会得到最佳的比赛结果。比赛的核心就是这些内容，要有欲望，对非目标状态的欲望，而不是对结果的。对于很多外国运动员，参加比赛、拿金牌这类事并不是特别难忘，他更多的是感受这个过程的刺激，遇到了什么情况，怎样排解，他对非目标导向特别兴奋，真正地享受、热爱这个项目，他把对过程的享受落实在他具体的享受点上。专注、集中、敏锐、稳定，这些都是重大比赛的一些特征。当一个人注意力集中的时候，他的两眼是有神的，当他出现问题的时候，两眼是无神的。有时候体操教练员根据眼神进行选材，眼神是注意力集中程度的一种体现，如果赛前运动员的眼神处于游离状态，90%他会发挥失常，达不到目标。如果队员在重大比赛前，他对自信的感觉把握得很好，他就是一个过程导向很强的运动员，最后落实到比赛中，比赛过程有节奏，技术操作有节奏，就会节省能量，就会有前途。如果重大比赛做到了这几个方面，运动员肯定会成功。

运动员和教练员参加重大比赛需要挑战的心理关

国家体育总局体育科学研究所　张忠秋

在对各种重大比赛进行总结的时候，我们发现无论是奥运会、世界大赛、全运会甚至省运会，运动员在参赛过程中都需要应对一些重要关卡。我们必须要针对以下关卡来进行运动员的训练和心理咨询工作。

一、想赢怕输侥幸关

这是中国运动员的一个非常突出的特点。人的意识都是在特定的文化环境、意识形态当中形成的。虽然现在有很多新元素的增加，但是儒家文化影响深远。儒家文化实际上展现了一个形式上的内容，它讲的是辈分、等级观念上的规矩，是按照“面子”这方面发展的，这种“面子文化”到目前为止还在影响着中国运动员。功利主义挂帅的思想意识会使运动员对高水平专项运动过程本身的热爱指数降低，简单来说就是指运动员对这个项目的热爱程度下降。将中西方运动员进行对比，我们发现外国远动员在一个项目上达到很高的境界以后，他在考虑问题的时候，很少有“我如果比不好了，我对不起教练，我对不起领导”等观念，基本上都是一些自我的观念，自我价值、自我实现的要求等等。但是目前，就我们国家运动员来讲，很多比赛不是在为自己比，而是在为别人比。运动员为别人比是因为他获得了一个较好的成绩别人就会欣赏奖励他，从而获得一种满足感。这种观念对中国运动员影响很深，这使运动员对比赛本身的兴趣和热爱程度有所降低。他们并不像很多国外运动员那样是兴奋的，这个运动项目不让他练不行，至少在这个阶段这项运动是他的生命所在，无论有没有教练，他都会练习这个项目。所以说国外运动员受到挫折以后的行为跟我国运动员是不一样的。由于对结果的功利敏感度增加，很多运动员在比赛中受到挫折，焦虑指数也会增高。有些国外运动员不会在意，这次失败的原因就是没准备好，进行主观归因，是他自己的问题。我们的运动员都是进行客观归因，不说自己的主观问题，甚至有的队员完全为了面子而达到崩溃的程度。

我亲身经历过的一个让人感慨万千的案例，是冬奥会我国第一块金牌的诞生。我当时受邀进入到中国短道速滑队工作。冬奥会时大杨扬状态非常好，连续四年都是1500米的冠军，冬季奥运会的第一个项目就是1500米，当时大家都认为这是一个很有把握的项目，肯定是金牌在握。在整个过程当中，我实际感受到了我们文化特有的影响方式。在比赛的前5天，大杨扬的状态非常好，各方面都准备得很好，一进奥运村，她的状态开始不好，到比赛前两天状态就更差了，这么优秀的运动员，连续4年的世界第一，并且赛前训练那么好，有什么理由在这个时候出现这种状态。原因就是想赢怕输，以至于在比赛前的两三天，大杨扬被压力压得都快喘不过气来了。平时滑冰她需要弯下腰滑，那几天她弯腰都弯不下来了，因为有压力之后气息就会发生变化。这是对一种文化的感受，压力来自我们的领导，领导拍拍肩膀："就看你了啊！"领导握握手，这跟国外的处理方式不一样，他们开个玩笑，逗一逗，我们一拍就把千斤重担拍在她的肩膀上了。我们的面子、压力，把一个四年优势、赛前训练状态这么好的运动员，压到喘气都喘不匀的程度。大杨扬有这么大的优势，赛前状态这么好，就是因为害怕输，导致她很多的行为表现异常，并且这种异常有传染性，大杨扬的这种情况让小杨阳也受到影响，也开始紧张。小杨阳的成绩比大杨扬稍差一些，两个人还是一种合作的关系，大杨扬在训练中气息不匀，小杨阳也受到影响。中国队赛前气氛沉闷，运动员都很沉重。外国队员水平不高但是兴头很高，这是非常有意思的场面。比赛当天，情况就更糟糕了，大杨扬的心理疲劳指数在提高，感觉到很乏很累，当一个运动员在比赛当中对项目本身没有了欲望，这是很可怕的事情。国外的队员在平时训练中不怎么兴奋，但一到比赛的时候都是爆发性的，表现力极强。在这种压力的影响下，我们的运动员在最需要表现的情况下变得沉默了，以至于大杨扬在比赛刚开始的时候就有点晃晃悠悠，心态不稳，导致她的整个动作技术变形。她和小杨阳之前的配合非常默契，现在配合也失常了，甚至小杨阳摔倒提前出局了，剩下大杨扬孤军奋战，最后拼了一个第四名。大杨扬没拿到这块金牌，回到中国代表团的时候，中国代表团一片寂静，寂静得可怕，无形的压力更大了，最有把握的一块金牌没了，就是想赢怕输导致的。

反观中国足球，看着队员发生莫名其妙的变化，教练员把控运动员心理的时候是无助又无奈，中国男足有太多的黑色几分钟了。中国男排也一样，训练时实力那么好，最后表现那么差。“面子”文化和对功利主义的追求使运动员对项目本身的热爱程度下降，项目本身的吸引力大打折扣。我国运动员在训练和比赛时判若两人，国外运动员也是判若两人，但与我们正好相反。国外运动员一到比赛就疯狂，无论比赛大小。虽然我们现在的思想意识逐渐与国外结合，很多观念发生了变化，但还是会有儒家文化的影响。儒家文化始终都是主流文化，但是它也有需要改进和完善的地方。在这方面我们有很多惨痛的教训，那次冬奥会，在领导的允许下，我尝试做了一次心理调节。出现这种情况，所有人都不知道说什么好，当时大杨扬已经崩溃了，她的脸色特别难看，压力非常大，从心理学的角度上来讲，首先要让她发泄，让她回归到正常的状态中，因为她已经被压力压到了一个极点，所以要让她发泄情绪进行调节，与她的朋友沟通，沟通完以后，大杨扬的脸上又变得有光泽，紧绷的脸松弛下来，回归到正常状态。她回到正常状态以后，我们也不和她谈论其他事情，就是让她好好休息。第二天，大杨扬进行训练，腰直起来了，喘气也均匀了。第一步是发泄情绪，第二步就要给她一些希望，过两天的500米比赛不是她的强项，所以要给她进行积极的心理暗示。她的特点是反应不是特别快但是耐力好，她可以大胆地抢跑，因为有两次机会。之后对她进行了表象训练，想象起跑的感觉，强化起跑技术。由于没有原来那么多干扰，她的心态变得更积极，教练也积极配合，让她做力量训练，让肌肉感觉也越来越好，更多的是心理上的感觉，让她知道自己的肌肉的工作弹性、能力。正常的感觉有了，到了500米比赛的时候，从预赛一直到决赛，三天时间的转变很不容易。没有了那么大的压力，她全身心地享受比赛。在决赛时，作为后程能力很强的一个人第一个冲出去，最后拿到了金牌。这就是攻关难度排在第一位的想赢怕输。从教练、领队到队里其他人都是想赢怕输，这也是受到了文化的影响。在心理学里有一个灾难模型理论，在比赛时的认知焦虑，是各个方面导致运动员对比赛结果的敏感性增强，它产生的认知焦虑达到他承受不了的时候，它的曲线就不是倒U型曲线了。灾难模型理论是由于焦虑水平提高达到不可控制的程度时会呈现一个跳跃性的变化。

二、对专项比赛过程挑战兴趣关

现在很多运动员在教练员的引导下对比赛过程不是特别关心，却对比赛结果特别关心，无论如何只要赢就行。而像一些有难度、不稳定性、偶然性的运动项目，需要运动员有创造性地参与比赛，而不是机械地、教条地参与比赛。那种不断形成的流畅的感觉，那种越兴奋、越主动才有的比赛状态，使得运动员自身的潜在才能被调动起来。丁俊晖有一段时间状态非常好，之后他就骄傲了，我和他父亲交流过，原来他是依靠兴趣打台球，后来失去兴趣了。他现在找他的女朋友给他调节状态，因为他很信任他的女朋友，最后调节得不错，他对台球又有兴趣了。还有老虎伍兹，他父亲引导他走上了这条路，他对项目本身没有兴趣，但是能给他带来钱，他对这感兴趣。

逆转理论，对专项比赛过程挑战兴趣关是非常重要的。它给我们的解读是运动员越想比，对比赛过程就越感兴趣，对比赛过程发生的一切都感兴趣，不去想比赛的结果，运动员非常愿意挑战，有多么危险他都愿意这样做，正因为这种危险的变化的刺激，他才喜欢。越是这样越能出现创造性的成绩，他的潜在才能会被开发出来。现在老虎伍兹已经没有这种创造性了，因为他对比赛已经没有兴趣了。

三、比赛过程中连续出现失误

第三个就是比赛过程中连续出现失误。前两个都是影响比较大的，这个影响相对比较小，比赛过程连续出现失误，有些队员会自责，出现一些负面影响，不能把注意力集中在当前。比赛过程瞬息万变，运动员必须以百分之百的精力把握当前的信息，作出最正确的判断。有些运动员没有这方面的意识。由于运动员过度关注比赛结果，他并没有对比赛过程挑战的信心，不能以喜欢的态度接受挑战，至少是正常对待挑战，所以连续犯错误比较多。心理学中有过相关的研究，因为人对当前注意的容量资源是有限的，当注意力分散去考虑一些其他的信息的时候，我们在当前的比赛环节中犯错误的概率就会提高，导致运动员出现失误，出现很多令人遗憾的场面。

四、个人专项比赛节奏关

很多运动员获得最好成绩的时候，从报道他的内容可以看出他是非常有个人特点的运动员。个人特点就是指他的表现特点，实际上是他的节奏特点，当一个专项比赛节奏能够保持住的时候，运动员的成绩肯定差不了。我曾经发现很多比赛成绩不理想的运动员，包括之前的大杨扬在内，都是失去了正确的节奏，所以经过调节，她的节奏出现时标志着她的比赛正常化，标志着她心理方面的一种恢复。一切具有创造性、时效性和特色制胜性的比赛技战术行为都是以特色节奏组合产生的有效制胜战斗力。中国足球队到比赛后半段就是没有了节奏，无论是整体的战术节奏还是个人的涵盖技术之内的基本节奏，都没有一个相应的特征。一个没有节奏的队伍，要想抗衡和制约对手就无从谈起了。

五、客场比赛当地环境生理心理适应关

运动员对重大比赛的整个过程都需要适应的阶段。异地比赛时我们要过去适应场地，这方面都已经被接受。如果不接受，很容易受到各方面影响。我举个例子，2013年的一次跳水比赛中，我们有一个10米跳台的选手在赛前有点松懈，没有抓住赛前宝贵的时间去适应场地，当时的赛场场地是露天的，天气和国内的天气也是不一样的，那天有乌云，国内是晴天，光线不一样，身体感觉不一样，他在比赛时找不到那个点，结果冠军组合失利了，跳得一塌糊涂，这就是因为没有适应客场场地。另外再举个例子，济南全运会，上海男足获得冠军，后来去上海交流的时候上海队说，当时他们是客队变主队，山东没有利用好东道主的优势，在足球比赛的时候现场观众都给上海队加油，是因为上海队考虑到客场作战，山东的各方面会对上海队有影响，所以上海队提前把在当地的建筑工人组织起来，穿上上海队的球迷服装，让他们给上海队加油，结果在济南的客场，全部人都在给上海队加油，上海队表现得出奇的好，赢得了本次比赛，表现出非常好的客场适应能力。新的刺激适应理论表明，针对重要比赛，尤其是势均力敌的情况下，一定要进行积极的心理准备，努力提高心理潜能激发程度，在赛前有计划地模拟比赛过程和进行相关环境适应，将会提高抗干扰的心理适应能力。

六、主场作战引起的亲朋好友高度关注及人文环境的心理适应关

主场作战未必都是好的，有些方面也会带来一些压力，亲朋好友的关注加强了运动员的压力。运动员有时候不愿意见自己的父母，是因为他怕自己输了

对不起他们，他不是在给自己比赛。太关注亲情、友情，会直接造成运动员赛前分神，比赛结果性定向提高，过程性定向下降，影响战斗力。

七、伤病隐患比赛竞争心理适应关

赛前有伤病的运动员必须要进行心理疏导。因为一旦有伤病，再加上比赛的压力，比赛结果的不确定性提高，运动员对比赛的敏感性提高，焦虑值提高，容易使参赛角色出现紊乱。本来是有实力的运动员，至少势均力敌的情况下，自己出现了动摇导致比赛的失利，特别是当社会的关注期望值过高，对比赛结果过于敏感的情况下，就容易对当天比赛压力难以适应无法正常发挥自己的水平。

准备重大比赛有这七关要过，能够解决这七关，基本上就能成为一个称职的教练员或领队。另外教练员参加重大比赛还有需要挑战的心理关。第一，如何能够换位思考，真正了解和有效引导不同年龄、不同个性及拥有不同成就动机和自我效能特点的参赛队员的所思所想，能与他们真正建立信任关系。孙杨事件就说明了这一点，教练要进行反思，为什么孙杨会是这种态度，是因为沟通方式的问题，教练可以是和运动员同辈的一个角色，跟他进行沟通，交心、实心、促心。沟通能力强了，任何事情都有解决途径，在运动员心理培训这方面，包括教练员和运动员的沟通，确实需要人际交往方面的意识和能力的培养，这样才能提高工作的科学性。

第二，如何从自己及培养核心队员的表率作用做起，建立高度信任和有执行力的师徒关系。很多教练员求着队员，将运动员的成绩当成一种重要的资源，当队员在队里唱主角，而不是教练员在唱主角的时候，这是一个很危险的事情。所以现在有一些常胜将军，教练员为了他宝贵的运动员没有了理性，无限的宽容，以至于出现一些不好的现象。

第三，如何学会应用罗森塔尔效应有效地开发和培养运动员心理潜能和良好的训练与比赛自我效能，这需要教练员有这方面的意识。我和跳水队的年轻教练员沟通的比较多，他们才30多岁已经带出了很多世界冠军，说明教练想带出好成绩不分年龄，只要合乎规律，符合项目发展的特点，把握住和运动员的关系，让运动员喜欢你，愿意和你在一起训练，你就成功了。有个教练是跳水队的少将派，一线的核心队员都在他手里。他擅长和队员沟通，队员很愿意听他的，而且给足了运动员空间和期望，所以他成功了。但有的教练员这方面的意识过了也是不行的。

第四，如何适时应用拓展训练开发和提升参赛运动员专项心理潜能和心理阈限，这方面是有空间的。事实上很多运动队保障条件很好，但是很多资源没有利用好。运动员不是保障条件好才能出成绩，有的时候遭遇挫折，享受挫折后的体验，做一些有挑战性、冒险性、刺激性的活动，他才能获得一些有价值的经验。射箭队在这方面做了很多案例，因为射箭对心理的要求很高，韩国的射箭队做了很多花样，这个是有道理的。对于我们的教练来说，不要除了训练场就始终是那老一套，要多变花样，进行新的尝试。既显示了教练员的水平，也让运动员体验了新鲜事物。

第五，如何做好超量竞训心理负荷适应与相应心理恢复。现在很多运动员训练时心理感觉很压抑，教练安排的都不是运动员自己想练的。运动员本身想练的那几项教练感觉都很好，再加上有些训练安排确实不合理，就出现了不好的情况。心理负荷本身也是一种消耗，看着运动强度和运动量不大，但是整个训练下来运动员会感觉很累，主要是心理上感觉十分疲惫。这方面要做好相应的准备，即便是我们刻意安排运动员长时间的集中训练，也是有心理疲劳的。冠军队伍都有这样的问题，乒乓球队、跳水队、羽毛球队都是在封闭集训的时候，有一两周会安排完全新颖的、不一样的调节内容，让运动员换一种思维，换一种环境去恢复，这种心理的恢复不是光靠睡眠可以恢复的，需要感觉上的变化，需要全新的尝试，以替换式的方式将以前的疲劳消除。巴西世界杯冠军教练在这方面非常有办法，所以他的队员总是非常尊重他，他总能及时把握火候，让运动员在疲劳到极点的时候运用游戏的方式引起他们的兴奋，缓解队员的疲劳。

第六，如何认识和把握专门化知觉训练与专项能力促进，这是更深一步的心理工作。心理训练并不只是做心理咨询或情绪方面的引导，专项的训练也非常多。射击队运动员在看不清的情况下做一些专项的动作，它的意义就是训练他们专门化的知觉。专门化知觉是心理学方面更加有效的一种手段，通过一些特殊的专门化的知觉训练，这在促进运动员从低水平到高水平发展的过程当中起着重要的作用。刘翔在备战雅典奥运会的时候就有专门化知觉的训练，把从起跑到上栏的节奏点录成声音，让刘翔在宿舍听这个节奏。这种最佳的、正确的节奏感，进行经常性的强化就是专门化知觉的训练。节奏是很重要的训练内容，也是心理训练当中需要强化的内容，特别是结合运动员速度知觉特殊敏感期要抓好本体感觉的训练是非常重要的。很多心理的促进工作，有时结合一些技术进行强化，增强他的记忆力、感知觉、节奏感，使教练员的训练效果更好。这么做不是形式上的，而是真正地、内化地掌握了节奏的实质。

第三章

竞技心理调控与心理技能训练

与优秀运动员进行心理沟通的技巧与方法

北京体育大学　张力为

1983年，我开始当教练的时候，教练需要背着包，包里面的东西和运动员的是不一样的，作为一个乒乓球教练，包里必须要带的一样东西是手纸，因为我带的是少年运动员，他们随时都有可能问我借纸。教练是生活中的保姆、训练中的教练、比赛中的指挥、人生中的老师，至少会有这四种职责，所以教练员才感叹，当运动员似乎更容易些，运动员只需要管好一个人，教练员则需要管许多人，还必须方方面面都考虑到。

1999年我的一个研究表明对于运动员一般生活满意感而言，在朋友、队友、家庭、教练中，朋友支持最重要，对于运动员训练比赛满意感而言，教练支持最重要。其实对于运动员，无非就是两种满意感，一种是一般生活满意感，一种是训练比赛满意感。在这两种满意感当中你可以看到一个很有趣的现象就是，家庭并没有在里面，我们都知道，家庭对于所有运动员来说，都是心灵的最后的港湾，也是最重要的港湾。但我们在实证研究当中确实没有发现家庭支持要比朋友支持和教练员支持更重要。当教练的马上就能理解，因为这些运动员整天和教练摸爬滚打在一起，和教练在一起的时间要比和他们父母在一起时间长，因此，教练员一直有很多种社会角色。

教练员的领导方式大致分为三类：专制型、民主型、权变型。专制型的教练定向于成绩以取胜为中心，采取命令主义的工作方式，超级自信，事业心极强。在长期的实践中发现，在三类教练员当中，通常专制型的教练都是那些技术上拥有绝对权威的、非常自信的教练，他们采用魔鬼式训练，他们的运动成绩往往比较好，这一类教练与运动员的关系有时候往往特别紧张。当然民主型的教练是完全不一样的，他们通常定向运动员，以运动员为中心，采取合作态度的工作方式，富于同理心善于沟通。而现在更多的教练员还是采取用权变型的领导方法，根据当时是训练还是比赛采取不同的方式，如果是越接近比赛，专制型就要突出；还取决于带的是老运动员还是年轻运动员，对于老运动员来说，要更多采取民主型领导方式，对于年轻运动员可能要采取更多的专制型领导方式。所以说权变型的教练员似乎是那种比较聪明的管理者。

关于沟通的技巧及如何了解对方，其实从某种意义上说，教练员在这是最有发言权的，教练员可能比我讲得还要好，只不过我想从心理学的角度和大家来讨论一下儿童青少年的特征以及现在我们从网络看到的一些实在的东西。儿童青少年自我发展意识，有如下特点：一个是从具体向抽象发展；另一个是自我和谐。自我和谐简称自尊，现实自我与理想自我。通常不照镜子的和每天照镜子不足5%的男性，一照镜子，你就会琢磨镜子里面的那个人，这是非常典型的自我观念发展的特征以及自我意识的一个表现。我们把这种特殊的表现，叫作身体自我观念，“自尊”是大家熟得不能再熟的一个词，但是在心理学上是怎么界定的呢？心理学上所谓自尊就是现实自我和理想自我的差距，现实自我就是你实际的样子，理想自我就是你希望的样子，这个差距越大，人的自尊心就越低，差距越小，自尊心就会越强。从这个角度可以理解，现在的青少年，他们的自尊心是随着年龄的发展不断向前发展的，不同年龄阶段有不同年龄阶段的特点，但至少我们可以从这个角度去理解青少年的现实自我和理想自我的差距，如果自尊程度很高，那么你是一个自我和谐的人，如果自尊度很低，那么就是一个自我不和谐的人，有极少数人非常非常讨厌自己，乃至于最后自杀了，这样的人自尊心是很低很低的。也有自尊很特别高的人，比如香港艺人沈殿霞，她是一个非常优秀的主持人，但是已经去世了，她把笑脸、欢笑带给了所有人，我猜想她的自尊程度是比较高的。她虽然很胖，但有一种很温柔的气质。

儿童青少年自我发展意识的第二个方面是从自我重新向客观化方向发展。这里我们列举一个心理学家皮亚杰所做的著名的三山试验，在一个立体沙丘模型上错落摆放了三座山丘，首先让2～7岁的儿童从前后左右不同方位观察这座模型，然后让儿童看四张从前后左右四个方位所摄的沙丘的照片，让儿童指出和自己站在不同方位的另外一人（试验者或娃娃）所看到的沙丘情景与哪张照片一样。前运算阶段的儿童无一例外地认为别人在另一个角度看到的沙丘和自己看到的沙丘是一样的。这个试验证明了前运算思维缺乏逻辑性的表现之一是不具备观点采择能力——从他人的角度来看待事物的能力。换句话说就是，一个还没有完全成熟的孩子无法从成人的眼光去理解世界。儿童的认识活动的特点有：相对的具体性，只能借助于表象进行事情的活动不能进行运算思维，它的抽象性比较差，他主要靠表象或者是放电影似的形象来进行思维；不可逆性，所有都是单向的、非黑即白的、不可返回的、没有守恒的结构；自我中心性；缺乏概括性特点。

儿童到青少年到成年人的发展，还有一个重要的历程就是成人感的提高，自己带过孩子的教练领队老师都有这种感受，眼看着你的小孩慢慢地长大了，不知道哪一天就会长得比你还高还强壮了，在这种情况下，再过二三十年，父母看那小孩仍然是他的一个孩子，仍然有那么多的叮咛那么多的嘱咐，那么多的成年人自以为是的那些看法。家长不太关注这些青少年由于身体生理的生长带来的成人感的提高。

成人感的提高有两个最重要的标志。第一就是自我关注，如果你自己有小孩，你可回想一下你的小孩从什么时候开始从镜子里认识到那是他自己，大致在两岁左右，小孩子照镜子的次数会逐渐增多。运动员的自我发展历程当中，也会有一个阶段，照镜子的次数明显增多。关于这方面的调查还没有积累相关的数据，而现在只知道，小孩子在两岁左右开始从镜子里认识自己，能够从镜子中认识自己是人类非常特殊的一种功能，到目前为止动物中只有大猩猩能够做到，狗猫都做不到。

第二个是逆反心理。在2008年奥运会备战期间，我在帮助体操队准备奥运会，突然接到他们部长的电话，让我赶快帮他查一下运动员的逆反心理是怎么回事，想能够从心理学上去了解当时运动员为什么会有那么大的抵触，说什么也没用，有时候他也不当面顶撞你，而是消极对抗，很明显的逆反心理，让我给他寄一些相关的文件，能够让他更多地了解逆反心理是怎么回事，怎么产生的，有什么好的应对方法。在奥运会备战期间，别说停一天的训练，就是停5分钟的训练教练都不答应。说一些青少年逆反心理的原因，比如身高体重逐渐接近或超过成年人，他觉得很多事情，他应该自己做主，自己作决策。相关研究发现，只要站在一个比较高的空间位置上，有助于提高自信。随着身体上的增高，不光身体上的自信增加，他全方位的自信都在提高，这些自信得不到充分的认可和尊重，当然会产生逆反心理。心理学家阿德勒认为，人们最重要的发展动力心理动因，不是吃不是穿不是喝，不是这些最基本的需要带来的动因，而是追求卓越摆脱自卑。青少年发育期在性激素的推动下，也可能会诱发逆反心理。青少年对专项技术有了直接的体验、领悟和认识，有的时候他会觉得教练说得不对，他们有强烈的好奇心和探索欲望，希望标新立异。他们的标新立异可能是比较幼稚的做法，通过外表来表现。有时候在争论或平常的聊天中，可以发现一些青少年特别希望表达自己的想法，如果有人能够不加评论地听他表达想法他会觉得舒服。还有一些特殊的生活经历也可能引起逆反心理，比如说家庭创伤。逆反心理的表现：不喜欢教练、父母过多的照顾管理和干预，对越亲近的人会显得更爱搭不理，因为他觉得他们特别安全，他的这种举动不会带来报复及长期的负面效果，总是能得到呵护和理解。有时候他会毫无选择地说反话，这就是一种逆反心理，他总是设法找一个切入点表达自己的想法，他觉得要和你不同，觉得他也是成年人也应该关注他的想法。现在的媒体允许大家用更多的方式来表达自己的意愿，比如说微博，我前两天听到专门研究媒体的人说运动员的微博，尤其是高水平运动员的微博，有很多很多粉丝，点击量非常高，因此有一些运动队非常小心，禁止运动员建立微博。但是从媒体的角度分析，高水平运动员的微博虽然点击量很高，但影响力很小，运动员的观点很少被采纳。

如何应对青少年运动员的逆反心理，首先要对运动员表示必要的尊重，其实你给他一份尊重，得到的回报是同样程度的尊重。不但要为他好，同时也要满足他自我发展的需要，自我发展不光是吃穿住用，运动成绩的提高，还有个人心理的需要，比如尊重的需要。其次帮助运动员广闻博见，搁置不必立即行动的争执，就事论事处理双方的矛盾，不要用消极的人格定性语言。通过教练、领队，或者教练、助理教练的搭配，交替使用专制、民主的方法，坚持执行计划，晓之以理动之以情。

青少年自我发展的一个特点是自我控制能力由弱到强。在这举两个实验案例，一个是我亲自参加的试验，另一个是心理学的经典试验。在我小学二年级的时候，我们每个人都被单独叫到一个房间，然后坐在办公桌前，前面有一本书，老师让我们只看左边的文字不看右边的图片将一本书看完，然后老师说他有事就先走了。最后老师宣布结果，全班40多个人只有两个人完全按照老师的话去做，其中就有我一个，我是特听老师话的学生，所谓的好学生。今天我们已经知道了，这个试验大概是研究在无人监管的情况下你能不能够按照他人的要求去做，表现了一个人的修养以及自控能力。接下来是一个经典的心理学试验叫延迟满足试验，这个试验是美国斯坦福大学著名的心理学教授沃尔特·米歇尔设计的，他找来好几十个小学生，让他们每个人单独待在一个只有一张桌子和一把椅子的小房间里，桌子上的托盘里有这些孩子爱吃的东西像棉花糖、曲奇或者饼干棒，试验人员告诉他们，可以马上吃掉棉花糖，没有把棉花糖吃掉，等研究人员回来就还能得到一块棉花糖作为奖励。结果发现有的小孩立马把棉花糖吃了，有的小孩则等着试验人员回来换得两块棉花糖，试验员走出这个试验也就15分钟，试验结果显示年龄越小，越难控制诱惑，而年龄越大相对好控制。因此如果发现小队员有这种情况其实太正常了，要把你放在那个时候，你可能也会出现这种情况。那些小孩要想忍住不去吃糖采取的什么办法呢，踢桌子砸椅子，要不然就揉眼睛不去看，各种各样的方法都有，也有小孩实在忍不住吃了。当年马上吃完按铃铛的孩子无论在家里还是在学校都更容易出现行为上的问题，成绩分数也较低，他们通常难以面对压力，注意力不集中而且很难维持与他人的友谊，而那些可以等上15分钟再吃糖的孩子在学习成绩上比那些马上吃糖的孩子平均高出210分，这个差距是非常大的，这就是我们中国人平常说的“小不忍则乱大谋”，运动员都是这样，要忍受长期的痛苦然后才有机会参加亚运会、奥运会，能不能出成绩还不一定，但是前面十年磨一剑的过程就是那么长那么痛苦。

研究表明，当年不能等待的人成年后有更高的体重指数并容易产生吸毒方面的问题，所以说人与动物的区别是以目标的长远和忍耐时间为标准的，这是我通过试验想到的，你想想动物能不能做到人这样，动物它可能忍受一时的痛快匍匐很长时间，可能是20个小时，为了抓住另外一只动物，但是动物能不能像曼德拉那样坐大牢27年出来以后再实现自己把南方带入种族平等新世界的梦想？所以我最佩服的人之一就是曼德拉，从他身上可以看到一个人的自我控制能力能够达到怎样的极限。

这个试验的远景提示是自我控制能力是在有外界监督的情况下，能够适当控制调节自己的行为，抑制冲动，抵制诱惑，延迟满足，坚持不懈保证目标实现的综合能力，它是自我意识的重要成分，是一个人走向成功的重要心理素质。实事求是地说，各位教练、领队可能都经历过运动员所承受的压力，长期训练而且没有积极反馈的情景，非常单调的环境，过春节时教练员的家属一般情况可以到队里来共度春节，但是运动员的父母一般情况是不能来的，所以他们承受的自我控制的压力一般比我们教练、领队要大得多。

这个试验的近景提示可以用转移注意的方法控制急于得到眼前利益的心理，比赛中越是希望得到那块金牌，越是不要把注意转向金牌，而是要专注当前的动作、技术战术，这也是自我控制能力的一种表现。总体来说，青少年社会化的主要表现是谋求设置适应，确定自我获得性别角色，适应成人社会，形成人格。在青少年的自我意识发展中，成人感、自尊感、闭锁感和自卑感等这些感觉是极其重要的。闭锁感就是孩子小的时候话特别多，到了一定的发展阶段，有些话不愿跟你说，他觉得他有自己的心灵世界，有时候和你沟通比较困难。还有自卑感，其实自卑感在有些心理学家眼中不是消极的，而是人类向前发展的重要动力，包括你我在内都是希望摆脱自卑追求卓越的。自卑感对于青少年的发展有非常重要的意义，青少年显现出非常强烈的自我肯定。

在和运动员沟通的过程当中。要理解运动员心理的发展。在这里我们介绍三种重要的理论。首先介绍埃里克森的自我发展理论。埃里克森是心理治疗师，做了大量的心理咨询个案，在这基础上他提出了非常特殊的自我发展理论。自我发展理论的特点是把人生分为八个阶段，每一个阶段都面临着一个非常重要且亟须解决的问题，也可以看作是这个年龄阶段发展的心理危机。如果这个心理危机能够顺利解决，他就可以正常发展下去。如果这个阶段的问题没有得到解决，那么过渡到下一个阶段就会产生心理问题、心理障碍，甚至心理疾病。埃里克森的这八个发展阶段是按年龄划分的，从0岁到1.5岁一直过渡到65岁贯穿整个人生。

最开始的婴儿期是0岁到1.5岁，这个期间的小孩没有自我保护能力，全部要靠成人呵护，而且监护人的作用是至关重要的。那么他所要解决的问题就是对人要有信赖感，产生安全感。实际上，在地震、战争中存活下来的小孩产生心理问题的比例要比正常生活中的小孩多得多，原因之一在于在他们生长的环境中，信赖感和安全感没有得到充分的满足。比如战争带来的问题，俄媒体报道一位母亲战战兢兢地带着她的孩子生活，一有警报声，她就必须得抱着她的孩子去地下室，可以设想母亲的恐惧会不会导致母亲的颤抖，这种肢体接触会不会给小孩带来不安全感。生活在这样的情况下，母亲会经常流眼泪，这种悲伤的情感对小孩也有影响。你可以想象，一个婴儿在安静的睡梦中突然被惊醒，这种惊吓的情景对小孩的长期发展有严重的影响，所以如果婴儿期是处于兵荒马乱的年代，那这样的小孩成年以后，与别人交朋友会很困难，因为他对别人不信任，没有充分的安全感。

目前，运动员大部分都是处于12～18岁和18～24岁之间的年龄阶段。12～18岁的青春期，发展的关键是自我统合和角色混乱。自我统合是我们希望达到的目标，角色混乱是因为产生了困惑。如果发展顺利叫自我明确，有一个明确的目标。如果发展不顺利就缺乏目标彷徨迷茫。举一个例子。我的小孩在这个阶段，他书桌玻璃板下的照片在不断变化，一会儿是还珠格格，一会儿是贝克汉姆，一会儿又不知道是哪个球星，到了我们现在的年龄，38～50岁，玻璃板下的照片变化的可能性就比较小。再往前追溯，还没到12岁的小学生，老师经常爱留一个作文叫《我心目中的英雄》，小孩写的最多的就是他的爸爸妈妈，这个时候他会觉得他以后像他爸爸妈妈一样就好，这就是他心目中的英雄，这些小孩心目中的角色定位，也叫作自我统合。到现在，再让我们写我心目中的英雄，写自己父母亲的人就会减少。这说明在成长过程中，我们心目中的偶像是在变化的，有积极意义。但如果是半年变一个，那就说明这个问题没有处理好。另外一个例子，在1997年香港回归以前，在国外当你问一个香港人你是哪里人，他一般会有三个答案，第一“我是香港人”，第二“我是中国人”，第三“我是英国人”。在回归之前，他选择“我是香港人”的可能性就更大。过了10年20年之后，现在你去问一个香港人，那么他回答说“我是中国人”的比率就会上升。这个例子说明我们有祖国认同，运动员除了祖国认同以外，还会有集体认同，每个人还会有每个人的个人认同。我们每一个人在12岁到18岁的时候都有这样的人生发展问题需要解决，如果解决得比较好，我们就会比较好地过渡到成年早期，付出一生的奋斗去追逐自己的目标和理想。

接下来就是18～24岁，这是很多准备参加奥运会的运动员的年龄阶段。运动员在这个年龄阶段需要解决的是孤独疏离的情感问题。孤独疏离，就是满大街的人，你却觉得没有一个人可以和他说心里话。这个阶段发展顺利的就是成功的感情，奠定了事业的基础，如果不顺利就会有越来越强的孤独寂寞。

埃里克森对这些不同年龄阶段不同问题的具体阐述说明，解决问题顺利与否会产生不同的影响。在0岁到1.5岁的时候最重要的关系是母亲，这个时候要能够得到和及时给予，使他能够产生信任感、依赖感和安全感。如果能够顺利发展，他会对人生持相对积极的态度。如果小孩子是在一个战火纷飞的年代长大，他的母亲又不断受到惊吓，这类儿童就更有可能对人类产生敌意，不太容易建立同伴关系。

再往后看12～18岁就是角色混乱。这有个重要问题就是“我是谁”？假如说让运动员写20句我是谁，你可能就会发现，如果是一个有优秀传统、运动成绩又特别好的运动队，这个运动员更有可能写他是这个队里的一员，比如我是中国乒乓球队。反之，他把这个队作为“我”进行描述的可能性就更小。因此说榜样会起非常重要的作用。教练也知道榜样的力量是无穷的，入队第一天的教育是很重要的，通常给人留下非常深刻的印象，第一天的榜样教育必不可少，最好的就是团队里那些成绩优异的运动员或教练员或其他人来做他身边的榜样。年轻人都不断思考“我希望做一个什么样的人”，这是自我观念的发展，他们的思考可能包括自己的身体、外貌，也包含父母、教练、老师对自己的建议和希望，自己以往的成败经验，以及自己目前的情况，现实环境的条件与限制和自己对未来的展望。

榜样问题可能会延续更长时间，甚至有可能是一生的话题。北京体育大学有个本科生李娜，她在张凯老师的指导下曾经做了一个“中学生偶像崇拜的总体情况”的研究。在466份问卷中无偶像的人数有32人，偶像就是他所崇拜的人，有可能和他今后发展方向有关系的人。有偶像的人占了93.13%。这些偶像有七种类型，最重要及被提起最多的是娱乐明星，其次是体育明星，这是对一般中学生的调查，可以看到体育对青少年的影响非常大。一开始李娜团队研究的问题觉得那些小年轻对文体明星的欣赏无外乎是因为他们的外表特点，帅、有力量、酷，后来经过研究发现，其实青少年看重的不是明星的穿搭、外表这些表层特征，而是人格特征这样的深层特征。具体来看，娱乐明星、体育明星、著名学者三类中学生崇拜的对象得分前十的特点都是深层的人格特征，所以像姚明、刘翔这样的人能成为大家崇拜的偶像，是因为他们有很多非常积极的心理品质值得我们学习。

之前我们在国家队开讲座，针对国家队25名运动员提出三个问题。第一个问题是读到“境界”这两个字的时候跃入你头脑中的第一个词汇是什么？有4个人什么都没有想到，有3个人写和自己的思想高度有关系，还有人想到无欲无求、心境、世界观、思考、方法等，这时候你大致可以了解到这些年龄在18～22岁的国家队运动员的想法。第二个问题是读到“境界”你头脑中的表象是什么？脑子里没办法产生具体表象的是5个人，想到山水画有2个，另外还有人想到云、虚无、大海、安静的湖边、站在山顶看天下，等等。第三个问题是读到“境界”，你联想到的人物是哪一个？有几个人没有想到谁，有4个人写了孔子，另外还有庄子、毛泽东、阿甘、马云、郭晶晶等。我举这个例子的意思是，如果让你猜运动员会写什么，有的时候你觉得能够了解运动员的想法，其实有些深层的东西你还未必能够了解。

接下来是18～24岁的阶段，青少年会有亲密感、孤独感。重要的关系有友伴、恋人、竞争与合作的伙伴，这个时候的朋友、队友，对他们的影响是非常大的。比如说吸烟问题，同伴的影响就起了非常重要的作用。如何看待运动员的恋爱？这需要和运动员进行沟通，随着年龄的增大，他的成人感和自主感等都会综合体现在谈恋爱的问题上。现在的大局势只能是易疏不易堵，尤其是年龄比较大的运动员，具体怎么疏解是教练的艺术，教练和领队能做的最简单的事就是禁止，最难做的是怎么能够因人而异，因年龄而异，有一个正确的领导。代沟是指两代人之间的价值观念、心理状态、生活习惯等方面存在差异。简单来说，代沟的应对策略是要接纳、倾听他人，认真的倾听会让很多人觉得很舒服很高兴，有的时候教练和领队要做一个会倾听的人。另外，代沟的应对策略还有融合、折中、并存、搁置等。

总结一下埃里克森的自我发展理论给教练员的应用提示：教练应该了解运动员思想动作的年龄发展特点，理解运动员获得勤奋感和同一性的必要和需要，通过鼓励、表扬等社会支持方式帮助他们避免产生自卑感，通过提供榜样帮助他们克服同一性、自我身份认同的混乱。

接下来我们谈谈马斯洛的需要层次理论。马斯洛认为人们固然有吃穿的需要，才能够生存和种族发展，但是在此基础上，我们会有更高层次的需要，而更高层次的需要满足依赖于前一个层次的需要的适当满足。马斯洛认为自我实现是人最重要的也是一生都不能得到彻底满足的需要，运动员希望能拿奥运冠军，这就是运动员的自我实现的需要，教练员自我实现的需要就是培养更多的奥运冠军，领队将队伍从弱到强培养成功则是他的自我实现需要，这就是不同人的自我实现需要。而马斯洛的鉴定就是你能够以一个恰当的社会认可的方式，最大限度体现自己的潜在能力即潜能，前四个层次的需要的特点是有可能得到彻底满足，比如吃穿的需要，现在有一些人已经得到了基本满足或彻底满足，安全、爱与归属感、尊重都有可能得到相对比较大的满足，唯有自我实现的需要基本上永远得不到满足，因为你永远有可能比过去做得更好。前四个层次更多的是舒适的需要，比如讲话讲了一个半小时，特别想喝水，喝完水以后，我的基本需要得到了满足，喝水的紧张感就会下降，这种紧张感会让你感到不舒服，所以要打消这种紧张感。但是自我实现的需要，正好和这样的生理需要相反，自我实现的需要的特点是自讨苦吃。比如说有的运动队奥运会目标是保三争二，或者是保三争一，其实都是自讨苦吃。

最后是班杜拉的社会学习理论。有很多学习是通过条件反射来进行的，而班杜拉认为人类有很多学习是不需要反射，不需要强化你也能够学到。他做了一个非常重要的试验，将小孩分成两组，一组小孩看一般的电视，另外一组小孩看有小孩拿着棍棒打娃娃的录像，然后让两组小孩一起在游戏室里面玩，游戏室里有各种玩具，然后发现那些看了小孩打娃娃的儿童，他们也在游戏室里打娃娃。这个试验看起来很简单，其实它提示了一个非常重要的性质意义，就是榜样的作用。后来班杜拉的社会学习理论直接应用到体育竞赛中，可以看到全世界的媒体都有个共识，只要有暴力、血腥，不利于青少年的镜头往往要迅速切换到其他非暴力的场景，这是一个行业的约束。因而在体育竞赛的转播中已经很少能够看到血腥的画面，这些做法直接来源于班杜拉的社会学习理论。榜样的作用提示和模仿是青少年运动员向社会学习形成人格的重要途径，教练员的以身作则对所有运动队和运动员的沟通和教育是非常重要的。

短时正念训练在运动员群体中的应用初探

郑州轻工业大学　刘冯铂

随着科学技术和训练水平的不断提高，高水平运动员在技战术方面的差异日趋减小，心理状态已被看作是运动员在比赛中制胜的关键因素且不断引起研究者的注意。运动员最佳竞技状态构成理论同样指出，最佳心理状态是运动员体能和技能发挥的基础。关于运动员最佳心理状态的研究始于20世纪70年代，当时，这种心理状态被竞赛中的“最佳体验”（optimal experience）这一术语所替代，通常用于描述运动员在比赛过程中积极的意识状态，这种意识状态能够为运动员提供强烈的积极情绪，并常常伴随出现幸福感和自我实现感。近年来研究最多的运动员心理状态即“流畅”，也称心流（flow）——一种和谐而内在的积极状态，其特点是运动员在竞技比赛临场时的强烈集中和专注，排除不相关的想法和情绪，即使在具有挑战的情景下，也能将所有任务整合并将比赛流畅地进行下去，对于比赛结果具有重要影响。因此，如何保证运动员比赛时的流畅状态，已成为运动领域的重要研究课题。

为了帮助运动员在比赛时达到理想流畅状态，心理训练或干预具有极其重要的价值和意义。传统的运动员心理训练研究范式主张通过心理干预（例如心理技能训练，psychological skills training）来形成有利于完美表现（peak performance）的流畅状态。而姒刚彦则提出了运动员逆境应对理论，该理论认为即便运动员没有保持流畅状态，只要能合理应对（接受）就能够再次进入流畅状态并处在理想竞技表现上。主张“接受”的心理行为训练方法以“正念训练”为代表，正念（mindfulness）是个体有目的地（onpurpose）把注意力不作判断（nonjudgement）地保持在当下（inthepresentmoment）的体验上，并对当前心理事件进行觉察的一种方法，即每时每刻都专注于当下事件，每分每秒保持警醒，准备好接纳任何可能发生的状况，且不加评判。同样地，正念训练（mindfulnesstraining）以接受为基础，是个体将注意力集中于当下体验的一种心理行为训练干预方法。

已有研究表明，正念训练可以显著提高运动员流畅状态。虽有研究初步证实了正念训练对流畅状态的提升作用，但其详尽的作用机制尚未完全被揭示。通过对文献梳理后发现，在探讨运动员正念训练与流畅状态时，常常与心理弹性联系在一起。心理弹性（resilience），指人类面对逆境、创伤或压力时良好的适应过程，是个体的一种品质和能力，竞技运动中常存在激烈竞争，因此运动员训练与竞赛中的逆境与压力体验颇为常见。已有多项实证研究表明，正念训练可以提升运动员的心理弹性。这是因为正念的理念即不反应、不评判并关注当下，所以运动员在训练或比赛中面对威胁或挑战情景时仍能够将注意力集中于任务上，并能够适应外界环境变化，即心理弹性水平得到提升。

此外，当运动员适应威胁挑战情景的能力提升时，便能够摆脱失败恐惧心理的束缚，形成对自身表现的积极评价，从而体验到更多的自我实现感和心理满足感等积极情绪。根据积极情绪的拓展建构理论，上述积极情绪体验能够增强认知的灵活性，使运动员在方法探寻上更具创造力，这些都有助于增强路径思维，出现流畅状态。

以往研究考察了正念训练前后个体流畅状态和心理弹性的变化情况，然而，正念训练提升运动员流畅状态的机制很少有探讨；此外，以往关于运动员正念训练的研究多采用7周或8周的干预方法，对于忙于训练和比赛而导致闲暇时间较少的运动员群体来说被试流失率往往较高。有研究表明，即使是短时正念训练（brief mindfulness），也能够有效地改变个体心理状态，且短时训练更为便捷，对于运动员群体的适用性更广，能够帮助运动员在赛前短时间内调节心理状态。所以，本研究拟考察短时正念训练对运动员流畅状态和心理弹性的影响，同时考察心理弹性在正念训练提升运动员流畅状态之间的中介作用。

采用G*Power3.1软件计算研究所需最低样本量，经计算，正念训练组和等待对照组均需至少27个样本。假设流失率为10%，最终确定接受正念训练组和中性对照组人数各为30人。研究样本在某省体育学院进行运动员招募，入组标准：（1）年满18岁；（2）无任何正念研习经验；（3）无精神问题方面的病史；（4）高水平运动员（本研究中，高水平运动员的评判标准为运动等级在国家二级及以上）。共入组60名运动员且均被告知参与一项关于心理训练的研究，并签署了被试知情同意书，采用现场抽签的方式将60名运动员随机分配到正念训练组（n=30）和对照组（n=30）。其中2人因与训练冲突未能到场，1人数据有缺失予以剔除，最终有效被试57人。正念训练组男性20人，女性9人；年龄19～21岁，平均（19.9±0.7）岁；二级运动员22名，一级运动员7名。对照组男性19人，女性9人；年龄18～21岁，平均（19.5±0.8）岁；二级运动员21名，一级运动员7名。两组在性别、年龄、训练年限和运动等级方面的差异均无统计学意义。

使用的工具有：（1）正念五因素量表。采用由邓（Deng）等人修订的中文版本正念五因素量表（Five Facets Mindfulness Questionnaire，FFMQ）。量表包括观察、描述、有觉知的行动、不判断和不反应5个分量表，共计39个条目。采用5点计分，由“一点也不符合”到“完全符合”分别给予1～5分的评价，总分越高则正念水平越高。在本研究中，总量表及5个分量表的内部一致性系数分别为0.662、0.774、0.725、0.813、0.807和0.566。

（2）特质心理流畅量表。采用由杰克逊（Jackson）等人编制的特质心流量表（Dispositional FlowScale-2，DFS-2）的中文修订版。量表包括平衡、融合、目标、反馈、集中、控制、意识、时间和享受9个分量表，共计33个条目。采用5点计分，由“从未有过”到“总是有”分别给予1～5分的评价，总分越高则流畅状态越高。在本研究中，总量表及9个分量表的内部一致性系数分别为0.903、0.835、0.742、0.856、0.861、0.870、0.847、0.794、0.852和0.792。

（3）心理弹性量表。采用康纳（Connor）等人编制的心理弹性量表（Resilience Scale，RISC）。量表的中文版包括坚韧性、力量性和乐观性3个分量表，共计25个条目。采用5点计分，由“从未有过”到“总是有”分别给予0～4分的评价，总分越高则心理弹性水平越高。在本研究中，总量表及3个分量表的内部一致性系数分别为0.916、0.866、0.808和0.631。

具体干预方法：试验采用双盲设计，干预期间两组被试无任何相互干扰，研究者不允许向主试和被试告知研究假设、研究设计或研究方法。试验前向被试介绍研究程序，并说明保护隐私原则，请被试签订知情同意书。正念训练组听30分钟正念练习录音，对照组听30分钟中性新闻录音。在基线及干预后对运动员施测FFMQ、DFS-2和RISC。正念练习录音由一位6年以上正念干预经验的正念导师提前录制。

结果发现，前测的正念训练组与对照组在各项指标得分上差异均无统计学意义。正念水平有随时间变化的趋势，且正念干预会影响这种趋势。进一步简单效应分析结果显示，对照组后测的FFMQ得分略低于前测，且无统计学意义，正念训练组后测得分显著高于前测。流畅状态有随时间变化的趋势，且正念干预会影响这种趋势。对照组后测的DFS-2得分略低于前测，且无统计学意义，正念训练组后测的DFS-2得分高于前测，呈边缘显著。综上说明，与对照组相比，正念训练组运动员的流畅状态提升显著。心理弹性有随时间变化的趋势，且正念干预会影响这种趋势。进一步进行简单效应分析结果显示，对照组后测的RISC得分略高于前测，且无统计学意义，正念训练组后测的RISC得分显著高于前测。综上说明，与对照组相比，正念训练组运动员的心理弹性提升显著。

运用SPSS宏程序PROCESS检验心理弹性的中介效应，结果显示，在控制了性别、年龄、训练年限、运动等级和DFS-2前测之后，正念训练对RISC变化量有显著预测作用；RISC变化量对DFS-2后测结果有显著预测作用。进一步分析发现，当RISC变化量进入方程后，间接效应Bootstrap95%置信区间不包含0，说明心理弹性在正念训练和流畅状态之间具有中介效应；此外，直接效应的Bootstrap95%置信区间也不包含0，说明正念训练对流畅状态的影响没有完全被心理弹性的中介效应所解释，即心理弹性在正念训练和流畅状态之间具有部分中介效应。

结果显示，短时正念训练有助于提升运动员流畅状态，即运动员通过进行短时正念训练，更能减少对于无关信息的关注，而将注意力集中在当前的任务上，并更容易产生和谐且内在的积极状态，这一结果再次验证了正念训练对于注意力的积极影响。同时，以往研究也表明，正念训练过程中强调个体对于内在体验的察觉，包括感知觉、情感、思想和意向等，即专注于需要完成的技术动作上并活在当下，因此会产生更多的流畅状态体验。此外，研究结果还显示，短时正念训练有助于提升运动员心理弹性，即可以提高运动员的接受能力，避免受到消极事件的影响。以往研究指出，正念的思想源于东方宗教和哲学，是对当下体验不作判断的关注，是一种“坦然的觉知”，强调对当下实际情况进行不判断、不评价，即能够注意到当下的实际情况，但却不对其进行好坏或者对错的评价，其目的并不在于控制或改变自身的内部状态。当运动员的训练或比赛状态处于低谷时，坦然接受比担忧低落更能使运动员重新投入到训练或比赛当中，侧面证明了其心理弹性水平的提升。

此外，本研究还揭示了短时正念训练对于运动员流畅状态的作用机制，结果发现心理弹性在正念训练提高流畅状态的过程中起了部分中介作用，也就是说，短时正念训练不仅可以直接提高运动员流畅状态，还可以通过心理弹性间接作用于流畅状态。该结果从正念的不判断和不反应视角出发有助于深入揭示正念训练与流畅状态之间的关系，更贴合运动员训练和比赛的实际，也符合戴蒙德（Diamond）曾提出的“注意控制”理论。据此可知，正念训练强调对过去不作评判、对未来不去担忧的心理特征，如果运动员能做到这一点，必然会表现出对于当前任务投入更多注意、减少对于负性事件的注意等控制行为。相反，如果运动员不能做到不评判、不反应，则会沉浸在对于过去的失败体验或对于未来的未知恐惧当中，不能全身心投入比赛。这就是本研究中心理弹性在正念训练影响流畅状态中起部分中介作用的原因。

综上所述，我们发现运动员的短时正念训练不仅可以直接促进流畅状态，还可以通过心理弹性的中介效应间接促进流畅状态体验。正念作为源于东方传统文化的理念，近年来在运动领域的应用正逐步走入研究者们的视线。本研究从运动员自身角度出发，探讨了短时正念训练对流畅状态的影响，以及心理弹性在其过程中的中介作用。研究不仅拓宽了对正念训练研究的新视角，明确了运动员心理训练的新趋势，也为研究运动员流畅状态提供了新思路，为正念训练在运动领域的进一步探讨和应用提供了实证基础。

运动员比赛自信心的构建与强化

国家体育总局体育科学研究所　丁雪琴

自信心的强大使运动员奥运夺金，屡创辉煌；自信心的缺失也致使一些运动员失利，遗憾离开比赛，甚至悔恨终生。只有内心永葆自信，才能不断创造辉煌。

自信的核心就是相信自己。自信是成长成才不可缺少的，是一种积极的，有效表达自我价值、自我尊重、自我理解的意识特征和心理状态。自信又有很多不同的概念：1. 特质自信是个人认为自己在一般情况下具有完成任务夺取成功的能力的信念或确认程度；2. 状态自信是在某一时刻认为自己有些问题，有时候认为行，有时候认为不行，受某些因素的影响而改变，所以我们在看运动员的时候不能因为某一段状态自信不好而否定他的自信；3. 自我效能是国外引进的，是一个人成功完成一件作业的能力知觉，是一个情景特殊性的自信心；4. 过度自信是一种错误的自信，即信心超过了自身的能力。部分经典案例，例如1988年，中国男篮对韩国男篮的那场比赛，队员们认为拿出60%的力量，打赢对手就没有问题，结果一上场就被压制，后面不知所措，输掉了那场比赛，这就是过度自信、盲目自信。

自信心强是一种积极的思维，一个失去自信的人他的思维笼罩在自卑中，使自己也陷入了自我失败的误区，否定了自我价值，所以其思维容易走向极端，很容易将一个不值得一提的小事放大化，这反而掩盖了他的优势。所以说我们不能失去自信，失去自信就会否定自我，否定自己应该有的能力。

自信心的重要性：1. 自信心是健康的心理状态，是人们完成活动的有力保证；2. 自信心是夺取成功的保证，专家学者在调查了很多名人的经历后，发现一个人事业上成功的因素，学识和专业技术只占15%，而良好的心理素质要占85%，其中自信是很重要的因素；3. 自信心是承受挫折克服困难的支柱。闻名世界的作家高尔基指出，只有满怀信心的人，才能在任何地方都把自己沉浸在生活中，实现自己的理想，战胜逆境最重要的是树立坚定的自信心，自信心可以使人藐视困难，战胜邪恶，集中全部智慧和精力迎接各种挑战。爱尔兰著名的戏剧家萧伯纳也曾说过，有信心的人可以化渺小为伟大，化平庸为神奇。

海伦·凯勒精神是一种激励，能使我们受到很大的鼓舞。她是一个五官三残的女作家，她看不见，听不到，也说不了话，只有嗅觉和触觉，像她这样的人很难生存，但是她顽强地战胜了常人克服不了的困难，当然她还有一个非常出色的老师帮助她，最终成为一个伟大的女作家。海伦·凯勒出了很多本书，最著名的就是《假如给我三天光明》。她说："信心是命运的主宰，有许多人因为缺少自信而心灵上受到伤害，又有多少人因为缺少自信而错过了天赐良机，自信心是通往成功的阳光大道。"我们在生活中也经常说，自信心是成功的一半，这些都说明了自信心在生活中的重要性。

竞争力取决于许多因素，技术、战术、体能、智慧、意志力、情绪、信心、团队凝集力。自信心是强大竞争力的重要前提，自己相信自己，才能战胜自己，超越自己。

自信心的心理功能：1. 自信心是成功的基石，霸气的支柱，自信是行动力量的源泉和内在动力；2. 自信心是心理健康的需要，人都有一种表现自我获取认同的本能倾向，自信的人更容易被人认可，从而满足自己的心理需要；3. 自信也是人际交往的需要，现在社会是信息社会，地球村正在形成人与人之间的交往关系，交往距离正在缩短，而在日趋频繁的人际交往中自信心是非常重要的，自信更容易给人带来良好的人际交往氛围和人际交往效果；4. 自信心使人勇敢，自信的人总是能够以一种轻松自然的态度来面对生活中复杂的情景或挑战，表现出一种大智大勇的气度；5. 自信心使人果断，自信的人勇于承担责任，不会因为事关重大而优柔寡断，不会想着逃避不好的结果而瞻前顾后，因而会保持一贯的果断作风；6. 自信心使人谦虚，自信不等于自负，更不同于骄傲自满，自信的人更能正确对待自己的优点和缺点，从而可以更加全面地认识自己，谦虚的人能够不断进步。一个人一旦失去自信心，就会失去前进的动力，而一旦有了充分的自信心就可能产生强大的内驱力，燃起智慧的火花，最终走向成功。

自信表现在相信自己，相信队友，相信能在逆境中奋起，相信能克服重重困难和挑战，相信自己有巨大的发展潜力，这几个因素决定了结果。

自信心的建立和强化：自我认可和自我肯定；目标明确，具体可行；养成积极思维习惯，不打无准备的仗；经常回忆成功，唤起成功的条件反射；多用肯定式的语言词语。

下面来测一测大家的自信心，想象一个情景，当你第一次到发廊剪头发，剪完头发后，看到镜中的自己大吃一惊，因为剪的是一个既可怕又丑陋的发型，剪这种发型走到大街上，你会感到非常不自在，如果不向理发师发牢骚，你觉得难以消气，你会发什么牢骚呢？有四种可能，A. 太糟糕了这和我预想的完全不一样；B. 我不是跟你说要剪得和某歌星一样吗？C. 请把后面的头发再修剪一下，或提出尽量使自己看起来稍好一点之类的要求；D. 什么也不说。

对许多年轻人来说头发非常重要，是其形象也是最大的装饰品，头发被弄得乱七八糟，在某种意义上说可能是对他的打击，这个测验的目的是通过你对这种体验的反应，来探求你拥有的部分自信心。选A的人，直接表达愤怒情绪，对自己的美丽和女性魅力具有极大的自信和自尊。选B的人，具有理论性和指向性地向对方抱怨，对自己的感觉和认识能力有自信。选C的人，能指出具体的解决方法，在学习中掌握自如，因此在学习上自信心很强。我发现大部分人都属于这类，很务实、有办法、善于学习。选D的人，在各方面都不自信，自卑感非常强烈，在以后的日子里应该注意培养自己的自信，相信自己经过努力在各方面都是可行的。这只是个参考，不是绝对的，测量自信心有很多方法，在这里就不一一介绍了。

比赛自信心的构建。自信心受各种不同因素的影响，目标的适宜性，思维的积极性，身心的适应性，技能的优越性，经验的丰富性以及社会知识力和顽强的个性特征等，都会对自信心有不同程度的影响。运动员本身应该具备的自信心的八大关键因素：（1）自我认可，自己都看不到自己的优点、优势，这是不行的；（2）顽强意志，表现在遇到什么问题都不失去自信心；（3）适宜的目标，目标太高则会没有自信去完成它，因此目标应适宜；（4）表象成功习惯，在脑子里也经常强化成功的可操控性；（5）把握可控，把握心里有底的、能控制的东西，不要过多去想思维这些把握不住的东西；（6）有积极的思维；（7）强大的承受力；（8）策略丰富，就是有实际的方法，不自信的人往往会说：“哎呀怎么办。”这就是没办法，只有源源不断的方法，自信心才会增强。

再作一次深入的分析，自我认可。第一，要树立赏识观，赏识自己能够增强自信，赏识本队可以增强团队信心，赏识队友可以增强团队凝聚，赏识教练可以多学技能，赏识共同作战的人员可以多得到帮助。我们要懂得感恩，感谢周围的人对我们的帮助，不要挑三挑四。第二，分析影响比赛胜负的因素的性质，可控或非可控，建立正确的心理控制点，保持情绪稳定。可控因素就是通过自己努力可以改变的因素，如自己的能力和态度。非可控因素是自己再怎么努力也改变不了的因素，比如对手和裁判。所以一定要把它们区分开，把握可控因素，心里有底，才能巩固自己的自信心，否则自信心将无法建立。第三，学会正确思维法，克服弊导思维、消极片面的思维，诱发利导思维、积极全面的思维。

让运动员在比赛前一心只想怎么努力做好，不去想做不好怎么办。定位在做好动作而不是担心做不好怎么办，积极性思维能使心中充满阳光，心态会更好，自信心也会更强。现在教育领域也提倡孩子不是打出来的，而是夸出来的。表象成功，养成在头脑里表象成功的习惯，这个习惯很难养成，但必须努力养成，习惯就是自动化。如果没有成功的习惯，那我们就要努力，用主观意识去想好的方面，如果养成了习惯，那自然而然头脑里就呈现着成功的景象。表象内容包括：成功的动作感觉、成功的技术操作过程、以往成功的比赛体验、成功处理问题的情景。

强大的心理承受力是信心的体现。心理承受力包括适应能力，适应三种环境：自然环境、社会环境和职业环境。适应自然环境就是到哪儿都能适应场地、气温、器材、饮食、住宿等。对社会环境的适应就是处在社会环境中，能不断地融入人与人之间、运动员与教练之间。对职业环境的适应包括对疲劳、伤病、挫折等的适应。我们给运动员树立一个理念就是欢迎疲劳，希望疲劳。所谓适者生存，我又加入了适者强大。承受能力还包括抗挫折能力，遇到挫折更自信，更坚强，这一点没有积极的心态、强大的支撑系统是不行的，失败了才能知道问题在哪里，找到自己症状，下一次才能更强大，才能成功。所以碰到困难、伤病等不顺往往能够培养抗挫折能力。如果在身体不好的时候都能做到，做出成绩，那么在身体好的时候就更能得到好成绩。心理承受能力还包括包容力，容忍一般人不能容忍的事和不如意的人。现在一般社会上的人，尤其是年轻人都缺乏包容力，只有包容，心胸才会豁达，才能增强承受力，才能够更加自信。心理承受能力还包括应急能力、情绪控制能力和独立性等。

顽强的意志力，一直是人们为实现目标而有意识去克服困难、战胜挫折的心理过程，在追求成功的历程中，具有至关重要的作用。意志力主要体现为坚韧性、果断性、自觉性、自制性和主动性。我们要以积极的心态磨炼顽强的意志力，克服认识上的局限性，认识到自身的潜力，树立克服困难的信心，主动迎接挫折和挑战，从难从严，实战模拟训练，挑战极限训练。现在很多拓展训练都是挑战极限，让孩子们去忍受平常受不了的，锻炼实践最基本的生存能力。

适宜的目标：（1）要有结果目标和操作目标；（2）社会性目标和具体行动目标；（3）另外还应有不同时期的目标；（4）要有长期目标、阶段目标和近期目标。所以说，目标设置原则，要简明、具体、适宜，并且具有可操作性。实现目标的过程就像剥洋葱一样，人生价值是核心目标，作为运动员总体目标就是奥运会拿到冠军，还有5～8年的长期目标，有2～3年的中期目标，也有半年到一年的短期目标，以及每月每周每日应该做什么的近期目标。实践要先从外边剥，掏心是没有用的，就像剥洋葱一样一层一层地往里剥，最终核心目标就实现了。

丰富的策略——比赛心理对策库的建立。这个建立过程需要运动员、教练员和心理老师三方面的共同配合，要一步一步地，先有一个框架，再不断补充，像仓库一样，慢慢向里面补充。什么是比赛心理对策库？就是面对比赛可能遇到的任何问题或每个准备环节都具有相应的措施、对策、有效行为、词语提示和策略。同时将所有对策分类管理，要分门别类、点哪用哪，就像中药房一样。这个概念从20世纪80年代末我就提出来了，终于在90年代初建立了对策库，并在以后的实践中丰富起来。我们将心理对策库分为两类。第一，程序活动对策库：面对比赛必须遇到的问题和必须进行的活动应采取的策略，比如比赛前一天、比赛前一晚以及赛前准备活动等环节。第二，预发事件对策库：面对可能发生的事件应采取的对策，如上场时间改变、赛点气温变化、队友失误、赛前训练不顺利等，这些对策宁可备而不用，也要有备无患。

程序活动对策库公式，包括到达赛区、赛前一天、赛前晚上、准备活动等。各个项目有一些会不一样，每一个赛段或阶段都有一些要做的和要想的事情。比如到达赛区，我们就必须熟悉比赛场地器材，尽快适应住地环境和生活条件，心理调节表象成功等。赛前一天要调整性休息，在条件允许的情况下，可以做一些自己喜欢做的事情；进一步熟悉比赛环境条件；寻找良好的技术感觉和激发比赛状态。赛前晚上，准备好各种比赛用品、器材、注意休息；认真小结赛前练习的情况，记住成功，忘记失败；头脑中还得演练一下成功技术操作过程。准备活动，根据个人的特点掌握热身内容和程度；轻松愉快，以良好的心态应对比赛；坚定信心，稳定情绪。这些只是一些举例，实际上不止这些内容，只要觉得有用都可以加进去。

预发事件对策库公式及举例，就是“如果……，我会……”可以想一些可能出现的情况，如果在赛场温度偏低，我会想我早有心理准备了，冷热都不怕，保证饮食的温度补充了热量，提前进入赛场做准备，加大准备活动量使身体发热等。如果等待时间过长，我会想正好有足够的时间调整，沉住气保持清醒适度的放松神经，抽空做几次成功的战术演练，脑子里不要空下来，要保持热度，做轻松的身体活动保持状态，时刻准备着召之即来！

建立这些心理对策库的目的就是让运动员记住：细节决定成败，办法总比困难多。建立心理对策库的作用：全面分析和认识比赛形势；增强比赛信心；有利于教学沟通增强凝聚力；程序活动对策库有助于行为的有条不紊；预发事件对策库有助于净化思维；有利于集中注意力；模拟训练提高处理突发事件的能力；有利于情绪的稳定。

比赛信心的增强，比赛信心的来源主要包括：（1）实力，平时的训练基础和已具备的水平；（2）准备，全面而充分的赛前准备；（3）目标，长远而适宜的目标及不懈的追求；（4）信念，积极的态度、积极的思维、积极的暗示和成功的表象。影响比赛信心的主要因素包括：（1）担心失误、受伤、责任重大等；（2）疑心，不知怎么办犹豫不决；（3）心中无底，准备不充分；（4）自我贬低，只看重自己的不足；（5）消极思维，失误可能带来的后果；（6）以往失败的阴影，怕重现以往的失败。这些都是影响比赛信心的原因，我们应该一一克服。

正确分析比赛形式有助于增强自信心。第一步，看到自己的有利条件和优势之所在，长我方士气灭对手威风，占据心理优势。第二步，明确应注意的问题保持清醒头脑，避免盲目自信和轻敌现象的产生，认真对待每个对手。第三步，制定策略和战术方案做到心中有底，确立比赛信心。自信心是在训练和生活实践中逐步培养起来的，自信心训练的基础是看到优点，然后接下来的每一步，就是肯定进步、明确目标、发现问题、制定对策、付诸行动，最终实现目标。

确立有助于成功的正确信念：我是有能力的，我一定能成功；我能做到我希望做的事；成功是因为有积极的态度；过去不等于未来；不是不可能，而是还要找到办法；成功一定有方法；成功者找方法，失败者找借口；命运在自己手里而不在别人嘴里；你越努力，你的运气就会越好；决心决定成功；每天都有所进步，就一定能达到最终获得成功；没有失败，只有暂时没有成功；只要不服输失败就会转化为成功；人人都能成功。

建立自信克服自卑的方法有：充分看到自己的长处；不拿别人长处比自己的短处；对自己大声说“我行，我能够”；寻找点燃自信的火花火种；忘掉失败，面向未来；善于学习充实自己；自己开拓前进的道路，树立“这次不行，还有下次”的思想；敢于在大家面前发表意见，不要过多考虑意见的正确与否；经常使用肯定语言（我能我要等），避免使用“毕竟，会不会”等丧失信心的语言；经常回忆成功认识自己的能力；常听振奋人心的音乐，能使人产生活力和自信；克服不确定思维，把疑心变成信心，把犹豫变成决心；大声说话能提高人的勇气；模拟成功，为取胜做好心理准备；面对挫折抬起头来，变不如意为大如意；寻找克服困难的办法和策略。

营造良性的心理循环：首先，要自信心强，这样在训练中才有热情，训练效果才会提高，实力才能增强，上场机会就会增加，就有良好的表现，随之而来就更加自信。

运动员赛场上应有的六气：面对比赛的士气；面对强手的勇气；坚定自信的霸气；主动进攻的杀气；战术运用的灵气；永不服输的骨气。六气长存，自强自信，不断成功。

精英之心、团队之魂

国家体育总局体育科学研究所　丁雪琴

一名优秀运动员，心理方面要具备哪些特征。第一是人格特征。关于成功者的人格特征，我们总结了几点。首先，是自信，自信是一个非常重要且关键的人格特点，你连自己都不相信自己能成功的话怎么能真正取得成功呢？其次，是具有远见和正确的策略，眼光不能太近，要有远见，还要有策略，要有明确表述目标的能力，对目标坚定的信念，强烈的奉献和自我牺牲的精神，这是非常重要的，不能只为了自己，只为了自己，很多事情反而得不到自己想要得到的，所以必须要有自我牺牲精神。另外还要有创造力，总是循规蹈矩的老一套，闯不出名堂来。最后，还有对环境的敏感性，也就是对环境的适应性。

总结后发现，优秀运动员还应具备的一些心理技能。心理技能包括几个方面。首先是高度的适应能力，适应就是不受外界变化的影响，这不是人人都可以做到的。这个能力是指对自然环境的适应，运动员到了一个新的地方能不能适应当地的饮食习惯、气候、场地等。有的运动员挑剔环境，其实这就是一种竞争，这不仅是在场上竞争技术，运动员对比赛各种条件的适应也是在竞争。你适应你就赢了，你适应不了就输了，这是自然环境。不仅如此，还有对社会环境的适应，人是社会性的，必须要融于自己的集体，要与不同的教练、队友和谐相处及适应裁判等。这些东西不是能自己做主的，必须学会改变来适应外界环境。对于运动员来讲仅有这两点是不够的，还有对职业环境的适应，包括运动员训练很疲劳很累，中学生学习累了可以回家休息，但是运动员不行，累了还得接着练习，而且越累越是一件好事情。还有一个因素是伤病。哪个运动员没有受过伤、得过病？运动员都会接触到伤病。还有经历挫折，这都是从事这个职业必须要面对的，也必须要适应的。达尔文说适者生存，因为只有适者才能发展，只有适者才能体现出强大。

第二点是敢于挑战的精神。运动员的核心就是拼搏，体现出挑战困难，挑战自我，挑战对手的过程，最后就是一个非常关键的挑战极限。竞技体育其实都是在和自己的体能极限做挑战，比如突破了10秒，还要再不断突破。还要有心理上的准备和挑战精神，在困难的时候咬牙坚持，这个往往决定着他能否突破极限。有的运动员一累就不练了，尤其是在体能训练的时候，坚持不住就放弃了，这样的训练效果是打了折扣的，所以在累的时候再咬牙坚持一下才是最有效果的。当然自信心和成功的意识也是必不可少的。什么样的表现是自信心强和成功的意识强？我想主要的就是坚信自己的技术战术能在比赛中发挥出来，这是最实在的自信心，不是我相信我能拿第一，而是我坚信我能发挥出来自己的实力。所以我们的自信心要建立在拥有自身实力的基础上，坚信自己的努力是有价值的。为什么会有心理波动呢？运动员觉得自己的努力得不到回报，才会放弃，这说明他的自信心不坚定，所以一定要坚信努力是有结果的，只是时候还不到，坚信自己能克服重重困难，抓住机遇。有的人总觉得运气不好，没有合适的机遇。实际上，机遇最眷顾的就是勤奋的人、坚定不拔的人，克服重重困难会赢得机遇。最后，就是树立自信、自强、自胜的意识。

自信心有八大构建因素、八大支撑因素。第一个因素就是自我认可，自己不认同和认可自己，别人就没办法进行帮助了。实际上，大部分失败的人缺的就是最主要的自我认可。第二个因素是顽强的意志。第三个因素是适宜的目标，目标的设定不能太高也不能太低。第四个因素是表象成功的习惯，这里不仅仅是指技术，还指思维的一个理念，多想积极方面，也就是现在提倡的多传递正能量，满脑子消极的、负面的东西是不可能自信的。第五个因素是把握可控、积极的思维。第六个因素是强大的承受力。第七个因素是丰富的策略，我们在不自信的时候总觉得没办法了，自信心失去了支撑点。大家看图3，镜子外面是一只猫，镜子里的却是一头狮子，这就是自信的一种表现，虽然是一只猫却认为自己像狮子一样强大。我在运动队讲课的时候，教练说有的运动员实际像狮子一样强大，但看着自己像只小猫，那就与我们提倡的精神相反了。

图3

提高自信心的方法就是照心理的镜子。我们经常照镜子，看看脸上有没有脏东西，心理的照镜子，第一，就是写出或说出自己的优点，要求大家必须实事求是地写自己确实存在的优点，写得越多越好，没有限制，但必须是真实的。这些优点范围是训练、比赛、生活甚至自身形象，有的女孩子觉得我长得漂亮，身材好，这些都可以。对自己身体的满意程度是影响自信心的因素之一，这样就可以把自己的优点挖掘出来。

第二，写完优点接着写自己的缺点或差距，这个要求就是找出关键点，写一到两个就可以了，写这个的原则是越准越好。你要找得准，找出自己的一些关键性问题。

第三，找出克服缺点的措施和行动计划，针对这一两个缺点和差距该怎么克服、怎么弥补、怎么解决，要拿出办法来，否则依然不会增加信心。解决办法必须是有针对性和有效性的。针对性强，就是专门解决这个问题的，而且是有效的。

第四是情绪的稳定性和自制力。情绪问题在心理学里是一个难点问题，也是一个非常广泛的概念。情绪稳定主要体现：在非正常情况下，就是在有压力情况下和复杂情况下，面对激烈的竞争，我们头脑要冷静；面对暂时的失误时，要保持坚定的信心；面对多变的局势，能保持清醒的自控；面对挫折和困难，保持顽强的斗志；面对裁判的不公平，控制自己的情绪波动；面对不平的待遇，保持高度的自制，这些都是情绪稳定的具体表现。

第五，运动项目所需要的专项智力。多少年来我们一直力图去研究去探讨专项智力，这个和专项接触比较密切，各个专项有各个专项不同的智力特点。我们现在总结了这么几个方面。

（1）清晰的感知觉，各个运动项目都需要。射击要有枪感，体操要有器械感，举重要有杠铃感，时空知觉等，这些感觉都是很重要的。

（2）动作表象能力，进行身体锻炼，脑子也要保持清楚，头脑中能及时呈现出对动作过程、节奏、形态的清晰表象。这是专项智力的一个体现。

（3）反应判断能力，包括神经反应和动作反应，这是两个不同的概念。神经反应要快，动作也要跟上，保证对完成动作用力时机和大小的准确到位。

（4）操作思维能力，对差别的辨认和最佳操作的选择等。无论多细微的差别都能感觉出来，辨别出来。

（5）观察分析能力，有对成功完成动作关键点的判断和“捕捉”意识。

（6）创新能力，创造和想象能力以及对新事物、新技术的接受和对项目规律的不断认识。这应根据不同的项目，有些项目并不需要，如射箭；但有些项目需要这方面的能力。

（7）意志力。意志是人们为实现目标而有意识地去克服困难、战胜挫折的心理过程，在追求成功的历程中意志具有至关重要的作用。意志力不是一个笼统的概念，不仅分为意志力好和意志力差，它有五个维度：坚韧性、果断性、自觉性、自制性和主动性，这都是意志力的体现，如“滴水穿石”体现了意志力的“坚韧性”。

（8）注意力。注意力表现为注意的集中和稳定，这是个人运动项目特别强调的。还要有注意的分配能力，有些项目，如足球，需要同时注意球、队友和对手的分布，所以要分配注意力。注意广度（视野）是不只关注于一点，而是全盘都在我的视野中，这样的运动员很优秀，这对集体项目来说更重要。我在足球队的时候测验过，发现注意广度最好的是孙继海和孙祥这两个人。在国内他们还是比较优秀的，他们在这方面表现的非常突出，视野特别广。注意的及时转移，也就是要灵活，注意什么时候应该转移到下一个目标，这都是很必要的。

（9）独立性与合作性。合作性指的是热爱集体，能和谐交往，能在团队里与队友和谐相处，团结互助。即便是个人型项目的运动员也要有合作性，因为周围还有教练们。独立性，独立作战能力。其实它体现的不是我行我素，而表现为能独立作战，不依赖教练，敢于表现，敢于承担责任。有些足球运动员在场上，不敢射门。为什么？因为他不敢负责，他怕出错、射偏了，这就是没有独立性。

最后，强大的心理承受力。心理承受能力包括一些更细致的概念：适应力——能适应各种自然、人际和职业环境；抗挫折能力——遇到挫折更自信，更坚强；包容力——容忍不如意的事和人，包容力强，承受能力就比较强，不至于因为一点小事情而崩溃；应激能力——及时有效地处理突发事件；情绪控制能力——在激烈竞争和压力下保持情绪稳定；独立性——克服依赖性，独立作战能力。心理承受能力不是一个笼统的概念，它要从不同的方面体现出来。

本人还总结了一些成功者的心理特征。成功者和失败者主要的心理差异，可以从这几个方面去比较。（1）思维的积极性和消极性，成功者心理是阳光的而不是阴暗的。成功者只想积极的事：我的希望是什么，我多去想想怎么做；而失败者总想消极的事：我担心输，担心受伤，担心教练骂我等等，思维的方向完全不一样，内容也不一样。（2）成功者善于记住成功，失败者多受失败困扰。记忆的指向、搜索的内容以及记住什么忘掉什么，这些都有选择性，成功者会选择记住成功的情境。（3）成功者目标长远、坚定，失败者目光比较短浅。（4）成功者和失败者的归因不同，成功者将成功归因于内在因素，认为是自己的努力，而失败者则将成功归因于外在因素，希望老天给点好运气吧。

（5）成功者高度自强自信，失败者常常自我怀疑。成功者找办法，失败者找借口。失败者总是找借口，因为天气，因为裁判，因为某个人的原因，这样是不会成功的，只有自身找到解决办法，才能迎来真正的成功。这就是成功者和失败者的不同性。

下面是比较重点的内容：竞技体育运动中团队凝聚力的特点及强化，也就是团队精神。

关于团队凝聚力：

1. 凝聚力的概念

团队凝聚力是指团队对成员的吸引力，成员对团队的向心力，以及团队成员之间的相互吸引。团队凝聚力不仅是维持团队存在的必要条件，而且对团队潜能的发挥有很重要的作用。一个团队如果失去了凝聚力，就不可能完成组织赋予的任务，本身也就失去了存在的条件，一盘散沙的队伍不叫团队。

2. 团队凝聚力的重要性

如果一个团队想成立并稳定生存，那么团队凝聚力是其必要条件。丧失凝聚力的团队，犹如一盘散沙，难以持续并呈现低效率工作状态。与其相反的是，如果团队凝聚力较强，那么团队成员就会热情高，做事认真，并有不断的创新行为，因此，团队凝聚力也是实现团队目标的重要条件。

3. 团队对成员吸引力的表现

（1）团队本身对成员的吸引力。团队的目标方向、组织形态、行业精神、社会位置等越适合成员，吸引力就越大，反之吸引力就会降低。（2）满足所有成员多种需要的吸引力。团队满足成员个人的各种物质和心理需要，是增强团体吸引力最重要的条件。（3）团队内部成员间的吸引力。团队成员利益一致，关系和谐，互相关心、爱护和帮助，吸引力就大；反之，吸引力就小，甚至会反感，相互排斥。在我们跟团队项目的时候，有的运动员就说过自己的团队不如别的团队，这就糟了。中国政商界领导者私人演讲教练柏君先生说过：所谓团队，就是建立在一个相互信任的基础上，在某个阶段为了某一个集中的目标和梦想而前进的一群人，他们立场明确，梦想和目标明确，行动一致、连贯、紧密、互助和互补。

4. 竞技体育运动需要团队凝聚力

哪个队伍的队风好，战斗力就强。团队性运动项目、多人或双人配合的各种运动项目需要整体作战、密切配合，即使个人性运动项目，也同样需要在一个优秀的集体中成长，需要团队作为强大的后盾，感受团队有力的支持。众星捧月月更明，众人拾柴火焰高，这个道理大家都知道。

5. 团队和集体是运动队社会支持系统的重要组成因素

运动员必有社会支持系统，而且摆脱不了。很多运动员会考虑自己的社会支持系统强不强大，这里包括家人的期望、朋友的祝愿、队友的理解、教练的表率、榜样的力量。这构成了社会支持激励的重要力量源，有了这些力量战斗力就强；失去这些，运动员的战斗力会下降。

★竞技体育运动队的团队精神特点的分析。

团体动力学（group dynamics）的概念由德国心理学家勒温首先提出，他认为，团体并非由各个个体的特征集合而成，而是由团体成员相互依存的内在关系构成的整体，具有各个个体不具有的动力特征。

为什么提到动力学的概念？团队如果凝聚得好，源源不断的力量会增强正能量。还有人说：一个团队的伟大，有天才在队中并不是最重要的，而是这个天才如何融入其中。俗话说："天才赢得比赛，团队合作赢得冠军。"团队中只有球星不行，这个球星和大家都能很融洽配合，这是最重要的。

★团体动力学中的几个核心概念。

互补——各自特点及优缺点的互补。互动——相互作用、相互激励。一个人的反应可能成为另一个人的刺激。为什么课堂要有互动，一问一答之间就有沟通了，学生的反应怎么样，会对讲课老师产生影响，学生的反应好、反应强烈，老师就会特别受激励。沟通——个体之间信息的交流。在人际交往过程中离不开沟通，沟通的形式包括语言和非语言沟通、垂直和水平沟通等。默契——潜意识的配合，心照不宣。这都是团体动力学里的重要概念。什么是默契？就是不用说出自己的想法，大家就都能配合。和谐——自然、真诚、统一、协调的关系，也是一切美好的基础。为什么要创建和谐社会呢，就是因为这个。凝聚——凝结成一个不可分割的整体，对每个成员都有着强大的吸引力。合作——为了共同的目标，各方相互作用，协调各自活动的过程。最后，共赢——共同收获成功和赢得胜利！大家以后可以更深入地分析，理解这八个概念，在增强团队凝聚力的过程中把它们运用得更好。

运动队竞争能力的提高需要不断增强团队凝聚力。团队凝聚力是集体运动项目整体战力的根本，也是竞争力的核心。竞争力，在这里我整理了几个概念，体能、技术，信心、智慧、意志力、情绪，还有团队凝聚力等都是竞争力的体现。我们要把竞争力剖析得非常全面，因为它是一个综合的概念。凝聚产生力量，团结诞生兴旺，强大的凝聚力能产生放大效应。

用团队集体的精神、氛围和凝聚力激励每个成员，这是一种极为珍贵且巨大的激励力量，是成员成长的坚强后盾。团队的整体感是提高士气的有效因素。有互动的团队才有战斗力，团体和团队的主要差别是：共动和互动。

所谓共动就是其活动都是以独立的个体在行动，如划船、龙舟、拔河等。在活动中万一有一人没做好，其他人照样能前进，不会受太大影响。十个人拔河，有九个人都是大力士，有一个人摆摆样子，他可以滥竽充数，这是共动。然而互动就不行了，每个成员的行为和情绪都相互影响、相互依赖（彼此不能缺少，都是整体的一部分）、彼此支持、互助互补，去追求共同的目标，例如足球和篮球比赛中有很多战术配合及策略，个人的行为直接影响全队的行动。这就是共动和互动的区别。

怎样增强运动队的团队凝聚力。团体凝聚力来自于：目标的共识性，对于目标要认同与统一意见，不要我想往东，他想往西；心理的相容性，需要沟通和交流，形成共识；核心人物的权威性，比如主教练、队长，一个队一定要有一个核心，不能多也不能没有；情感的融洽性，共赏和共负，共赏的意思就是优点是大家的，共负的意思就是缺点也是大家的，一个人有缺点了就是我们队的缺点，我们都要负责克服，这是共赏和共负，一定要上升到这个理念，这样就避免了相互指责、相互埋怨、相互不满；行为的统一和互补，个性与共性，我与我们的问题；还有角色定位的准确性，我是什么位置、什么角色，我是团体的一员，我不会越级也不会轻举妄动。树立赏识观（找优点）：以前有一些训练形成某些教练员、运动员的误解，认为上课就是挨批评、挨骂来了，所以都是背着三座大山来参与的，愁眉苦脸。在这个时候要把概念转变过来，教练员不是只批评你，教练员也会表扬你、赏识你。首先赏识自己，自己会自我赏识，你才能增强自信。还要赏识这个队伍，要热爱自己的队伍，我们的队伍就是好，要多看队伍的优点，不能总看队伍的缺点。团队的自信来自哪里，首先看到自己团队有利的因素，树立团队信心。

赏识自己的队友，加强团队凝聚。不喜欢自己的队友，总觉得还不如跟别人搭档。我以前服务羽毛球队的时候，有一个运动员，他每次来都是哭诉自己的搭档怎么不配合，相互之间产生了一些不协调的事情，很伤心。我请他试图说出他的搭档有什么优点，刚开始他说不出来，我就引导他："你这个搭档是不是速度比较快？""是不是善于扣球？"等等，让他找到搭档的优点了，他就开始喜欢这个搭档了。一开始他看不到优点，不喜欢他，不愿意和他配合，所以两个人都苦恼。一旦相互找到优点，相互之间就可以产生凝聚力，心里贴近了，行为上才能够协调一致，产生积极的配合，所以要赏识队友。

赏识教练，这个在运动队里可是不常见的。好多运动员都是得陇望蜀，总想着我要跟着那个教练就好了。我就说这个教练怎么不好？是因为这个教练经常批评他，他总觉得自己的教练不公平，对自己不好。实际上这是一种偏见，必须要改过来，要学会赏识自己的教练，自己的教练就是最适合的、最好的。好在哪里？得学会找教练的优点。具体一点：你的教练哪些方面好啊？他原来是个挺好的运动员。他退役后上了本科，还继续学习，这也是一点。慢慢地看到教练员的优点，就会觉得跟着这个教练能学到更多东西，不然的话他就觉得跟这个教练耽误自己。实际上，只要好好地观察任何一个教练，每个教练身上都有闪光的地方，都有很多值得学习的地方，就看大家看不看得到了。

赏识共同作战的人员，这里包括科研人员、医务人员，甚至于厨师。你不要总埋怨这个食堂不好，厨师水平不高，有时候还会觉得这个大夫手法不好，或者这个科研人员不管我等等，那这就会导致你不开心了，丧失凝聚力。所以，一定要主动寻求帮助。周围的人员都是在帮助运动员，你主动去看到他们的好，你就会得到更多的帮助。

一个高凝聚力的团队，必定是由一群优秀的团队成员组成。当你意识到身边团队成员的优秀并愿意踏实去学习时，你离优秀也就不远了。赏识自己的队伍，赏识自己的教练，赏识自己的队友，赏识身边的人，有助于铸造高凝聚力的团队。

团队凝聚力强主要体现以下几点。首先，成员都有高度的责任心，与球队荣辱与共。其次，对队友强烈的关注意识，学会用眼去发现周围人的优点，这是一种美德，一种能力，也是一种成功者必须具备的，有利于增强团队的凝聚力，你也会感到这个集体很温暖，非常和谐，甚至感到幸福。各成员间愿意交往、友好相处、互相帮助，愿意交流，而不是只愿意一个人独处。还要热爱自己的团队、处处维护队伍的荣誉，侮辱了我的团队就等于侮辱了我的人格和我们集体的荣誉，那是绝对不允许的，后果很严重。此外，积极参加团队的集体活动，不能因为个人喜好而有选择性地参加活动，因为你是这个团队不可或缺的一个成员，只要参与这个活动就会受感染，就会融入这个集体。最后，团队的凝聚力体现在运动场上，战术配合默契、士气高昂、整体战斗力强。

团体凝聚的促动目标是使每个成员真正地认识和感受到团结是幸福，团结是力量。这两点可能大家都体会过，如果这个团体非常和谐友好，你在这个团队会感到很幸福，否则会很苦恼。还应该认识到：团结是需要、团结是理想、团结是光荣、团结是胜利。在和别人吵架之后，尤其是女孩子，总觉得我先赔礼道歉好像都是我的错一样。实际不是这样，你先赔礼道歉，先主动和他去说话时应该觉得光荣。团结是灵魂，团结是希望。一个团结的团队处处带着勃勃生机。

增强团队凝聚力的主要途径：沟通和交流——大家相互了解、心理相容。每个人都拥有自己的立场角度和思维方式，不一样的就得拿出来跟大家分享，才能转变不理性的认知，更好地合成大目标。在这个过程中有人得到了改变，学到很多东西，所以沟通和交流在提高凝聚力上起到很大作用，而且它的内涵的价值很深远。不是仅仅说自己是怎么想的，而是从沟通交流中可以学到很多东西。一个人的大脑容量是有限的，而集体的智慧则是无穷的。所以我们要善于通过沟通和交流相互理解，心理才能相容，相互贴近。平常从来不沟通的人经常会有矛盾，所以在和人相处时，一定要重视沟通和交流。

理解和帮助。了解了队友的一些想法、问题甚至困惑的时候，你首先要理解，然后进行帮助，决不能上来就批评，对犯了错误的一方要给予一定的理解，“你这么做在某种程度上我可以理解，但不能接受不能允许”。这样一句理解的话，他就跟你在心理上贴近了。一上来就批评他，他就跟你更加疏远了，甚至把心理的大门关上了，不再跟你交流，所以理解不是简单的纵容，而是为了取得心理上的共鸣。之后你再给他提出建议，才能起到作用。否则他根本不会接受，他会觉得你不理解他，尤其是关于代沟的问题，我的感受很深刻。为什么要善解人意，但不等于纵容放纵，理解以后，有些东西是必须改正的，要将不改正带来的后果分析到位来帮助他，所以在一个团队里就是要取长补短、共同提高。

增强团队意识——荣辱与共、同舟共济。集体荣誉感和责任感：共同的任务，同样的使命，一个团队，一个心声。要达到高度的协调，这个团队的凝聚力不可能不强。

《狼群》讲的是德国的一个老兵，退役以后和狼群生活40年，只为了探索狼群究竟有什么秘密，它们的生活特征，它们有什么人类缺乏的东西。电影版的《与狼共舞》也是谈到狼的一些精神。在增强团队意识方面，我们不妨借鉴一些狼性团队的精神来增强团队凝聚力。《狼性团队精神》这本书提到过，狼是一种神奇的动物，也是团队意识最强、分布地域最广、捕猎能力最突出的群居动物之一。我通过看这些书总结出来狼性团队精神的几个特点。

第一，头狼的领袖地位不可撼动。我这里举的例子就是《狼图腾》里面狼群围剿黄羊的故事，这体现了头狼的地位和作用。狼群形成了一个三面的包围圈，要围剿一大片黄羊，黄羊在这里吃草。这些狼跃跃欲试，但是头狼不动或者不让动，谁也不敢动。为什么？头狼的智力水平很高，它想让黄羊都吃得肚滚腰圆跑不动的时候再去逮它，一逮一个准。时机一到，头狼一个指令，围剿进行。所有黄羊没有地方走了，只有剩下的一面是个冰洞。这是一场很精彩的战斗，体现了头狼的权威性。

第二，团结协作、目标一致，绝不会内讧。如果存在不安分的因素和异己的行为，头狼会马上进行处置，不会发生内讧现象。很多团队内耗太大，团队内的矛盾层出不穷，解决不完。狼群里面的纪律，不像三大纪律、八项注意那么明显，但也清清楚楚的，需要做什么，不允许做什么，所以它们战斗力很强。铁的纪律铸就铁的战斗力，没有纪律的团队是没有战斗力的。

第三，信任自己的同伴。如果能看到自己同伴的优点，信任他，贴近他，你们之间就会产生很多正能量，产生默契，所以战斗起来才能够步调一致。因此敢于将背后交给自己相信的同伴，这是团队不可或缺的一个因素。

第四，承担责任——没有任何借口和条件，敢于担当责任是每个个体的精神灵魂。责任是一种能力，多一份责任就多一份竞争力。在狼群里，大家各司其职，但是我们有些团队却总是不敢担当，相互推诿责任。上述狼群的这些特点，我们可以借鉴和学习。

随着竞技体育的发展和竞争的日趋激烈，如何增强团队凝聚力，怎样做好团队建设，都是提升运动队战斗力的重要问题。关于这个问题我们应该一步一步地来，罗马不是一天建成的，不能一蹴而就。

不同运动员组成了不同特点的团体，而不同特点的团体又形成了运动队的特有风格。很多队伍都有自己的队魂，男篮女篮都有自己的队魂，一些标识、口号，等等。男足也曾经树立过很多集体风格，比如：要像饿狼一样的精神；老虎一样的精神；豹子一样的精神等，都是用那些团体意识很出色的动物来激励人类。因此，团队建设的成功与否将直接影响着运动队的发展和竞技能力的提高，团队之魂就是围绕队伍核心的高度凝聚，会把整个团队的战斗力大大提升。

大量事实证明，团队凝聚力强的运动队必然是一支经得起各种考验，能赢得比赛最后胜利的战斗队伍。为什么特别讲团队精神呢？现在很多任务的完成，要靠团队作战，不能只依靠自己单枪匹马的作战，尤其现在竞技体育飞速发展，每个成功的队伍后面都有一群团队，不再像60年代，一个教练带着一个队员就能出成绩。

现在有的团体叫智囊团，有的叫科研团队，有的叫集体领导等，不管怎么说，团队精神是我们在各个领域都需要发扬，需要重视，需要培养的。

高水平运动员比赛关键时刻发挥失常的心理学研究及其预防

国家体育总局体育科学研究所　黄俊红

在跟队的过程中，我们在运动员身上付出了大量时间和感情，希望他们最终能够得到一个理想的结果，甚至希望他们拿到金牌，成为奥运冠军。但是有时候却事与愿违。如果去分析出现差错的原因，可能跟运动员的心理有关。

比赛是一个非常有压力的情境，比赛的压力会促进运动兴奋性，促使运动员超常发挥。但是，也会产生一些负面影响，导致出现不好的结果，甚至整个比赛的失败。

每次比赛的时候，发挥好的、稳定的选手，值得我们为他喝彩。而对于发挥不好的运动员，我们要从心理学角度来寻求方法帮助他们。在运动心理学有两个非常典型的现象：第一个是克拉克现象，指的是澳大利亚的一个田径选手，多次打破世界纪录，但唯独没有获得过奥运金牌；另外一个是“choking”现象，即高水平运动员在比赛中，运动技能突然下降的情况。

比如在射击比赛中，埃蒙斯是一名拿到过世界冠军的选手，但在2004年雅典奥运会上在领先的情况下，最后一靶却失误了，丢掉了奥运冠军。后来的2008年奥运会，他吸取了上一届的教训，心想：“这次我要好好看看，非常仔细，确保不会出现脱靶这种情况。”在他进行一系列的检索，认真准备的过程中，突然间子弹射出去了，这次的结果当然又很惨，只有4.4环。连续两次的失利，让媒体很好奇到2012年伦敦奥运会时他会取得什么成绩？2012年的伦敦奥运会他又参加了，在打最后一靶的时候，埃蒙斯基本上可以锁定银牌的位置。但是很不幸，最后一发打了一个7.4环，丢失了银牌。这样的一位高水平的选手为什么总在非常关键的时候出错？类似的个案非常多，在其他项目上也存在。比如说网球选手费德勒在各种各样的职业联赛都拿到过冠军，可是唯独奥运会男单冠军没有拿到过。2004年奥运会的时候他在整场比赛中出现了69次失误。2008年男单比赛的时候，没有进入四强。2012年决赛面对的是穆雷，当时穆雷的状态相对来说是比较差的，在奥运会之前的一系列成绩都不太理想，没有达到他的最佳竞技状态。但是，在跟费德勒对抗的时候，穆雷如有神助，整个比赛过程发挥得非常好，最后打败了费德勒。赛后，费德勒在采访中说自己在决赛的时候，感觉自己好像失败了，总是感觉状态不佳。同时，费德勒在整个采访过程中表示他对奥运会看得非常重，他非常希望拿到一枚金牌，却总是事与愿违。高水平选手为什么会在关键的时候出现一些失误呢？这就是我今天要说的“choking”，通俗说就是关键时刻掉链子。它的操作性定义是：在比赛压力条件下，实际表现低于期望或者应有的表现。鲍迈斯特（Baumeister）也对“choking”作了一个界定，他认为在压力情境下，运动表现的下降就是“choking”。我们今天主要探讨的内容不是“choking”的定义，而是什么原因导致了“choking”？

1984年，鲍迈斯特（Baumeister）和斯泰因希尔伯（Steinhilber）调查了1924—1982年的147场棒球比赛。调查结果显示在前两场比赛中，主场的球队更容易赢球。而到最后一场，往往客场的球队优势大一些。另外他们进一步对棒球中具体的技术作分析，到底哪方面出现了问题呢？棒球分为击球和发球，击球和发球之间是相互作用的。所以他们就挑了一个不会构成相互影响的因素，即防守失误。他们把这个因素挑出来进行单独的分析，结果发现在前两轮的时候，主场球队的失误率相对比较低，但到了最后一轮，这一场的失误率显著增加。另外在一整场比赛中没有这方面失误的比赛场次也相对客队来说偏少。他们对决胜赛和淘汰赛又作了细分，发现在淘汰赛的时候，主场球队似乎能发挥出主场优势，观众的支持能够给他更好的影响。而在决胜赛，主场优势消失了。后续鲍迈斯特和斯泰因希尔伯关于NBA篮球联赛的研究也发现了类似的结果，即在势均力敌的决赛情况下，主场球队在最后一场获胜的概率远远低于正常的50%。

其他的学者也发现在复杂、程序化技能项目上，观众支持与出人意料的成绩下降是有关联的。本来观众支持是一个有利的因素，但为什么观众支持最后时刻却带来一个不好的结果？主场都是支持自己的球队，在技能表现完了之后会有掌声，之前会有加油呐喊声，但在表现技能的时候整场却非常安静，因为观众都在期待表现的结果，但这些无形中都会给运动员带来心理压力，这些压力可能会增加运动员的心理负担，这些心理负担可能会变成比赛焦虑。

比赛焦虑在心理上会表现为不安、担忧、紧张、害怕、恐惧等。生理上也会有一些唤醒，如出汗、发热等。关于压力与运动表现之间的关系有很多理论，比如倒U型曲线，即压力、焦虑过高反而不利于运动员表现的发挥。

那么比赛焦虑会对高水平选手的“choking”有直接影响吗？有学者调查了101名网球选手，询问他们是否有“choking”体验并对“choking”体验作一个原因分析。结果发现只有中、低水平运动员认为他的发挥失常是与焦虑有关，而高水平选手在他的“choking”体验表述中没有提到焦虑。所以我们认为高水平选手可能不会因为过度的焦虑或者是紧张而影响到比赛的发挥。因为高水平运动员参加过很多场比赛，已经适应了比赛中的压力情境。

从认知的观点来分析“choking”，丹尼（Danid）认为是比赛压力产生的干扰信息增加了信息加工的负荷，或转移了注意，从而导致运动执行过程被破坏。运动员一边担心，一边比赛，技能执行过程中从单一的任务变成了双任务。这个时候双任务会对技能执行有什么样的影响呢？心理学可以通过分心的研究范式来进行考察。

在每年高考时常常发低烧的学生，如果排除疾病因素，更多的则是心理的因素导致的，这是一个典型的考试焦虑。在这种考试焦虑的情景下，高焦虑的个体在考试的过程中会把注意力分配在担心、焦虑这方面，他们把注意分配在和任务有关和无关的两件事情上，从而导致比那些不存在过度焦虑的个体最后的成绩差。来自学业考试焦虑的这些研究对运动技能也有些启示。分心干扰理论认为，高水平运动员的复杂技能水平表现虽然已经达到了自动化，但是它还是需要考虑注意资源。注意资源一旦被其他任务占用，就会导致运动技能的下降。我们仔细对比了认知任务和身体技能，比如在计算33×22等于多少的时候，却想着晚上吃什么，那这时候就很难得出正确的结果，但一个人是可以一边骑自行车，一边考虑今天晚上吃什么的。身体技能是自动化的，尤其是技能达到比较高的水平的时候是不需要注意资源的。

自动化的技能表现存在这样的特点，在操作的过程当中，有关它的知识会越来越少。比如，问一些高水平运动员，你是怎么样操作的。他往往会想一想，不知道如何去表达。因为技能操作的情景记忆可能会随着技能越来越熟练化以后，陈述性的知识会越来越少，转换成一种程序化的知识。程序化的知识如果要用语言来表述，往往是比较困难的。因为心理学中解释程序化的知识是处在潜意识中，是意识之外控制的。

当技能在变得熟练以后，会表现出自信心提高、注意力集中，技能会越来越精炼。大脑对技能越来越熟练化，专项化的技能的控制过程中，不需要注意资源。

一些学者做了一些关于分心任务的试验，用双重任务范式让一些专家和新手完成一个带球的任务。在带球任务过程中，在没有干扰的情况下，自然而然地完成带球任务。分心任务要求在地上打出一个词，当看到这个词的时候，一边带球，一边要报告所看到的词。结果发现专家在分心任务过程中带球没有受到影响。按照前面提到的干扰理论来说，在有干扰的情况下，注意资源会受到影响。但是该试验结果发现，高水平运动员没有受到影响。因此学者指出该试验的干扰因素是视觉刺激，所以他就用了一个听觉分心任务对这个试验做了一些改进。同样是让被试完成一个足球带球的任务，在这个完成过程中要求一边带球，一边听到一个特定的词以后并报告出来。对于初学者来说，无论你是用哪只脚带球，在这个过程中，他的成绩都会差。那对于高水平选手来说，会怎么样呢？结果发现高水平选手用优势脚带球在双重任务下，带球成绩是不受影响的。

在双重任务下，注意资源、心理资源对于当前的任务十分重要，但当有一部分事情把注意资源占用了，结果会怎么样呢？试验结果显示，对于高水平选手来说，在有干扰的情况下，他的成绩和运动表现不受影响。下面就进一步来分析这种干扰和“choking”之间的关系，前面我们讲技能执行过程当中是需要关注的，尤其是集中注意，刚才的试验也得到这样的结果，初学者无论是哪只脚，只要是在有干扰的情况下，其表现都会很差。在分心的情况下，注意的集中和控制是非常重要的。但是到技能变得自动化以后，这个时候再过多地去关注技能，则会适得其反。因为在外显的、有意识的监控技能执行的过程中，我们会变得像在技能学习的初期一样，把动作分解成一步一步来完成，而不再是一个自动化的连贯的过程。

到了自动化阶段时，从自动启动到结束，是自动来完成的。这个时候，如果再去有意识地监控它，一步一步地执行，就会出现错误。但是在比赛关键时刻会使运动员产生一种策略，即要做得更好，这种心理会让他在大脑中像检索东西一样，检索其动作执行的过程，在检索的过程中，把注意资源从以前比较低意识的或者无意识的技能执行过程转换成了有意识的监控，注意资源也投入的更多了。这个时候就会分解已经自动化的技能。

在比赛有压力的情境下，运动员会有一种比较强烈的意识，要求自己不出错、做到最好。比如跳水运动员的最后一跳，他肯定想要得到一个高分。假如这种想法一旦出现在他的意识里，就有可能影响到技术的运用。因为他对技能进行了监控，监控的结果可能是影响其自动化的技能执行，进而可能会出现失误。Beilock在2002年作了一个研究，考察高水平的高尔夫选手在分心任务的干预下，他的推杆任务是否受到影响。他要求被试注意自己的挥杆，或者一边挥杆一边完成语调判断任务。结果发现，在这种有干扰、有分心的情况下，运动员的成绩要好于自我监控条件下的成绩。自我监控就是运动员一步一步地检查自己技能执行的过程，监控可能是导致运动员运动失败的一个根本原因。这就是我们下面要提到的理论——外显监控理论。

外显监控理论认为，压力情境将会提高自我意识和对正确操作的焦虑水平，这种自我意识和焦虑水平会把注意力集中到我们当前所做的事情上，转向一个特定技能执行的过程，试图做得更好，但结果可能使已经熟练的自动化的技能被破坏。因此可以得出一个结论：自我监控比分心和干扰更加严重

前面提到1984年Baumeister做的一个比赛调查，结果发现在关键比赛中，即在最后一场决胜赛的时候，主场球队更容易输掉比赛，在这里提到了对自己的关注，即自我意识。社会心理学研究发现，自我意识强的个体更容易在压力条件下“choking”，尤其是那些具有焦虑特质的个体。在“choking”现象中，自我意识是一个中介变量，而不是一个直接的自变量。

首先，“choking”在一定的压力情境下产生。压力产生的两种效应会改变注意对执行的分配，一个是分心，一个是意识监控。分心是运动员对比赛情境产生的一些焦虑，从而导致他的分心。另外，焦虑又会使运动员在运动操作过程中出现一种监控自己的表现的倾向性，结果就可能是监控的过程占据了他的工作记忆的资源。

关于“choking”如何去预防，首先来看心理学家所做的一些试验。Beilock等人在2001年做了一个试验，要求被试者在三种不同的条件下去反复地练习推杆，总共做了280次的推杆练习。这三种条件分别是：单一任务组，只完成推杆这个任务；分心干扰组，在推杆基础上加上一个听觉的任务；自我意识组则要求对推杆这个动作有自我觉察。被试者在这三种条件下自由练习，在实验进行的的后半段又增加了一个变量——压力情境。结果发现，相对于低压力的条件，高压力条件下单一任务组和分心组的推杆准确率都出现了下降，而自我意识组推杆正确率随压力的增加而提高。这个试验结果说明，有意识地增加自我意识对高压力条件下的成绩表现具有促进作用。所以该结果认为，只有已经习惯在高焦虑条件下执行任务的个体，才不会在压力条件下出现“choking”，同时也可以减少外显监控对操作成绩的影响。

一些学者发现，在自我关注条件下进行训练，可以避免压力的负面影响，

要在训练中适应压力，习惯在自我关注状态下执行运动技能。在比赛中，新手运动员往往说他在比赛中状态不佳，其实可能是他一直在寻找以前在没有压力情况下的平常训练中的那种感觉，但是在有压力高焦虑情况下的技能表现和平常的表现本来就是不一致的。

关于“choking”如何去预防，可以使用一个重复练习法，即过度学习的方法。这是一个预防“choking”的方式，就是使动作越来越自动化，越来越精简。第二个方法是在高压力条件下的训练，可以在平常训练中，在某一阶段做一个压力情境的模拟让运动员习惯在压力情境下执行运动技能。模拟可以采用很多种方法，比如在平常训练中可以一个月进行一次队内测验，队内测验中的第一名，给予他一些奖励。这是一种制造压力情境的方法，在压力情境下的训练可以让运动员更好地去适应比赛。第三种方式是利用同伴压力。如访谈一位队员，问他：“你们认为是集体项目压力大，还是个人项目压力大？”基本上所有的运动员都认为在团队项目中压力比个人项目更大，这就是来自同伴的压力。我们可以利用这种压力，在队内测验中按照分组的方式，某一组的总成绩达到一个什么样的水平，我们就给予一定的奖励，利用同伴压力去模拟比赛压力的情境。还有一个压力模拟的方式就是提高训练目标，不断地给运动员提出新的目标，制造一定的压力。另外一个方式就是最常用的模拟观众，在训练或者队内测验的时候找一些学生来当观众，也会找裁判打分，还有一些项目，甚至会用到记者。这些模拟真实比赛情境下的队内测验可以提高运动员在压力下的运动表现。与其在比赛的关键时候出现失误，不如运动员在队内测验发现这种情况，及时采取措施进行干预，这样会更好。最后一种方式就是内隐学习训练，马斯特斯（Masters）在1992年做了一个试验，他假定那些以外显方式学习的技能比以内隐的方式习得的技能更容易发生“choking”。所谓外显的方式，就好比在做一个动作的时候，教练会告诉运动员要怎么样去做，会有一个具体的知识化的指导，这是一种外显的方式。内隐的方式就是在学习这个技能的时候，没有获得这种外显的知识、关于技能的方式。试验结果发现，通过内隐学习方式得到的技能在高压力情况下，成绩不会受到压力而出现成绩下降，而外显的方式则出现成绩下降。在技能学习的过程中，技能学习的初期是用知识化的语言来指导队员训练，而到后期，动作已经变得自动化，用这种知识化的语言来指导效果可能会不尽如人意，甚至起到一个相反的作用。所以，对于高水平选手，尤其是在比赛的时候，一些知识性的技术要领的提醒，可能会对其技能表现造成一定的负面影响，甚至诱发“choking”。

下面我们来探讨如何去评估“choking”，即哪些运动员有可能会出现“choking”。在评估“choking”的研究中，我国学者王静，她在这方面做了很多研究，她得出的一个主要结论就是自我意识和运动焦虑在多元回归分析当中解释了35%的变异，即在评估运动员是否会出现“choking”现象时，要考虑其自我意识和焦虑这两个因素。同时有一些队员，比如在比赛中会有很多负面的想法，这些负面的想法，可能诱发运动员的“choking”。另外队员对他的成绩有一个预期，越高的预期他就想做得越好，追求完美。但是在比赛中追求完美可能会对运动员产生负面的影响。因为追求完美会对技能执行进行分解和监控，结果往往会事与愿违。

在评估运动员“choking”风险的过程中，我们发现一些运动员在主场比赛中，往往“choking”风险更大。另外，在面对压力的时候有两种应对的方式：一种方式是一直拖延，等到最后一刻没办法了再去随便应付一下；另外一种方式是争分夺秒，不睡觉也要把事情做完。这两种方式，一种是积极的，一种是消极的。积极的就是指在比赛这种压力情境下，队员会早一些采取方案或策略去应对这样的情境和压力。消极的就是压力是存在的，但暂时不考虑。相对来说，这是一种消极的方式。哪种方式更容易“choking”呢？有研究发现，积极的更容易出现“choking”现象。所以在比赛压力情境下，面对种种压力的时候，认同它而不刻意地抵触它可能更有利于比赛的发挥。

在对“choking”做预防的时候，可以通过不同的方式不同的角度对运动员作一些评估，如果评估的结果很可能出现“choking”，那么就要想办法对运动员做一些针对性的训练。2012年做的一个最新的试验心理学研究是把“choking”和脑电相结合。在运动技能执行过程中，尤其是高水平选手，大脑区域有一个精简的过程。在左侧颞叶，大概在T3这个位置α波的增加，α波是跟放松有关的。放松是大脑处在一种闲置状态。如果你对今天的讲课没兴趣，你可能在打盹，这个时候你的大脑就可能会出现很多α波。高水平运动员在技能执行前的准备时间，比如说射击选手扣板机之前有一个几秒的准备期。研究发现，左侧颞顶区域α波有增加的趋势。颞叶更多的是和语言有关系的，颞叶α波功率的增加，意味着左半球语言中枢处于闲置的状态。还有一些研究了枕叶区左右半球，发现了射击选手在扣动扳机的时候左侧枕叶区α波功率也显著增加。高手在射击的时候不是靠视觉线索瞄准，凭的是一种感觉，不需要依赖视觉等外在的信息。因此可以得出一个共同的结论：左半球在动作执行的过程当中有一个去激活化，处于闲置状态。而右半球处于一个激活的状态，这跟左半球更多负责空间感知有关，即得出在动作执行的过程当中右半球更有优势，左半球则处于闲置状态的研究结论。这一研究结果对于我们的启发就是，在技能执行过程中，控制的、有意识的，反而可能会得到一个更差的表现。不控制、自动化地去完成，可能结果会更好。

这个实验用的是用手握球的这个简单动作，握着一个软球，用手挤压球。将被试在技能执行之前，分了两组，一组被试用右手握球，另一部分被试用左手握球。当被试做完这个动作后，在压力情况下完成他的技能。试验结果发现，三种不同的压力情境，得到的结果基本上都是一致的，在压力条件下，左手捏球激活的是右半球，右手捏球激活的是左半球；左手捏球激活的右半球对后面“choking”风险的降低更有效，运动成绩相对来说更好。

这个试验给我们一个什么启示呢？很多运动员在比赛前会有很多的例行准备活动。我们可以用这样一个很小的技术去激活他的右半球，把它放到赛前例行的一个动作中，即在动作执行前，使右半球处于一种相对活跃的状态，而不让左半球处于一个相对活跃的状态。这个试验对于运动员例行行为动作的安排有一定的启示。

上述说到这么多技术，可以和训练、例行活动相结合。如果这些活动都做完了以后，这个队员还是“choking”，这个时候可能就需要运动心理学工作者开展心理辅导。

首先，在压力情境下如何想、如何做是非常关键的。高尔夫选手老虎伍兹，他的教练说，在大赛中保持清心寡欲是不可能的，这是很难做到的一件事情。所以我们经常要求队员，保持平常心。但是平常心，是很难做到的。与其让他保持平常心，不如说你在这个比赛情境下想什么是恰当的，想什么是不恰当的，去引导运动员想合理的东西，比如说在压力情境下的比赛中，会有很多新异的刺激——观众、裁判，等等。我们可以通过前面的过度学习去练习、习惯它。但是这些新异刺激也会对比赛造成影响，按照监控理论，技能会有监控或会有一个不恰当的指导。这个时候我认为关注的不应该是外在的刺激，而是关注技能执行过程的反馈点。运动员在执行复杂技能的时候不断会有一些反馈的信息，运动员应该关注反馈及反馈的结果，通过这个反馈去不断地调整后面的动作。

我们可以引导运动员怎么样想以及想什么。比如有学者做了一个试验，考察了不同水平的高尔夫选手，将其分为两组，在内部注意指导条件下要求选手注意集中在挥杆动作上，一边做动作，一边想怎么样挥杆，一边想挥杆的力量等等。在外部注意条件下要求选手集中注意在击球上，如何让这个球更接近目标，让他更多看击球的目标，结果发现高水平选手在外部注意指导中表现得更好，关注更多的是击球的挥杆动作。

如何干预“choking”，干预什么内容呢？有学者研究发现，在技能执行过程当中，还是需要注意，但注意指向身体动作的结果和注意指向动作的效果会有一些差别。他发现集中注意的外部指导比集中注意内部的指导成绩会更好。很多类似的研究都得到了相似的结论。关于技能执行过程中，如何去注意，如何去指导，每一个专项都不一样，这就需要我们各自去开发。

当你遇到一个真正“choking”或者已经“choking”过的个案，要怎么去做？对“choking”经历的分析是很重要的一种手段。了解运动员在什么情况下，什么原因导致“choking”。另外就是对运动员做一个评估，这个评估不仅仅适用于已经“choking”的队员，还适用于有“choking”风险的队员。在对“choking”现象做预防通常会包含心理辅导，通常需要3～5次的心理辅导，其次，注意力集中训练需要结合运动员技能执行的过程。另外就是赛前3～5分钟行为程序的制定，把一些合理的规范加进去。最后是期望目标合理化，可以尽量避免“choking”。

优秀运动员竞训过程中的心理应激与恢复调控办法

上海体育科学研究所　郑樊慧

应激是一个多学科研究的课题，心理学工作者和医学工作者从不同角度对这个课题展开了研究，并且取得了一定的成果。在学术研究领域，“应激理论之父”被给予了加拿大生理学家赛里，他主要从医学的角度展开了一系列研究，他把应激看成是机体受到各种内外环境刺激因素时所出现的一组症状。他认为，人体处于各种不同的刺激之下时，如冷、热、缺氧等，都可以产生同样的应激症状，他把这些症状称之为全身性适应综合征（GAS）。这种症状的产生可分为三个阶段：警觉期、抵抗期、衰竭期。因为赛里的理论主要是从医学的角度出发，他没有看到在应激中心理的作用，比如说同样面临着应激，不同的人对这件事的评价和看法不同，所以产生的应激反应也存在差异。20世纪30年代，梅森（Mason）、拉斯路（Lazarus）等研究者注意到心理因素（对应激产生）的影响，提出心理不适在中介生理应激反应中的重要性，一切有效的应激源都伴有心理成分。在随后研究者的基础上，提出了现代应激概念：个体在觉察需求与满足需求的能力不平衡时，倾向于通过整体心理和生理反应表现出来的多因素作用的适应过程。从这个概念可以看到，它不只是强调了生理上的反应，更多地强调了在这个反应过程的中介变量，其中中介变量包括认知评价、应对方式、社会支持、个性等。

一、应激源、中介变量和应激反应

凡能引起应激反应的因素都可称之为应激源，应激源涉及范围广泛，包括外环境因素，比如温度、束缚、强光、低氧等；个体内环境因素，比如血液成分的改变、性功能的下降；个体社会环境，比如工作压力、人际关系紧张等。目前，人们趋向于把应激源分为躯体性应激源和心理性应激源。躯体性应激源是指对人的躯体直接发生刺激作用的刺激物，包括各种物理、化学和生物的刺激物，其中也包括一些病理性生理变化。心理性应激源是指来自人们头脑中的紧张性信息，比如心理冲突、人际关系紧张、不祥预感等。这些中介因素中，讨论和研究比较多的是以下五个方面的因素，即认知评价因素、应对方式因素、社会支持系统因素、人格因素和应激反应因素。

第一，认知评价因素。评价是指个体对遇到的生活事件的性质、程度和可能的危害情况作出估计，包括初级评价和次级评价。初级评价涉及的是应激源与人的利害关系的评价，比如说一个刺激对个体来说是伤害或是挑战，会导致人产生不同的应激反应；次级评价是对刺激的应对能力的评价，即个体自己有没有能力处理外界提出的要求和挑战。这个认知评价因素在心理学发展过程中受到了重视，认知交互作用模型中特别提到了应激评价在应激源和应激反应之间起到了中介和调节作用。对运动员来说认知评价也至关重要，比如在比赛当中，运动员面临任务或同样的对手，认知评价的不同会导致生理反应的不同，最终会影响运动的成绩表现，教练员在平时的工作中会遇到很多这样的情况。

第二，应对方式因素。应对方式是指面临外界需求或挑战会产生不平衡状态，个体为维持自身平衡状态而采取的措施和方法。现在对应对策略的研究比较多，而且研究的深度也逐渐加深。应对方式从指向性上可分为问题关注应对和情绪关注应对，从作用上可分为积极应对和消极应对。

第三，社会支持系统因素。社会支持是指在面对应激或外界要求时人们可利用的外部资源。它的作用是帮助运动员减轻应激反应，社会支持可分为客观支持和主观支持。客观支持是指一个人与社会所发生的实际联系的支持程度；主观支持是指个体体验到在社会中被尊重、被支持、被理解和满意的程度。

第四，个性特征因素。个性特征包括个性倾向性和个性心理特征，个性倾向性包括需要、动机、价值观；个性心理特征包括能力、气质、性格等。个性影响个体对一些事件的感知、评价方式和应对方式，而且与社会支持有联系，所以说个性与应激反应的形成和程度密切相关。

第五，应激反应因素。应激反应是指个体因为应激源所致的各种生物、心理、社会、行为方面的变化，常称为应激的心身反应。生理上的反应包括心跳加速、出汗等，对生理反应的测量是确定运动员应激程度的重要指标。除了生理反应外，还包括心理和行为上的反应。心理上的反应包括情绪上的反应，比如焦虑，焦虑是运动心理学研究比较多的一个方面；在应激状态下我们经常会出现思维减缓、记忆力下降等认知上的反应，还有战斗和逃避的行为反应等。

在运动心理学领域中，运动员的应激问题是研究的热点问题之一，主要包括运动中的应激源、运动中的心理应激对运动成绩的影响、应激管理程序的训练、运动员的应对策略、应激的心理学测量等方面。

不同的运动项目都有关于应激源的研究。国内外的研究者主要是通过访谈、问卷调查等做了大量研究来发现哪些因素最容易引起运动员的压力反应。古尔德研究了拳击运动员面临的应激源，其中包括害怕失败、能力不足、失去自我控制、内疚感、社会性评价、身体状况。斯坎兰德研究了花样滑冰运动员面临的应激源，其中包括比赛消极方面、重要他人关系不好、滑冰应具备的条件、创伤性体验、内心冲突困惑。石岩对我国高水平运动员的参赛风险与应对策略进行了系统研究，研究项目涉及七个，对运动员的应对策略也进行了细致的研究和分类。其中，我国高水平运动员的参赛风险包括心理风险、地理气候风险、社会支持风险、场地器材风险、技术风险、裁判风险。刘淑慧对射击运动员比赛时的心理问题进行了研究，这些心理问题包括想赢怕输、害怕比赛、比赛前考虑结果太多担心发挥失常、关注比赛结果带来的社会补偿（如奖金等）等。李春满、马冰等对我国职业足球运动员的应激源进行了研究，这些应激源有比赛成绩的压力、缺乏自信心、自我心理调节难、外界干扰、竞技状态的保持、身体疲劳、教练和队友的指责、竞争的压力、集体凝聚力问题、目标管理和体能测试。加拿大心理学家安歇尔研究了运动员比赛时常会遇到的一些急性应激源，其中包括身体和心理上的失误、被教练员批评和斥责、发现被对手欺骗的行为、经受剧烈的疼痛和紧张、被裁判训斥和处罚、对手得分或表现得非常出色、天气恶劣或场地糟糕、人群嘈杂。晏子（2004）把我国部分高水平运动员训练和比赛中的应激源归纳为身体方面、心理方面、重要他人方面、环境方面、训练和比赛中的逆境和其他方面。

二、心理应激的监测和应用

心理应激监测方法可分为心理学的方法、生理学的方法、生理化学的方法。心理学的方法主要是比较传统的心理量表法，包括心境状态量表、运动员心理应激量表、运动员恢复—应激问卷，这三个量表是运用比较多的。生理学的方法主要是测量生理指标，包括心率、血压、皮电、脑电等。生理化学的方法主要是测试唾液皮质醇、血液（尿）儿茶酚胺，通过这些指标的测试可以反应运动员的应激程度。下面给大家介绍一些研究成果。

（一）心理学的方法

1.《POMS量表》

这个量表引用的比较多而且比较好用，因为它相对来说简单，测题量适中，在体育中经常用的是新编制的简式POMS（Profile of Mood States）量表。POMS量表最早用于临床，之后才运用到体育上。目前，朱蓓里教授对这个量表进行了修订。研究者用这个量表进行了十几年的研究，得出的一些结论可以较好地运用到体育事件中。这个研究有以下几点可以进行参考。（1）成功的运动员表现出的心理健康模式是“冰山曲线”，不成功运动员的剖面图比较平坦。他认为心理健康模式可以预测运动员的成功，是评价运动员潜能的有效工具。（2）在过度训练期间，运动负荷与运动员的心境状态的紊乱呈“剂量化反应”关系。“剂量化反应”是指随着运动负荷的增加，运动员消极情绪逐渐增高，积极情绪下降。（3）当训练量突然增加时，对于过度训练产生的影响来说，主观评定可能比生理指标更为敏感。（4）在过度训练期间，成绩出现下降或有疲劳症状运动员的心境状态紊乱程度更大；在运动量降低后，他们的心境状态紊乱的现象也没有完全改变。

2.《运动员心理应激量表》

该量表由我国学者谭先明编制，包含45个条目，6个维度：人际关系、运动受伤、比赛失利、环境因素、日常生活遭遇、内外压力。谭先明老师运用该量表对棒球运动员、排球运动员作了研究，得出了一些有意义的研究结论。

3.《运动员恢复—应激问卷》

这个问卷由德国学者凯尔曼编制，主要测量运动员的身体和心理应激程度及个体能否使用个性化的恢复策略和使用何种策略。凯尔曼把应激界定为个体对外界刺激（应激源）的一种非特异性的身心综合反应，它以机体偏离内环境的平衡状态为主要特点；把恢复界定义为重新达到原有的操作表现水平时的个体内和个体间的多层次（心理的、生理的、社会的）过程，应在最佳的外部环境中采用主动性的恢复措施，以建立和补充个人心理和生理资源；恢复—应激状态代表人们的心理/身体应激程度和人们能否使用个人策略进行恢复及使用何种恢复策略。他把运动员应激和恢复之间的关系解释为“剪刀式交互关系”，随着运动员应激负荷的增大，恢复也相应地增大，由于时间的限制运动员承受较大的负荷而没有完全的恢复。根据凯尔曼的理论，该问卷分为一般生活中的应激和一般生活中的恢复。一般生活中的应激包括总体型应激、情绪应激、社会应激、冲突压力、疲劳、精力缺乏、身体不适，一般生活中的恢复包括成功、社交的恢复、身体恢复、总体感觉良好、睡眠质量。该问卷又可分为运动中的应激和运动中的恢复，运动中的应激包括休息受干扰、心理耗竭、易受伤，运动中的恢复包括身体健康、个人成就感、自我效能、自我调节。这个量表比较好，不仅考虑到应激，还考虑到恢复。结合实际，参考其他量表，对这个量表进行了删改，编制了《中国射击运动员恢复—应激问卷》和《中国射箭运动员恢复—应激问卷》，对中国射击运动员和射箭运动员进行了相关研究。

在备战亚特兰大奥运会前，凯尔曼等人利用该问卷对德国划船队的11名运动员进行了监测。11名运动员一共测试了4次，对正式参加奥运会的8名运动员在预赛前又测试了一次，测试时间为：T1（到达训练基地时）；T2—T3（训练期间）；T4（出发前）；T5（预赛前两天）。研究结果表明，随运动量的增加，与应激有关的分量表分（身体不适、精力缺乏、受伤）有显著性的变化，它们随运动量的增加而增加，而与恢复有关的分量表（身体健康）则呈相反的变化。对正式参加比赛的8名运动员在训练基地的最后一次测试与预赛前的配对T检验发现，情绪应激分量表分有显著性差异，社会性放松分量表分有显著性差异。

其他研究如：（1）《不同训练期间移动靶运动员恢复—应激状态变化特点的研究》（郑樊慧，2009）；（2）《比赛前后不同阶段移动靶运动员恢复—应激状态变化特点的研究》（郑樊慧，2009）；（3）《射击运动员恢复—应激状态的个案研究》（郑樊慧）。

（二）生理学测试方法

1. 利用脑电对运动员应激时情绪状态的研究

美国戴维森（Davidson，1998）经过长期研究提出，在安静状态下，左右前额的不对称性与人们的正负情绪、趋近及回避性行为有关，即左前额的激活与积极的情感和接近性的行为相联系，而右前额的激活与消极的情感和回避性行为相联系。

2.《飞碟多向运动员比赛前后恢复—应激状态的监测研究》（郑樊慧，2005）

3. 运动员脑电个案研究（郑樊慧）

（三）心理应激的生物化学测试方法

生物化学的方法：血液（尿）儿茶酚胺、唾液皮质醇《运动员比赛心理发挥状况与儿茶酚胺排出量和状态焦虑关系的探讨》（张忠秋，1997）中提到生物化学的方法：血液（尿）儿茶酚胺、唾液皮质醇。

三、心理应激的干预及调控

从应激源到产生心理、生理、行为反应进而影响健康、疾病、成绩，要经过社会支持、应对方式、认知评价、个性特征等中间环节。由此，将临床干预和预防应激分为三个层次，称为三级预防。第一级预防称为应激源预防，通过消除或回避应激源来实现；第二级预防调节中介变量，设法更好地应对应激以降低不良的应激反应，如改变对应急事件的看法；第三级预防调节应激反应，控制好应激反应或者利用放松、体育锻炼、社会支持来减轻应激反应。如果前面三级预防未起到相应的作用，还有四级预防即临床治疗，来帮助运动员缓解减轻应激压力。可以通过以下具体措施来帮助运动员应对应激压力：

（1）消除、控制或回避应激源，例如信息回避、做好准备和整理活动、建立应对策略库、模拟训练等。

（2）帮助运动员正确认识比赛，树立自我对比、超越自己就是成功的观念。

（3）提高运动员的自信心，形成积极的自我意象。

（4）注重恢复，积极主动地预防疲劳和伤病的发生。

（5）帮助运动员了解和掌握心理调控技能。

（6）帮助运动员构建良好的社会支持系统。

（7）利用先进的仪器帮助运动员应对心理应激状态。

第四章

不同类型竞技运动项目实施心理调控与训练的有效探索

田径运动员的心理训练和调控

国家体育总局田径运动管理中心　冯树勇

田径有一些特点：第一，田径是最为普及的项目，在全世界每个角落都是田径，每个学校都开有田径科目；第二，田径对身体条件要求很高，是以体能为主的一个项目，而且是以个人为主的，要想达到世界最高水平，没有好的身体条件是非常困难的；第三，田径是以竞技体育为中心。

田径的影响力在所有竞技体育中是非常大的，尽管中国的田径水平还比较低，但是，在世界范围内，田径的项目影响力却是非常大的。在奥运会中参赛国家和地区最多的参赛项目也是田径，最多的能达到204个，少的时候也是200个左右。田径项目的参赛运动员也是最多的，一届奥运会参赛运动员人数是10000人左右，而田径参赛人数是2000多，所以田径在所有项目中占了很大的比例。还有田径项目的观众也是最多的，很多次奥运会从第一天起基本都是座无虚席。

田径还有一个很重要的特点，它是挑战人体极限能力的一个项目，田径首先属于个人项目，其次跑得快，跳得高，投得远，需要运动员发挥极限运动能力，包括速度、力量、爆发力等。还有一个很大的特点是要求技术非常精细，田径是体能为主的项目，运动员的体能决定能不能达到很高的运动水平，但是，很多田径项目中的技术起到了非常大的作用，特别是田赛项目中，技术需要非常精确。比如跳远、三级跳项目中的助跑，从助跑到开始起跳，短短的二十几步包含了很多精细技术，很多因素会影响到运动员是否犯规，如踩不到起跳板，或者在接近起跳板的时候会捯小步子，跨大步等等，其实这都包含了很多精确的技术环节，受到很多因素的影响，其中包括心理变化。

竞技体育强国的标志之一是田径的发展，从体育大国到竞技体育强国迈进重大的一步就是我们在奥运会田径项目上取得5～8枚金牌，这个时候可能接近于实现目标了。最后，田径还是各项竞技体育的基础，就是跑、跳、投是各项竞技体育中的基本技能，而且身体素质的发展都离不开这些形式，并且在全国范围或者世界范围内很多项目的冠军或者奖牌得主以前练过田径。

我今天讲的内容主要是以下四个方面：一、心理素质和心理训练的重要性；二、赛前和赛中的主要心理问题；三、产生心理问题的主要原因；四、培养运动员心理素质、调节心理状态的方法。

一、心理素质和心理训练的重要性

首先，要强调一下心理训练的重要性。第一，心理活动随时都有，它是看不见摸不着的，挺神秘的，但是我们也不要把它神秘化。一些专家，特别是心理专家，能够把它尽可能地简单化，能够把它融入到日常的训练、比赛甚至生活和学习的各个方面。在这个过程中很自然地、简单易行地、可操作地体现在运动员和教练员身上。第二，心理训练的重要性体现在更高水平的训练比赛过程中，越是高水平的竞争，它的重要性越强。在奥运会、世锦赛这样水平的比赛中，取胜的关键往往在于心理素质，当然基础是素质水平和技术水平，而心理是保证技术和身体素质水平发挥的重要保证。当然这种保证是看不见摸不着的，它到底发挥了多少作用，它到底影响多少，可能我们没有办法去很准确地衡量，因为它不能像时间一样可以用秒表去测量，像距离一样可以用皮尺去测量。但是我们必须要认识到心理的重要性。第三，心理是竞技状态和参赛能力的重要组成内容，在重要比赛中减小个人成绩衰减程度，提高赛中能力发挥程度起到重要作用。经常关注田径比赛的人能注意到，世锦赛或者奥运会在运动员成绩出现之后，还会有SB（Season Best）和PB（Personal Best），SB是当年运动员最好成绩，PB是个人最好成绩，在大赛中，尽可能多地出现这种字幕，说明运动员通过赛前的训练、赛前准备和赛中的发挥，可以发挥出最高的运动能力，这是非常重要的，而在此过程中，心理是重要的保证。其实，教练员和运动员要非常清楚地认识到这一点，不能只练身体不练心理。比如我们的优势项目体操、跳水、羽毛球等，虽然有心理老师经常与队员在一起，但是很大一部分项目没有心理训练。竞技体育的竞争是全面的竞争，其中包括心理。但遗憾的是，在竞技体育项目中还存在着很多重视技术训练、轻视心理训练的现象，或者根本没有心理训练，他们大力研究技术训练、素质训练，对心理训练不够重视或者缺失。特别是在田径项目中还有很多教练员不够重视，不太相信心理专家的评估，觉得没多大用处，这是错误的。教练员应把心理训练与技术和体能训练放在同一个层面上，重视心理是非常必要的。

二、赛前和赛中的主要心理问题

心理训练和心理调控解决的主要问题是让运动员在赛前（训练中也存在，但是最主要体现在赛前）做到尽可能的放松，也就是尽量做到赛前、赛中与训练时候是差不多的心理状态，即训练中的心理状态在比赛前、比赛中发生最小的波动，这是我们需要达到的目的。

过去有一些运动员，当他们比赛结束后却没办法很清楚地回忆起当时完成比赛的过程。很多第一次参加大赛的同学也有相似的感觉，从心理方面客观地说，就田径来讲，新一代的运动员有了很大的变化，也可以说是取得了很大的进步。

主要是有以下几个原因。第一个是国家的强大，中国经济水平的提高，包括所受教育的改变。过去我们去演出和参赛，总觉得自己不够强大，他人是强大的，从这个起点上就输了一大截。第二，我们跟国外的一些教育理念存在差别，强调谦逊谨慎。在这种情况下，运动员的斗志和张扬的个性都是有压抑的。

所以说现在新一代的运动员真的发生了很大的变化。田径运动员在比赛中展现了一个更好的形象，包括更有底气、更有自信，更善于张扬自己的个性和霸气，更善于表现自我等，在良好的心理训练和一些专家的帮助等下，随着时间的推移可能会越来越好。

下面再讲讲在赛前赛中田径场上经常出现的一个问题——特别容易紧张。一个心理学的词叫“焦虑”，赛前出现的比较多。任何年龄的运动员或者是每个教练参加大赛的时候都会有压力，不论是那些带过运动员或者当过运动员的老师、教练，还是带过课但没参加很多比赛的都会有一定的压力。他们也会面临同样的事情，有时候考虑太多，可能考虑的是不该考虑的东西。比如比赛的结果会产生什么样的后果，比好了会有一些奖金、荣誉，比不好会有一些人看不起我，面子不好受，或者在比赛前只考虑怎么去得名次，要得什么奖牌或者是期望值太高。最大的问题就是刚刚我所提到的，还有昨天晚上可能吃饭吃不好，睡觉睡不好，而且这些事情有时候很难察觉，作为管理人员或者教练员，不是特别了解运动员平常的一些行为举止可能发现不了。

运动员赛前各方面训练情况、测试的技术能力表现都非常好，但是过了几天上场比赛就感觉像换了一个人，这怎么回事？后来经过了解，体力和精神上的消耗在比赛前就开始了，而且特别大。有很多这样的例子，造成的影响无法估计。焦虑是无法避免的，参加重大比赛时焦虑确实会对心理造成很大的影响，焦虑的程度不同造成的影响和后果不同，所以我觉得焦虑对运动员的发挥影响最大，通过心理训练可以改善焦虑，让运动员在比赛之前能睡好觉，吃好饭，能够在心理上平和，比较清醒地完成赛前训练和比赛的过程，这是比较理想的。还有其他的一些现象，可能都受焦虑的影响，一种是精神不集中的问题，赛前赛中都会出现，也就是说运动员不知所措、比较茫然、忧虑过度、完成动作的过程不清楚，这可能跟缺乏锻炼和精力匮乏有关。当运动员首次进入奥运会的赛场或者首次进入亚洲的比赛，面对很强的对手的时候，经常会出现这种问题。

第二是害怕且没有自信心的问题。这个在赛前赛中都会出现，一般是因为运动员实力不够，基础不牢，在比赛中会遇到很强的对手，这时会有一种害怕的心理，不自信，当然也和经验不足有很大的关系，因为没怎么参加过比赛，加上有强手在的时候都是非常容易出现的。还有一种是信心过度的问题，这种问题在田径运动员身上经常出现，运动员练得非常好，具有一定的实力，但是信心很难集中在他的观念上，对兴奋情绪掌握不好，造成在比赛中动作难以控制。前面说了田径运动中有很多需要技术，完成非常精确的项目，比如标枪，信心过度、兴奋度过高会对完成技术方面造成很大的影响。

另外一种就是兴奋性低，运动员的形态动作比较麻木、呆滞，这个经常出现在训练不太好的运动员身上，换言之就是缺乏斗志和信心，反应慢、灵敏度低、技术也不行，田径运动员参加大赛时会面临这样的情况，但是有些运动员明知实力不够却很有斗志。

比赛的前提是发挥出自己的水平，通过这样的比赛虽然可能无法取得很好的成绩，战胜不了对手或者是得不了奖牌，我们尽可能地做到最好，这就是一个很好的经历，同时也积累了很多经验、也得到了锻炼，对今后也有所帮助。但是如果像前面所叙述的，参加比赛却没有收获，有些运动员参加过两次奥运会、三次世锦赛还有一些其他的比赛，但最后还是会失败，这跟他们的一些参赛过程有关，虽然有参赛经历，但并没有积累下来经验。很多心理问题跟实力和精力有很大的关系。举一个张培萌的例子，早期的时候他被称为“天才少年”，身体条件不错，出生于田径世家，父亲以前是全国撑竿跳纪录保持者，母亲也是田径运动员，张培萌身高一米八多，在短跑项目里面身体条件是比较出色的，在比较年轻的时候获得了不错的成绩，所以一直被寄予厚望，被人们称为田径短跑方面的“未来之星”。但是他却存在很多问题，其一是不专心训练；其二是在起跑、加速方面存在问题，体型大是他的弱点，特别是之前与广东的苏炳添一起比赛的时候，苏炳添爆发力极好、起跑速度快、加速快、反应快，在前50米优势比较明显，所以这个过程造成了张培萌心理上的问题，与苏炳添一同比赛就会缺乏信心，却总是克服不了这个问题。通过一些专门的训练，他在起跑方面得到了一定改进，更重要的是通过这方面的改进，增强了他的信心，日后再与苏炳添同场竞技时，他信心百倍。这是教练员的一个重要任务，经常跟运动员沟通，了解运动员的想法和做法。

三、产生心理问题的主要原因

缺乏参赛经验是造成心理问题的一个重要原因。任何运动员都需要经历，我们也很难期望一个年轻的运动员，没有参加过奥运会比赛就能够发挥十分出色的表现，但也有不少例子，更多的是一些优势项目的运动员。没有经历就想做好，确实难度大，比如参加新闻发布会，没有这样的经历往那一坐，下面坐着几百个记者，很多台摄像机对着你，可能就十分困难，但有过这样的经历，后面都不是问题了，所以对运动员来说，当参加了一次奥运会，再回来参加一次亚洲的比赛或国内的比赛，其紧张、焦虑的程度将会减少很多，心理状态将会显著改善。所以说，参赛经历是非常重要的。

压力太大造成的消耗根本无法估计，还有就是实力比较差、关键技术上存在问题、心虚等，都会造成了很多心理问题。

教练员不在现场也是很大的影响因素，即运动员独立临场。因为平常训练的时候，教练员缺乏对这方面的锻炼，离开教练就不知道如何进行比赛也会造成心理问题。还有一些其他因素，如计划不周，出现新情况，措手不及。

四、培养运动员心理素质、调节心理状态

首先，很重要的是运动心理学现在是国家竞技过程中非常重要的一方面，对运动员帮助很大，现在有很多运动心理专家，作为教练员，我希望有机会和这样的专家多请教，针对运动员存在的一些问题可以请他们帮忙解决。现在还有大量的书籍，我们也可以去寻找一些具有启发性的心理学书籍。

但是，在运动实践中，教练员起很重要的作用，当然还有训练管理工作者。如果他们能够重视这个事，花点时间，对心理训练有基本的了解，比赛实

践过程中可以了解一些具体的情况。这样做可能对运动员的心理训练方面和调节方面发挥一些作用。运动员和教练员朝夕相处，而心理的活动，无处不在。教练员有很多的时间跟运动员在一起，我当教练的时候跟运动员说："我跟你们在一起的时间比我跟我儿子在一起的时间要多很多。"教练员要了解自己的运动员，最好能做到心理训练的一些内容，可以在生活、训练的各个环节中进行，融入其中。另外，教练员熟悉每个运动员的脾气、性格、特点，他采取的措施针对性会比较强。教练员进行心理训练，要做到以下几点：第一，要了解运动员的类型；第二，了解运动员产生心理问题的真正原因，了解运动员的想法；第三，要寻求解决问题的有效办法，如咨询心理专家。下面是一些具体的做法。

第一，要尽量多参加比赛，比赛在某些时候比训练更重要。从运动员的心理角度来说，多参加比赛，特别是高水平的比赛，对增长运动员经历和经验是很重要的。但遗憾的是，一些教练不愿意让运动员多比赛，他觉得比赛过多会影响他的系统训练。实际上，在田径项目取得成功的运动员都表现出一种心理状态很好的现象。刘翔也是这样。好多人都认为刘翔的心理状态特别好，他一到比赛就展现出了他的自信。2000年，他第一次参加世界青年锦标赛，赛后他却不知道之前是如何跑完比赛的。但到了后期的比赛，对于跑过的每一个栏，哪个栏好，哪个栏不太好，他都能明确地回答，他表现出了一个很好的心态。世界冠军、奥运冠军，也是这么经历过的。当然也不排除有个别运动员，天生就很独特，经历不多，但他能放得开。但是我鼓励运动员，不管先天条件如何，基础水平好坏，多参加比赛必然是一个很好的结果。

第二，确定实际合理的比赛任务，最好是确定成绩而不是名次。实际上，这些年在参加世锦赛、奥运会的时候，这个环节一直存在。过去我们"定指标"，每个运动员的目标是必须要保证争金保牌，争牌保前六，争六保前八等等，这是不太切合实际的，因为田径比赛，不是你能决定名次的，还要看对手的发挥。你所能决定的，就是自己能达到什么水平。你希望成为冠军、前三名或是前八名，这只能增加你的压力。所以我们都是根据运动员的训练水平，根据他在个人的比赛中的稳定水平确定一个目标。我们更多地希望运动员能够达到这个成绩的目标，不考虑最后取得的名次如何，能表现出来目标的成绩，就是最好的。这样容易增强运动员的信心，减少压力。

第三，很重要的一点，运动员的实力如何，不是绝对的。但是实力变强了，运动员的信心自然会增强，他的心理问题就会减少。

除了增强实力外，还需要注意提高技术的稳定性、把握性，争取比赛的主动性，压制住对手。有很多项目要求很高、很精准的技术。如果没有一个稳定的、有把握的技术作为保证，运动员的心理是不安全的。同时根据田径比赛的特点，采取主动。何为主动？比如跳远，第一跳的成绩是8.3米，这将给对手造成很大的压力。这样的例子有很多，在1991年世锦赛上，我国一名女运动员获得了标枪世界冠军，实际上她的实力比当时的德国选手要差，但是她第一枪投到98米，使得德国选手开始急躁，可是越追越不行。标枪不是用力越大投得越远，它的力量需要集中在标枪的长轴，力量跟长轴能保持一致的时候，才可能投得更远，当然还取决于角度因素。这样的例子非常多，如李金哲，北京队的跳远运动员，他能够在比赛中获得优异成绩，更多地来源于他的技术的稳定性与把握性；李艳凤和张文秀这些多次在世界大赛中取得奖牌的运动员，也是通过技术的稳定性与压制住对手取得好成绩。

第四，提高适应各种环境和条件的能力，尤其是雨天比赛，下雨对田径多个项目影响很大。撑竿跳项目，竿上若有水，将增大握持难度，需要在竿弯曲瞬间施加更大的握力，否则易脱手，带来安全风险；在这种情况下，关键在于保持积极心态，避免自我设限。适应以后，挑战会相对减少。面对不利条件，如顶风，应持有平等的视角，认识到客观条件对所有人都是一致的，差异仅在于心理影响。无畏风雨的心态至关重要。简言之，需强化心理调适，以积极态度应对多变环境。

第五，有意识地培养运动员的独立能力，培养其自我反思与总结的习惯。比赛中，运动员应自主评估表现，明确优劣点及注意事项，能够在教练员不在的情况下自己知道如何做。在个人项目中，由于教练可能不在场，运动员需具备自主调整能力。如链球运动员与跳高运动员，在教练不在场时，仍能凭借自我反思与调整，展现出出色表现，他们会在比赛间隙思考并规划下一轮的策略，确保稳定发挥。这种独立性与自我管理能力，对运动员的成长至关重要。

第六，引导运动员，特别是在赛前，要专注于自己的发挥水平与技术细节，减少名次与胜负的杂念等。教练员需主动与运动员交流，了解其想法。以我国铅球运动员巩立娇为例，她多次在世界大赛中获得奖牌，虽身高不及其他世界冠军，但是，凭借卓越的技术和良好的心理状态，也能在世界大赛中取得不错的成绩。

第七，赛前不要给自己太大的压力，尽力而为。当然，也要因人而异，也有人说，不给压力，他就没有斗志，可能部分运动员是这样的，这就需要教练员去深入了解运动员的特性。

第八，赛前训练中，特别是临近比赛时，应该以表扬、鼓励为主，增强自信心。如果赛前状态不佳，此时，教练可适度采用“策略性鼓励，即所谓的“假话”，这对运动员心理具有显著影响。例如，运动员丁少群，一旦得知自身在60米跑道上跑出6.15秒成绩，便会信心大增，状态迅速提升；但若被告知是6.25秒，其表现便会大受影响。因此，教练员要深入了解运动员的特点，根据其心理需求进行适度调整，保证运动员有自信心。领导和教练员的心理状态至关重要，若教练员和领导心理状态不佳，则难以要求运动员维持良好的心理状态。赛前与赛中，教练员（包括领导）的表现很重要，能否保持镇静、自信，对运动员有很大的影响。如张景龙教练火爆脾气影响了李艳凤的比赛表现，后经调整，张教练的转变带动了李艳凤的转变，验证了教练员与运动员之间的紧密联系。球类运动大多数是集体类项目，是需要队友之间的相互配合、互相支撑的团队项目，影响不至于太大。但是田径作为个人项目，运动员在赛前更易受到教练状态的影响，与团队项目相比，其心理压力更为显著。因此，教练与领导需具备强大的心理素质，以稳定自身状态，进而为运动员提供有力的心理支持。

第九，充分利用团队的力量。比如，在伦敦奥运会中，我们组织了一个很强的啦啦队，同时得到了广大留学生和华人的热情支持，为运动员营造了浓厚的比赛氛围，极大地鼓舞了运动员的士气。此外队友之间的默契配合也是运动员在伦敦奥运会上取得优异成绩的原因。这种团队协作模式对于提升运动员的自信心和竞技状态具有显著效果。

第十，有意识地安排运动员参加对提高心理素质有帮助的活动，如参加表演、公开发言、拓展与媒体等各界人士的交往，以培养不怯场的能力。同时，应鼓励运动员积极参加集体活动，并提倡运动员学习外语。良好的外语能力不仅有助于解决实际问题，更在心理层面对其产生了积极影响。通过流畅的语言交流，运动员与对手建立友好关系，消除陌生感和恐惧感，进而在比赛中展现出更加自信的心态。

第十一，在运动员备赛期间，应该采取有效措施转移运动员的注意力，变换环境，以减轻心理压力。赛前应避免让运动员长时间独处，特别是在封闭的房间内以减轻心理上的消耗。赛前可以带运动员外出游览，转移注意力，放松心情，休闲活动有助于缓解比赛紧张的情绪和压力。巩立姣在参加大赛前也在海边放松，这说明了变换环境对运动员心理调节的重要性。条件允许的情况下，运动员最好晚些抵达比赛地或奥运村，以避免过早受到比赛氛围的影响。在相对轻松的环境中，运动员更容易保持放松状态，有利于发挥最佳水平。

第十二，培养训练运动员集中精力调动自己的能力，能确保其在比赛中能够不受环境干扰，保持专注。对于技术复杂的项目，建议采用表象训练法，通过展示运动员技术动作的图像，并结合配音和节奏，帮助运动员更好地改善动作，提升信心。此外，还要制定周密的比赛计划，考虑细节也是至关重要的。以孙立案教练为例，他为伦敦奥运会制定了周密的计划，并在比赛当天才向陈定透露，这种心理层面的准备对于运动员取得冠军同样功不可没。因此，在备战过程中，需综合考虑训练和心理两方面的因素，确保运动员能够以最佳状态迎接比赛。

最后还要与媒体处理好关系，减少媒体带来的压力，营造一个良好的舆论环境。田径有很多的经验教训，典型案例是朱建华，在1984年奥运会他因承受巨大的舆论压力而未能如愿夺冠。这一事件与刘翔的现状相似，都凸显了媒体舆论对运动员心态的潜在影响。因此，我们呼吁媒体在报道中注重客观公正，减少负面新闻的传播，为运动员创造一个良好的舆论氛围。

如何对待比赛的过程和结果

首都体育学院　刘淑慧

个体从事任何活动前都会考虑结果。恩格斯曾对蜜蜂建造蜂房的精巧技能表示赞叹，尽管蜜蜂的技艺令人称奇，但即便是最蹩脚的建筑师也比蜜蜂高明得多。因为他在活动之前，活动的结果就已经存在于自己的头脑之中了，这就说明人是会思考的、有意识的。

运动竞赛是社会功利性极强的活动，比赛必论胜负、必有结果，且比赛规模越大竞争越激烈残酷。运动员正值青春年华，常年艰苦训练，付出了超越常人的努力与代价，他们参赛时渴望好的比赛结果，甚至夺得金牌，这种心情是非常自然且完全可以理解的

但是大量事实表明，过度关注结果往往难以取得理想成效，过高的期望往往导致更大的失落。当然存在部分实力出众或无所畏惧的个体最终达成目标，但这属于特例。为什么会出现上述的情况呢？下面我们从三个方面展开探讨。

一、运动员想比赛结果产生的心理活动

（一）比赛前运动员出现赛前焦虑和身心疲惫状态

1. 赛前焦虑

表现在食欲和睡眠质量下降、畏惧比赛、害怕对手、思想压力大，担心表现不佳而辜负亲人、教练和领导的期望；这种担忧可能会造成自信心水平下降；此外，运动员可能感到对一切事物都失去兴趣，情绪急躁且烦躁，甚至可能对队友或教练发泄无名火。这些情绪问题若得不到妥善处理，还可能影响运动员与教练之间的关系，导致之前良好的合作关系出现裂痕。

2. 身心疲惫

邱健作为赛前身心疲惫的代表性运动员，其自我要求非常严格。即便是训练队里有时组织逛街等娱乐活动，他亦从未参与，这足以说明他对体力保存的重视，尽管如此，他仍时常感到身心疲惫。

（二）比赛过程中运动员出现注意失当、思维失度、情绪失控状态

1. 运动员注意失当主要表现在注意涣散和注意狭窄两个方面

运动员在注意失当状态下将无法长时间地将注意集中在技战术上，而是将注意游离在技术与结果之间，或者是关注与技术毫无关系的事情，尤其对于需要广阔的注意范围的项目，运动员若在比赛过程中注意狭窄且过多注意结果，往往无法全面观察与感知比赛环境，导致顾此失彼的情况发生。

2. 思维失度

运动员在比赛中必然伴随着思维活动，然而运动员若过度关注比赛的结果时，其思维活动可能变得不恰当，从而造成思维失度现象出现。这种现象表现为运动员在比赛时出现思维空白，无法正确判断比赛态势，甚至难以听取教练的指导和建议，进而失去对整体心理活动的整合作用。以亚特兰大奥运会的一个队员为例，他在进入比赛现场时，由于过度关注外界的闪光灯和录像机，导致自己无法保持稳定的站立状态，最终选择坐下休息。在这长达20分钟的时间里，他无法对比赛形势作出准确的判断，也无法有效听取教练的点拨。当被问及原因时，他表示自己当时心跳加速，非常紧张。通过进一步的询问，他才发现原来闪光灯并不是照向他，而是照向更有名的王义夫。此外，在比赛过程中，有时教练会暂停比赛与运动员进行沟通。然而，由于运动员此时可能处于思维失度状态，他可能只是表面上点头表示理解，但实际上并没有真正听清教练的话。比赛结束后，当被问及教练说了什么时，却表示一句也没听清楚。

3. 比赛中情绪失控

情绪是一把双刃剑，其适度紧张在竞技比赛中能激发运动员的潜能，对取得优异成绩具有积极作用。然而，当情绪过度紧张时，其负面影响便凸显出

来，对运动员的发挥和比赛结果产生不利影响。中国第23届奥运冠军李玉伟在一次访谈中讲道："我希望比赛时紧张，只有紧张时我的反应时间更短，运动能力更强。"但过度紧张则有害无益。对比赛结果耿耿于怀的运动员，可能因情绪过度紧张而失去自我控制在比赛中将会出现呼吸急促、心跳加快、脸色苍白、大汗淋漓、肌肉无力、四肢颤抖等症状，即使赛前制定了详细的比赛预案、操作程序以及应对策略，也难以抵挡恶劣情绪的侵袭。

二、上述心理活动产生的原因

运动竞赛的心理活动源于其固有的四大特点：比赛结果的确定性，运动竞赛中的必然性、偶然性、激烈性和残酷性，社会功利性。这些特点相互交织，共同影响着运动员的心理状态。正因如此，运动心理学才能大展身手。

三、帮助运动员的心理学方法

在不良的心理活动背景下，当运动员承受沉重的心理包袱时，其动作容易变形、节奏紊乱、配合失误。即使经过无数次训练，熟练度极高的动作也会大打折扣，技战术水平的发挥将受到严重制约，从而导致冠军梦的破灭，很可能以失败告终。这种现象归根结底是违背了心理控制点理论。人的行动总受限于可控与不可控的因素，只有在可控范围内行事才可能获得成功，这就是心理学的控制点理论所给我们的启示。在比赛中，自身状态、当下的表现、技战术是可控的，而他人的表现、过去和未来、比赛结果是不可控的。

（一）心理咨询

为比赛服务的心理咨询主要是针对运动员比赛中容易出现的认识误区进行解释和疏导，并提供实用的心理调节策略。针对个体的心理咨询，首要步骤是深入了解其心理问题，通过倾听、展现、尊重与耐心，避免打断或贬低，确保来访者能够自由表达。第二，进行心理疏导，其方法多样，如战绩回忆，引导运动员回顾成功经历，激发积极情绪。第三，发挥榜样作用，该方法适用于技术好而比赛经验不足的运动员。北京的陈颖就是一个成功的案例，在2001年的广州全运会上，她以陶璐娜为榜样，模仿她的技术，激发了其内在动力与潜能，最后获得了全运会的两枚金牌。虽然取得这样的成绩十分不容易，但是榜样给予了她力量，榜样的替代作用发出了同层次的共鸣，她才能发挥这么好。第四，确立自我成长标准，将关注点从与他人比较转向与自身成长的比较。邱健就是一个很好的例子，邱健在选拔赛中虽积分为零，却秉持自我成长的信念，不与他人比较，而是与自己较量。他设定的标准是超越自我，而非超越他人，这种务实的态度是他在比赛中取得佳绩的关键。在选拔前，他已做好最坏打算，没有后顾之忧，这种心态的平和与坚定为他最终的出色发挥奠定了基础。此阶段需要心理老师和运动员促膝谈心，要求心理老师耐心、换位思考、尊重运动员的心理现实、有同理心，注意保密，做运动员的忠实朋友。心理学不仅仅是一门科学，它更是帮助弱者的工具。心理工作者在运动员的成长道路上扮演着至关重要的角色，他们的良心与责任心是运动员取得成功的有力保障。

（二）心理干预

解决共性问题所采取的心理干预，广义上属于心理咨询，确切地说是心理教育。以下是列出来的这几点，都是过去的心理教育课内容：参赛动机；成功与失败的标准；心理定向和控制点理论；操作（任务）取向与结果（自我）取向；积极的比赛心态（瓦伦达心态)的形成；运动员自身的心理建设等。

“帮助制定比赛方案”是王义夫在北京奥运会前特别强调的一项工作。具体包括比赛态度、比赛流程各个环节的把握和出现问题的应对策略。除此之外也包括心理调控（训练）的应用时间与背景条件。

（1）制定有针对性的自我暗示语，不少成功的运动员都很重视自我暗示语对比赛的调控作用。因为言简意赅的暗示语会帮助运动员更好地控制比赛过程，进而顺利地完成比赛。暗示语对下面这些运动员的心理起了极大作用。在备战第27届奥运会之前，王义夫高度重视心理咨询，并接受了“得意淡然，失意泰然”的心理暗示。这一策略旨在引导他以平和的心态面对成功与失败，认识到成功并非永恒，失败亦属正常，从而保持内心的稳定。

（2）关注运动员的心理成长——赛前、赛中和赛后的全方位关注，不仅应聚焦于运动员的显性成绩，更应深入探索其心理财富的积累与认知水平的提升。不仅注重比赛成绩，更要关注他们心理财富的积累与认知水平的提升，这不仅是运动队的职责所在，更是运动员全面发展的重要保障。

然而，心理咨询作为心理干预的一种手段，其效果往往受限于运动员的个体差异和心理特质。当运动员对比赛结果过于执着，想法过于强烈时，仅凭心理咨询难以彻底解决问题。即便运动员试图通过毅力控制自身情绪和行为，也往往会出现赛前设想与赛中表现之间的落差，进而在赛后陷入深深的后悔之中。真正解决问题不仅要知道怎样想，更要知道怎样做，正念训练能为我们提供一个全新的思路和途径。

（三）心理训练——正念训练的思索与应用

1. 心理咨询与心理训练的关系

心理咨询聚焦于认知层面，致力于使个体“理解”或“领悟”相关道理，然而理解并不等于实践，个体在认知上的提升并不必然导致行为的改变。相对地，心理训练则更注重实际操作，致力于教会运动员如何“执行”或“应用”这些道理。心理训练和心理咨询二者相辅相成，相互促进，共同构成了运动员心理成长的完整体系，缺一不可。

2. 心理训练在我国的发展

心理训练始于20世纪80年代初，最初被称作“运动场上的新客”。起初，从国外引进了一系列心理训练方法，主要包括放松训练、表象训练、注意集中训练等。同时，本土的催眠训练也被引入其中。实际上，心理训练即便在当时也并不神秘，许多教练员在执教中经常会不自觉地运用一些心理调节技巧，如指导运动员通过调整呼吸放松紧张情绪，在脑海中模拟比赛场景进行表象训练。从国外引进的心理训练方法更为系统和规范，如德国舒尔茨的自生训练法、美国雅克布森的渐进性放松法、美国马腾斯的四阶段表象技能训练等，这些方法的引入对我国心理训练的开展起到很好的推动作用。

3. 对正念训练的思索和初步实践

以往心理咨询实践中，我们遭遇了一些颇具挑战性的问题。问题一，运动员在赛前和赛中常常无法释怀，这种难以放下的心态往往源于对比赛结果的担忧和恐惧。尽管通过寻找典型案例，并运用多种途径进行说服和疏导，但这种方法对某些运动员的效果并不显著。

问题二，经过大量心理工作，认真进行了赛前心理准备，然而一旦进入比赛，仍有部分运动员产生情境性紧张，难以自我控制。例如射击遇到开局不顺、出现远弹、枪支故障、成绩起伏或环境干扰等情况时，他们往往会变得手忙脚乱，无法有效应对；有时在顺利的情况下，他们会突然产生疑虑，如“该出远弹了吧；今天打得太好了，怎么不像我打出来的”，这种突如其来的疑虑会导致情绪骤然紧张，动作马上变形，无法保持之前的大好形势而失败。

正念减压疗法是由美国心理学家乔·卡巴金博士创立的一种心理干预方法，其核心内容为“正念训练”，即引导个体通过“有意识地觉察，活在当下，不作判断”的方式，提高对自身感知、情绪和思想的觉察能力，从而减轻压力，提升心理健康水平。

相较于传统的情绪ABC理论，正念训练展现出诸多优越性。通过这两者的对比不难发现，正念训练的核心优势及其训练要点主要体现在对运动员觉察力的培养上。这一观点在卡巴金的《正念疗愈》一书中得到了详细阐述，书中甚至详细规划了为期八周的正念训练计划。

真正运用好正念训练要做到以下几点。第一，将培养觉察能力置于正念训练首位。这种“不作判断”地接受产生的任何思维活动，有助于运动员更好地实现“活在当下”的状态；关键在于培养运动员的觉察能力，使其明确在比赛中应关注的核心要素及可操作点。如果运动员能够保持觉察能力，他们将减少不必要的评判性思维，如“我又倒霉了，结果不会好了”，进而更易于实现“活在当下”的境界。第二，正念训练中存在层次关系，其中觉察是基础，“不作判断”是手段。如果可以做到上述两点，“活在当下”的目的便会自然而然地实现。第三，正念训练和其他心理技能训练一样，可以通过专门的练习来加强，这包括结合专项特点进行正念训练、增加心理负荷进行正念训练，结合比赛进行正念训练。这一训练过程应贯穿于整个训练和比赛周期，以实现心理与技术的深度融合，从而提高训练效果并增强其应用价值。第四，恰是在正念训练基础上，可以更好地实现“把握过程和喜获硕果”相辅相成的目的。

作为心理工作者，我们的核心使命在于帮助运动员全面成长，引导他们经历成长、成熟至成功的渐进过程。在此过程中，我们不能仅仅以成绩和金牌为唯一衡量标准。最后，我们以学者冯定的名言作为本次讲座的结语：人生就像解方程，运算的每一步似乎不重要，但对最终的求解都是必须的。有人喜欢结果，本人却更喜欢过程本身，因为过程就是结果的奥秘所在。

优秀击剑运动员的心理调控和训练

国家体育总局自行车击剑运动管理中心　王海滨

在我的职业生涯中，不管是作为运动员还是教练员，一直战斗在第一线。当运动员的时候，比赛输了之后最担心的就是别人说自己心理素质不好或者说是心理的原因这些话，我觉得这些话对运动员的打击是非常大的。所以在做了教练以后，遇到运动员输掉比赛的情况，当然这其中可能会有心理的因素，但是我从来不说是心理出问题了或者说心理素质不好等等这类话。

再后来因为工作的关系，特别是在备战北京奥运会和伦敦奥运会的过程中，我们遇到了很多心理方面的问题，促使我去有意地接触和了解心理学。其中一次偶然的机会我接触到了几本心理学方面的书籍，其中有一本我觉得趣味性很强，比较适合我，书名是《心理学与生活》。另外在备战2004年雅典奥运会的时候，体育总局体育科学研究所给我们下发了一本《运动员心理调节手册》。那时我还是一名运动员，正在备战雅典奥运会，担心自己会因为心理有困扰而打不好比赛，所以就认认真真地学习做了书本上的工作。到了备战2008年和2012年奥运会的时候我也翻出来看了一下。我一直在思考，特别是当了教练员以后，是不是我们把这本书读透了，就把所有的心理问题解决了呢？答案是否定的。现在对于我来说，男子花剑项目真正关注的重点问题是比赛当天运动员能否把他们最佳的竞技状态表现出来。

第一，大家要了解击剑这个项目的特点和击剑比赛中运动员的典型心理活动。击剑比赛总结出来无非就是对抗性强，交锋快，变化多。对抗性强：击剑作为一个持剑类的格斗性项目，直接任务是对抗，特别是在攻防转换的过程中，虽然有持剑的距离，但是很多的动作都是贴身近战，身体直接接触比较多。交锋快：一局击剑比赛，时限是3分钟，但是真正在比赛过程中，瞬间的交锋时间只有1秒钟，甚至更快，而且像一般9分钟三局的比赛，往往因为比赛节奏的加快，不到9分钟就结束了，这也体现了击剑项目交锋和动作的快速。变化多：一个简单的击中动作，实际上是由多种动作和战术组合达到的，看似是一个1秒钟的动作，但是全部的设计和预判是需要一套完整的过程。

第二，了解比赛的环境特点。一般的比赛是在长14米、宽2米的剑道上进行的，但是在世界锦标赛和奥运会的比赛中，为了增强比赛效果和推广击剑项目，比赛被安排在一个高台上进行，高台的高度也随国家和比赛的不同而改变。2000年我作为运动员参加奥运会的时候，高台的高度达到了1.8米左右。在比赛期间运动员需要独立完成比赛，这和有些球类项目不太一样。击剑比赛过程中间，规定不允许打断比赛，教练员是不允许喊暂停的，也就是说运动员在高台上比赛的时候，他的教练员已经没有太大的作用了。规则也非常严格，比如不允许教练员大喊大叫，甚至屁股不允许离开凳子，教练员只要稍微站起来一点，当值裁判可能就要黄牌警告。但是教练员可以在局与局比赛的间隙上台对运动员进行指导。所以说这一小段宝贵的时间（1分钟左右）才是教练员真正需要把控的，所有执教必须在这段时间内得到体现。大家可以想象这段时间有多么短暂，运动员又要喘气，又要摘面罩，真正留给教练的时间不多，所有精华的指导都要集中在这1分钟。那么这1分钟说些什么、做些什么，也是各个国家的击剑教练一直在探讨的问题。

说完了比赛场地和一些竞赛规则，我们再来看看赛制。击剑项目所有的大赛，例如世界杯、世界锦标赛都采用单败淘汰制。单败淘汰制比赛始于1964年，要求所有的比赛在一天内结束。运动员6点多进入馆内开始做准备活动，首场比赛一般8点半开始，然后开始一轮一轮的淘汰赛，就是说从早到晚连续不断地获得6场比赛的胜利，才能获得比赛的冠军，而且比赛中间也从来不会考虑吃饭和休息的时间。每场比赛的时间间隔一般在20～30分钟，比赛采取先个人后团体的安排，个人和团体比赛之间相隔3～4天。世界范围内的比赛参赛队伍一般比较多，但是奥运会的比赛一般只有八九支队伍参赛，所以说奥运会的比赛一般需要连续赢下3～4场才能赢得冠军。

我们再讲一讲比赛中的心理过程。进了场地以后，主要是靠运动员独立完成比赛，在这种一对一交锋的过程中间，看似是运动员有效地击中对手来得分，其实在整个过程中，有预判阶段、信息处理阶段，然后过渡到决策实施执行阶段，这三个方面也是除了技术以外，在平常的训练中非常重视的内容。

首先是准备和预判阶段，这是所有的击剑训练和赛前准备中最为重要的环节。我们会作一些对对手的分析，整理对手的技术材料、技术特长等。那么在这些工作的基础上，我们对于对手的分析还有两个微小的变化。一个是在了解国外选手技术特长的过程中，我们会特别注重他在近期技术变化的一些特点。

虽然我们知道一名选手在短期内他的技术是不太可能发生重大改变的，但是技术动作的组合是无穷的。我们非常注重近一年多，或者说临近奥运会两个月内对手技术动作的变化，然后根据这些技术的变化，让运动员自己来作分析，因为对待同样的对手，每个运动员的招数是不同的。所以我们作对手分析时是两张表，第一张是常规的技术分析，第二张是每个运动员针对对手的技术特点写出自己的应对方法。我们希望通过这些方法让赛前准备工作更加个性化、更加实用，而不是随便地列几点建议和方法就足够了。与此同时，教练员这时候最主要的工作就是要判断对手的排兵布阵，团体赛存在主客队抽签的问题，每个运动员的情况不太一样，教练员主要的工作就是要预判对手的技术特点和排兵布阵。和运动员进行沟通分析，最好准备两套应对方案，一套应用于既定情况下，一套应用于特殊情况下（如比赛对手有变化）。

当运动员真正走上赛场，我们会给运动员一些另外的要求。例如比赛开始的时候，要求运动员一上来就要仔细地观察。因为都是一些优秀的选手，所以对手一举剑或者一些细微的身体动作，他们一般就能立刻知道对手将会采取什么样的战术，这就是预判阶段。如果判断正确就直接使用先前准备的应对策略和相应的技术，如果对方没有使用预定的技术，那么就要立刻调整，使用第二套方案应对。

这些信息处理完以后就要作出决定。我在这里讲的时候把这些信息处理阶段分得很细很复杂，但是真正到场上的时候，运动员作出决定的速度是非常快的。那么如何正确地使用和选择技术和战术，前面准备得很多、很充分，但是真正遇到意外情况的时候，比如对手突然改变了技术特点，这时候运动员面临着一个选择问题，是继续使用自己擅长的、已经准备好的技战术方案，还是使用备用的技战术方案，即使自己对第二方案的技术战术不一定很擅长。于是我们在平常的训练中要求运动员，不管选择对错一定要非常果断和坚决，因为对与错并不能决定最后成功与否。但是如果你犹豫了，那结果肯定是失败的，这种犹豫主要反应在技术动作的流畅性上，平常可能1秒就能完成动作，但是现在变成了2秒或者3秒，在犹豫的过程中也许很多机会就没有了。因此我们在平常的训练中设计了大量的实战环节，训练运动员行动的果断性。例如常规的击剑比赛每局15剑，但是在实战课的时候，我们采取一剑制胜的方式，比赛之前让运动员提前知道对手是谁，有5分钟的准备时间，中间为了增大压力，我们也会让队员下点小赌注，让运动员更加认真地对待比赛。还有另外一个相似的实战训练，不同之处在于先告诉队员对手是谁，但是到上场之前，突然给他换一个对手，训练运动员临场应变的能力。训练中我们可以有各种各样的设计，这其中的关键点是刺激度能不能达到比赛的标准。由于每个人的技术特点相对固定，所以主要是通过设计一些针对性的训练来让他们适应比赛，之后再不断地根据自己的特点进行调整。

综上所述，我认为最终获胜的运动员往往转换快、应对正确、失误少、决策力和行动力强。也有可能运动员作出错误的决策，但是他很果断，所以他也能得分。比赛的时候对手是一个动态的人，不是事先研究好的一个靶子，所以说，击剑运动员要具有良好的心理准备和心脑一致、转换快速的能力。击剑运动员每一剑结束之后，往往梳梳头，整理下剑，这时候不一定是剑有问题，而是他在思考下一剑他应该做什么动作，在不断地重复上面的三个过程（预判阶段、信息处理阶段、决策实施执行阶段）。在比赛的过程中，我们会设计策略来打断他，规则上虽然不允许教练员上场，但是我们会想办法在规则允许的范围内打断他，让他不断地修复思考。其实在击剑比赛过程中看似是技术的交锋，但其实更多的是脑的较量。

第二方面，我想跟大家简要介绍一下我们做的一些研究。以前这些研究由一个老师负责，后来形成了一个团队，最后更多的人参与到这方面的工作中。在专家工作的同时，教练到底该做些什么是我们一直在探索和思考的问题。所以针对2008年和2012年奥运会的击剑比赛出现的一些情况，让运动员自己归纳总结，我们的办法是每个运动员自己写50条问题，然后大家统一坐在一起对问题进行归类，最后总结出来一些经常出现的问题，如比赛过程意外中断，比赛获胜的动机不强，还有一些是技术性方面的。总结之后再让运动员写出应对方案，让运动员表达自己的想法，之后集中再归类，这样就能整合每个人的想法。如果按常规的方式来，运动员跟着教练员的思维走，经常出现的情况就是教练员说什么运动员就说什么，大家的积极性不高。但是如让运动员主导，集思广益，可能会针对问题找到更加实际和有效的解决办法。大赛之前我们会把所有的这些总结和归类以及对手分析以表格的形式给每个人准备一份，让运动员带进奥运村，带进世界锦标赛的赛场。

所有的应对方法，最后都需要落实，也就是使用和实施。根据击剑项目规则的特点要研究和利用规则。利用规则并不是说在比赛中才能利用，在平常的训练过程中，我们就会有一些强制性的要求。比如换剑，击剑的比赛过程中间教练员不能喊暂停，但是运动员器材的更换是合理的，在任何时间段都可以提出这个要求。假如运动员提出换剑，正常情况下，裁判会问剑哪里出问题了，这时候运动员可以挑一点小毛病，之后从高台上走下来，把包打开，假装找不到，跟教练说："你帮我找一下。"把教练叫过去。运动员在正常比赛过程中没有休息或者停下来思考的时间，但是申请换剑，整个过程可能会有3分钟，这段时间运动员可以做很多事情。换完剑之后可以接着进行比赛，而比赛的节奏已经完全转换，这很有可能帮助运动员改变赛场上的不利局势。所以在规则允许范围之内，要充分利用规则。但也有另外一种情况，真正到了比赛场上的时候，运动员可能忘了去利用规则，赢的想赢，输的着急，会越打越快。看到这种情况有些教练在下面也很着急，有的教练员在台子下面打手势比划半天运动员就是没看见，这是很常见的一种情况。因为一些运动员在平常的训练中就没有有意识地去练习。鉴于此，我们对队内的所有实战有一个强制性的要求，一个队员连续失分到3分，那就必须停住换剑，如果不换就要受到处罚。这样做的目的就是在平常的实战训练中让运动员养成利用规则的习惯。运动员一开始可能不太适应，经常会忘记，但是经过一段时间的训练之后运动员慢慢地养成了习惯。雷声在伦敦奥运会的决赛中，恰当地利用了换剑的规则，当时裁判错判了1分，对手在比赛中也要求医务暂停比赛，这也是对手在利用规则打断比赛节奏的一种方式。后来，在比分打到11：9的时候，雷声落后2分，这时雷声提出换剑，重复了我刚才所说的那套程序，喊教练上台，其实我上去之后什么话都没讲，雷声提出换剑时我觉得他还是挺清醒的，因为他知道他要休息，调整一下。换剑之前，雷声因为落后着急再加上裁判的误判，他连续进攻，漏洞就暴露出来了，让对方连续得分。之后他提出换剑，经过换剑他的状态明显改变了很多，连得4分，一下子扭转了局势。

同时，在训练的方法上，我们也经常使用一些常规的心理调节的方法，怎样去调整呼吸，怎样去保持安静等等。在训练中，我们也会根据运动员自身的特点让他们做一些自己喜欢的训练。

第三个方面，讲一下击剑运动员获胜所需要具备的一些心理因素。第一点，和很多的项目一样，如果运动员想获胜，这个过程中运动员需要不断地调整自己并且一直保持较高的专注度。从这方面来讲，我们有很多成功的经验，但也有一些惨痛的教训。例如马建飞，这名队员是在2012年奥运会的周期内冒出来的一名选手。马建飞当时作为国内世界排名最高的选手（世界排名第二），我们给予了他很高的期望。在伦敦奥运会8进4的过程中，雷声和马建飞同时出赛，雷声赢了，马建飞输掉了。马建飞的对手是一名韩国选手，韩国选手总共打断了三次比赛。当马建飞在13：11领先的时候，韩国运动员打断了比赛，他申请了10分钟的休息时间，借口在场边治疗。当时隔壁的场地也正在进行8进4的比赛，意大利世界排名第一的卡塞拉对阵一名埃及选手，马建飞瞟了一眼那个场地发现埃及选手赢了，因为他当时领先，认为自己已经赢了，他当时就开始想下一场对埃及人要怎么打，结果比赛暂停回来之后，韩国人直接上冲攻击，15秒之后比赛结束了，马建飞15：13输了，这就是我们强调的瞬间的专注度和注意力丢失对比赛产生的重大影响。

个人的情绪起伏也是每个运动员在不同的阶段都会出现的问题，想要解决这类问题是非常困难的，一般只能尽量避免运动员的情绪出现大起大落。这其中也牵扯到每个运动员的个人特点，只有深入地了解和分析才能清楚运动员情绪起伏的根源。在情绪方面是我们心理学专家比较擅长的，我们会分析整理一些客观的数据，然后进行深入的分析再给出相应的解决方案。我们主要做的就是尽可能深入地了解运动员的性格、品味、家庭背景等等，通过了解找到帮助运动员的方法，在了解的过程中也发现了一些心理层面的问题，这些问题不仅仅在训练和比赛中间出现，它贯穿于运动员生活的各个方面。所以解决情绪问题的关键是在平时做一些准备，特别是一些大赛前更是要做好充分的准备。越是到大赛，越不要打破运动员常规的习惯，让他延续正常的生活和行为习惯。比如你不能不让他上网，所以要想办法去控制，而不是强制要求运动员怎么样。我们强调不要打破常规的行为习惯，而良好的行为习惯是依靠平常建立起来的。

我认为好的教练员在训练中和生活中都会有意地培养和锻炼运动员，赛场的时间毕竟是有限的，更重要的功课在于平常的准备。所以教练员在平时一定要和运动员建立起良好的沟通。中国的运动员有一个很普遍的问题，就是不太习惯公开表达自己的想法，其实在私底下每个人都有自己的想法，出门说得比谁都响，但是看到教练员或者领导他们从来都不说，不愿意去表露自己真实的想法。所以说首先要建立起良好的沟通，比如利用QQ、E-mail等沟通方式，尽可能了解他们每个人的想法。

还有一个问题是运动员的管理，比如去国外比赛，运动员晚上去吃饭不喜欢先洗澡，直接去吃。我们就要求运动员，特别是外出就餐，必须洗澡更衣，不能穿着运动服去吃饭。吃饭的过程中我们也发现，点完菜之后等菜的时间，基本上所有的运动员全部低着头玩手机，相互没有交流。后来我们提出要求，如果有人在聚餐的时间玩手机，手机就会被没收。我们想创造一个环境，鼓励队员之间交流。

同时还要加强运动员个人的学习，个人素质的培养。比如雷声就在北京大学学习。其实在2008年奥运会的时候雷声就已经具备了夺得奥运会冠军的实力，结果在8进4的比赛中输给了一名德国选手，而且这名德国选手最后还拿到了冠军，这件事对雷声的打击很大，他当时向我提出来不想打了，想学习，后来中心协调安排推荐他到了北京大学学习，对于他的要求就是住在学校，参加正常学习和考试。训练计划也根据他的课程作了一些改变。刚开始第一年，很多人都对这种方式产生了怀疑，当时的中心主任找到我说："他一天就练那么一点到底行不行啊？"其实我心里是有底的，因为我发现他每次上完课回来训练，别人要练4个小时的东西，他1个小时就能保质保量地完成任务，效率非常高。第二年的世界杯，雷声参加了8站比赛获得了5站比赛的冠军，2010年终的时候雷声世界排名第一，这是中国男子击剑选手从来没有取得的成绩。我讲这个例子的目的是想提醒大家要加强运动员的学习。一些运动员可能天天训练得很苦，但是最终达不到理想的效果，所以刺激我去思考。

此外，在我们备战的过程中也有一些问题，第一个问题是视觉心理疲劳的恢复。伦敦奥运会男子花剑个人，我们率先获得金牌，但是我们的优势项目其实是团体赛并不是个人赛，我更加看重团体项目，也认为团体更能显示出国家的实力。这次奥运会对我们来说是一个好机会，但是我们团体赛第一场就输给了日本队，甚至没有获得一块奖牌，这是我们在整个伦敦奥运会中最大的遗憾。当雷声获得冠军以后，马上就要面对三天后的团体赛，雷声非常疲劳，他跟我讲他睡不着觉，嗓子发痒，精神还保持在一种亢奋的状态。运动员经过了一天高强度的训练之后是非常疲惫的，特别是大脑和视觉的疲劳要大于身体的疲劳。我们也需要一些方法来解决这类问题，因为当时我也没有想到我们个人赛会拿到冠军，拿了冠军后我们也小小庆祝了一下，结果第二天有个运动员早上敲我的门问："王教练，我们今天几点钟训练？"由此我想到了如何让运动员在短时间内恢复到正常的比赛状态下的问题。

还有专项能力训练方法的探寻，这也是难度很大的一个问题，要先找专业人士，而且他们要先花大量的时间去深入了解这个项目，这不是短期的培训或者调研就能摸透的问题。我们希望在以后的工作中一线教练员、运动员以及科研人员展开更为深入和紧密的合作。

融合羽毛球专项的运动心理学攻关探索

国家体育总局　程勇民

心理学攻关，主要包括四点内容。（1）如果心理学知识与运动专项结合得不好，即使是听起来很有道理的心理方法，用起来也没有力量。我曾经参加一个项目中心的课题立项，项目中心的领导在开场说："你们来，我们很高兴，但是有教练员反映，他们说：'方法听起来很有道理，但是关键时候就是不解渴。'"这说明心理学和项目在结合方面还是存在一定问题的。（2）在问题的真实性上，没有获得确凿证据就匆忙上阵，背上无效的黑锅。有些运动员出现一些问题，教练员和运动员都认为是心理方面的问题，此时如果你对运动队不了解，自告奋勇地去解决心理问题，那你的工作一定是无效的。对于这种事情，大家特别要谨慎。（3）在信息收集不充分的情况下，轻易定论并采取措施，往往无功而返。运动员在心理方面遇到问题了，但是通过问卷和访谈的方法，只获得了运动员的部分反馈，还有很多问题你并不知道，而此时用这一部分信息下结论并采取措施，其效果也是不理想的。那么就要深入了解，彻底沟通，这需要时间也需要信任度。（4）用学术的框架来套服务的框架，往往是寸步难行的。

攻关探索一：真实性。

1. 问题的根源是不是心理问题？

我曾经碰到过这样一个叫作比赛中"非受迫性失误"的问题，就是羽毛球或网球等球类运动比赛中不应该出现的失误却发生了，即无谓失误。有些运动员能力很强，力量很大，各方面做得都很好，但是失误多，导致比赛失败，调查结果显示，超过80%的教练员和运动员认为主因是过分急躁和紧张。

根据这样的调查结果，一般情况下会认定为心理问题，因为紧张、急躁导致了失误。解决的思路：上课，跟运动员讲控制急躁有什么办法，减压有哪些办法。我上课的题目是《无谓失误的成因及其应对策略》，刚上课时，很多运动员和教练员反映感觉很好。但是到底有没有解决问题呢？我随后进行了观察，实际考察下来，他们的失误率基本上没有变化，运动员的无谓失误还是和原来一样多。虽然运动员没有找我诉说，但事实却摆在那里。

2. 如何证伪?

我后来一直在想，无谓失误到底是不是心理学问题，是不是因为紧张、急躁导致的。原则上讲，紧张确实是会导致失误增多，但是本质根源是不是它引起的呢？我后来提出一个假设，既然大家都认为是急躁、紧张导致失误多，那如果不紧张、不急躁，大家的失误就应该少。如果这个假设不成立的话，那么前面的上课没有效果，就很正常了。

我到处去找支撑的证据，我去看他们的日常训练。日常训练的压力较小、也很少急躁。看完训练，我发现问题了。训练是在一个很轻松的环境下进行的，将训练和比赛的失误率统计对比，发现日常训练失误率比比赛时的失误率还大。这说明比赛中的失误是习惯性造成的，那么心理学上的紧张和失误是什么关系？我相信是一种根源关系：失误率的多少实际上是有层次的，有的运动员层次高，有的运动员层次低。而心理是波动的，不管你是处于哪个层次，心理都是波动的。每个运动员失误率是在他的层次上随心理波动而波动的。在干预训练中，层次没有改变，只改变心理波动，是没有解决根源问题的。

3. 拨乱反正

我发现这个问题之后，立即组织运动员和教练员再学习。我把训练视频给运动员和教练员看，他们很惊讶，平时他们打球都是轻轻的，相对随意地训练，比赛的时候紧一点反而失误更少，习惯不一样，失误的概率也不同。

没想到这个简单的发现，对羽毛球训练引起了改革性的风波。运动员和教练员课后将这一发现转达给了领导，领导知道以后，高度重视，马上组织了会议。“一个非常重要的问题，训练的随意性，这是阻碍我们羽毛球队提高我们训练水平的最大障碍……”这是领导在羽毛球队全体会议上讲的一句话，从这之后羽毛球队开始改变训练方法，促使教练员对运动员平时的训练更加关注。坚持训练，能形成一个良性循环，长期下去，效果是相当好的。

攻关探索二：紧张。

1. 如何应对赛前紧张？

心理专家一到队里，运动员和教练员马上就想到怎么缓解紧张问题，这个问题太普遍了。涉及这个问题，最常用的就是倒“U”型理论，还有逆转理论、突变理论等，但这些理论实际应用起来，它的“度”是很难掌握的。如果掌握不了就去应用，还不如不用。因为用了效果还不好，会留下不好的影响。书本上针对缓解紧张的常规策略有：思维阻断，回避结果；自我暗示，我感觉很好；呼吸调节，深呼吸；自我宣泄、大喊一声等。

我把心理学方法交给运动员之前，往往会先在自己身上运用。我平时也会遇到焦虑紧张的事情，我就会看看这些方法对我到底有没有作用，如果我感觉没有作用，我肯定不会跟他们讲。大家根据经验思考一下，这四种方法到底有没有用，我个人感觉这些方法对缓解我的紧张作用不太理想。

2. 反思：赛前紧张，一定消极？

后来我一直在反思“紧张”这个问题。第一，赛前控制紧张为什么那么难？第二，高紧张、高压力一定是消极的吗？带着这两个问题，我收集了一些资料，结果找到两条线索：（1）紧张的普遍性；（2）自我体验。紧张可能导致输球，也很可能导致赢球。举个例子，一次比赛完的庆功宴上，有位冠军运动员坐在我旁边，我看他吃得很少，但他兴致很高，一直在讲话。我说：“你为什么不吃呀？”他说：“程老师，不行啊，我满嘴溃疡。”大家都知道溃疡是因为没有睡好，说明比赛这几天他紧张得没有休息好。

其实紧张也未必是坏事，因为紧张把你的潜力都调动起来了。不睡觉也不会觉得很累，去应付一场比赛足够了。之后，我对控制焦虑，降低压力的方法在逻辑上产生了一些质疑。质疑的一个前提是：运动员输球时归因一般是心理问题。比如，“我这次输球，是因为心态没有摆正”“我没有拿出冲金的心态去打球”“我昨天确实是没有睡好，很紧张，压力大”等等。但是成绩很好时，没有一个运动员说，拿到冠军是因为比赛前失眠了。没有人提到，但实际上是有这个因素的。

3. 高压应对：以毒攻毒，想透不可控因素，落实可控因素

其实紧张导致成功和紧张导致失败这两种现象是平行的，那么与其去研究为什么紧张引起失败，还不如去考虑为什么同样是在紧张的条件下，有的人却成功了。后来我的思路转变为“与其回避不如去应对”。只有去跟运动员交流，才能够体会到他们的感受。成功的运动员会讲很多有用的信息来，有个运动员说：“今年要出征这次奥运会比赛，我宁愿将之前的比赛反复地想，不断地想，想透它。不要不敢想，想到后面的比赛来了，也没有什么可想的了，想多了，想透了，会发现奥运会也就那么一回事。比如在马来西亚打比赛，我越想就越觉得，我没有理由压力很大，应该对手压力很大才对，怎么变得我压力很大，我也不知道这是为什么，但是到了比赛的时候，我的水平都发挥出来了。因为我想透了，输了就输了，对手的家在这里，又是主场，他的状态特别好，所以他今年把我打败……”

奥运会之后他告诉我，其实奥运会期间他也失眠，但他把不可控因素想透，压力减少了许多。通过这个案例我们想到应对高压的方法：以毒攻毒。与其要回避不可控因素，还不如去想它，针对不可控因素不停地想，我也帮助他想，输球以后会怎么样，想到各种各样的结果。把所能够想的都想透，等到没有什么可想的时候，就接着准备比赛。

观看成功比赛录像，积极地与教练员沟通，制定周密的比赛方案。当然，这一步是最关键的，就是他想来想去没有什么东西可想了。我建议把他拉回来想想当下现实的东西，明天要打比赛，该怎么打。我们一起制定一个可靠的方案，把对方的习惯打法弄清楚，这就是落实可控因素。这都不是什么具体理论，但这样应用心理技能为运动员服务，也确实取得了一些效果。

4. 如何建立“想赢不怕输”的心态

事实上，在运动队里，“冲”的心态有利于比赛发挥，“保”的心态不利于比赛发挥。我们发现有两种运动员比较容易养成“冲”的心态，根本不用给他们做攻关，不用开导他。一种是初出茅庐的年轻运动员，对他来讲，赢了就挣，输了不赔，他肯定就“冲”了，所以说这类运动员是不大可能紧张的。另一种是功成名就的老运动员，比如说林丹，他现在输得起，无所谓，再输我也是大满贯。还有网球界的费德勒，他再怎么样，大家都认为他是NO.1，所以这

类运动员，心理工作者也根本不用协助他，因为他已经到了较高的境界，到了一定的境界，他就有相应的价值、相应的动机、相应的情绪和相应的策略。

比较难养成“想赢不怕输”心态的运动员是成名初期的运动员。好不容易有点起色，条件不一样了，待遇也不一样了，就开始担心输，会想我输球以后会怎么样，等等。这种运动员如果跟他讲，放下包袱，输赢无关紧要，专注于打球的过程。大家想想，这怎么可能跟他没有关系，胜负对他来说意义太大了。要解决这个问题，书本上说“立足于自己，自己跟自己比”，但是羽毛球不行，羽毛球天天都得跟别人比，所以这一条就否定了；确立适当的期望水平，可以是针对结果的目标也可以是针对表现的目标，这个理论上是对的，不要把比赛结果看得太重要，只要把比赛的过程淋漓尽致地发挥出来就可以了，这个方法讲过无数次，可实际是讲起来很有力，用起来却没有力。针对表现的目标，只要发挥好就可以，比赛输赢无所谓，对于刚刚成名的运动员怎么能说无所谓呢，他就是想赢；正确认识“输”和“赢”的关系，把比赛看作是一种经验累积和心理成熟的历练过程，表现出“想赢不怕输”的大将风度。到了一定的境界确实是可以达到这种水平，但是初出茅庐的运动员想赢得比赛，想要奖金，这就是他面临的现实。所以说这三种方法想要在这类运动员身上获得效果实际上是很难的。

5. 如何形成冲击心态（敢为而无惧）

重大比赛的时候一般有技术分析，就是运动员打比赛之前到房间里来看录像，看完以后再去打。有一次，一个运动员看了不到10分钟，就不看了。教练员当时很紧张，运动员这么急躁，明天还怎么打比赛。我跟那个运动员聊天，聊了两个多小时，从羽毛球聊到网球，一聊就起兴致了。他其实是想给明天输球找台阶，这种意识出来以后，我们就努力地想如果输了该怎么办，后来也帮他找到了有说服力的理由。第二天打比赛之前，这名运动员主动说要看看昨晚的录像。比赛前20分钟看录像，后来打得还挺好。所以说，运动员出现这些现象，教练员和心理专家要不断地帮他总结，帮助他取得比赛的胜利，这是我们在队里工作的一个基本原则，跟学院派还是会有点不一样。

还有一点，运动员要做好最艰苦的心理准备，其实运动员在比赛之前写比赛方案时都会提到这点，但是他们常常落实得不够具体，明明写的是要做最坏的打算，等到他输球后，他会说：我是做了这种准备的，但是我没有想到会这么艰苦。那怎么样来做艰苦的心理准备呢？我举个例子：我会要求运动员具体、详细地写比赛方案，不能用一句话带过。做到最艰苦的准备，要细谈怎么艰苦，否则比赛时一出现问题，运动员就会措手不及，失去控制。

攻关探索三：自信。

1. 重要的竞技心理元素

跟竞技有关的心理技术常常包括心态、情绪、自信心、动机等，所有这些因素都会影响到比赛的发挥。但是从跟运动员的接触情况来看，我认为自信和动机要比心态和情绪的影响大得多，也有相关研究支持这种观点。英国和美国专家合著的《运动心理准备的理论与实践》，2011年在北京体育大学出版社出版，这本书里面引入一项研究说：高自信对比赛的影响要大于认知焦虑以及与之相关的生理唤醒对比赛成绩的影响，高自信以某种方式保护运动员不受任何伴随性焦虑而来的对比赛成绩所产生的退缩性影响。这本书的主要内容跟我的实际工作是一致的，我在队里做得最多的事情就是帮助运动员建立自信。对于紧张，一般都是聊天的时候聊一聊就好了。

2. 提高自信的策略

从理论上来讲，要帮助运动员建立自信，主要包括四个大方面：成功的体验、替代经验、言语劝说及情绪唤醒等。这四个方面中，成功的体验对提高自信作用最大，另外三种加起来的作用都不及“成功的体验”。

几年前，体育总局科研系统的一次课题结题。由于各方面的原因，那个课题做得并不好。结题的专家毫不留情地提出批评和质疑，说要毙掉这个课题。我当时很慌，差不多要休克了。这件事情马上传开了，我非常紧张。后来，专家提出意见，让我修改后再结题，可以说是一次复活的机会。这个结果宣布以后，大概有一周的时间我都没有去食堂，天天在房间里修改、吃饭、休息。我灰头土脸的，害怕遇到人，那个时候心里特别敏感，我总感觉他们心里觉得“这人出事了”。这件事对我的打击太大了，根本缓不过来。这时我尝试想象一下过去成功的经验——博士论文的创作和答辩过程，确实起到作用了，我也有勇气去食堂吃饭了。大概过了一个月，有一个跟我关系比较好的教练跟我讲：“想想我做总教练的时候，那年亚运会，我们背着7块铜牌回来了，我不照样活得好好的吗？你这点算什么。”这段话，对我影响很大，我不是这世界上最痛苦的人，心里开始变得舒坦一些，但我还没有完全缓过来。通过后面几次较为理想的汇报，不断强化，我的情绪、心态、自信才慢慢恢复过来。

3. 工作核心：围绕成功，想方设法，绞尽脑汁

运动员遇到问题时，我总是想方设法、绞尽脑汁地帮运动员取得成功，让他体验到成功的感觉。我常用的策略主要有以下五个。

（1）结合心理学的技战术分析。举个例子，一个教练跟我讲，现在队里有一些有名气的运动员，管理起来比较困难，需要有特殊性。他是想让这些人低调一些。教练员不说让我这个“外面的人”来说，可以想象这样的工作有多难做。后来我在利用业务技战术分析的时候，抓着时机提起这个问题，运动员也愿意接受；此外，心理服务工作还需注重配合、换位思考、重默契；调整心态、返璞归真、平常心；节律生活，健康身体。

（2）成败归因，改进建议。针对成功或失败的原因，我们做了大量的技术统计。统计完以后，告诉运动员存在哪些问题，运动员也很愿意看到这类实实在在的东西。

（3）比赛方案的制定（协助）。

（4）业务学习、明确目标、激发动机。

（5）备战大赛的心理准备（手册）。奥运会之前，我们编制了一个心理自助手册。我们把羽毛球比赛中常遇到的一些问题概括出来，然后用羽毛球运动员自己的语言，逐一回答，一共概括出23条问答。

攻关探索四：境界

1. 境界：心理干预的终极目标

我一直在探索和思考，心理教育的终极目标是什么？

心理教育不是给运动员做一些诱导或者训练，他明年就可以拿到冠军了。心理教育是一个系统的长期的工作，很多优秀运动员的职业生涯是十几年或者二十几年，在这么长时间内，我们不可能只用一种方法去穷尽新的情况和新的形势，我们需要不断地创新。心理教育希望达到的目的是使他们在成长过程中达到一种境界。

我们常说心理学要让运动员形成一种“欲胜而敢为之，欲为而无惧之”的一种心理能力，与其说这是一种能力，不如说是一种境界。运动员有什么样的境界，他就会有相应的动机、自信、心态、情绪等等，境界跟这几个方面有千丝万缕的联系，当然这种境界的养成需要时间，更需要磨炼。教练员有时会跟我讲：“程老师，有些事情你就是讲千遍万遍也没有用，一定要让他摸爬滚打，弄得头破血流，他才会吸取教训。”

2. 团队文化：顺利“入境”的桥梁

如果没有好的大环境熏陶，运动员经过了长时间的磨炼，拿过很多冠军，也取得了成功，后来却到地铁站去卖艺了，所以说大环境的熏陶也很重要。

本部分我们谈谈羽毛球队大文化的形成。大文化的树立和形成不是心理工作者所能领导的，而跟主帅的思路有关系，我只是协助他做一些具体的事情。一个团队文化的构筑对提升境界有一系列的推动作用，文化具有无形的约束力、潜移默化、引导推进的作用。

我第一次进入羽毛球队是在2006年，国家羽毛球队在靖江集训。夏天傍晚我到达那边，已经是晚饭时间了，匆匆忙忙冲个凉，穿着拖鞋就去食堂吃饭。进去时，人已经不多了，有两个年轻的小队员总是看我。我是一个比较敏感的人，心想这肯定有问题。我问一个比较熟悉的队医，我是哪里有什么问题。其实，他早就看出来了，他说：程老师，我们这种场合一般都不穿拖鞋。当时我一下子就羞愧得不得了，运动员一定在想：我们队里来了一个不懂规矩的人。我马上跑到楼上把拖鞋收起来，除淋浴的时候，其他任何场合我都不穿拖鞋。在羽毛球队，因为一把手不吸烟，慢慢地其他人也很少吸烟，到现在正式成为无烟队伍。这让我联想到，成功的企业都是有企业文化的，比如华为公司的“狼性文化”。狼有三大特性：嗅觉敏锐、永不疲倦的进攻精神，以及群体的协同意识。所以说团队文化影响着每一个成员。

3. 中国羽毛球队团队文化的雏形

根据领导对运动员提出的要求，我们提出羽毛球队的精神。

灵魂：亮剑精神、排山倒海、势不可挡。

精神特质：意志坚韧、内心强大、外在谦和。

团队职责：传播文化、弘扬精神、促进和谐。

4. 中国羽毛球运动员人格要素

人品要素：爱国、诚信、感恩。
交往要素：团结、友爱、合作。
能力要素：创新、坚韧、奋进。

5. 团队文化教育（入队教育）

有了这些内容以后，我们开始逐步成立入队教育。现在新进入国家队的羽毛球运动员都要接受入队引导和教育。我给新进运动员进行入队教育，课后教练员要求他们写听课报告交上来。

队员1：通过学习，我印象最深的是感恩这一点。因为平时没有想那么多，通过上课，我知道现在的优越条件不是我们自己争取来的，而是上一辈帮我们打拼下来的，所以我们一定要怀着一颗感恩的心。

队员2：我看到林丹站在奥运会最高领奖台上，敬军礼、奏国歌时，心里感慨万千，心里想着，能够像他一样就好了。为了这个目标，我一定要学会为人处事，做一个有用的人，成为一个为国争光的人。

通过在实践中对心理攻关的研究和探索，我把在队里进行的心理攻关过程概括如图4所示：

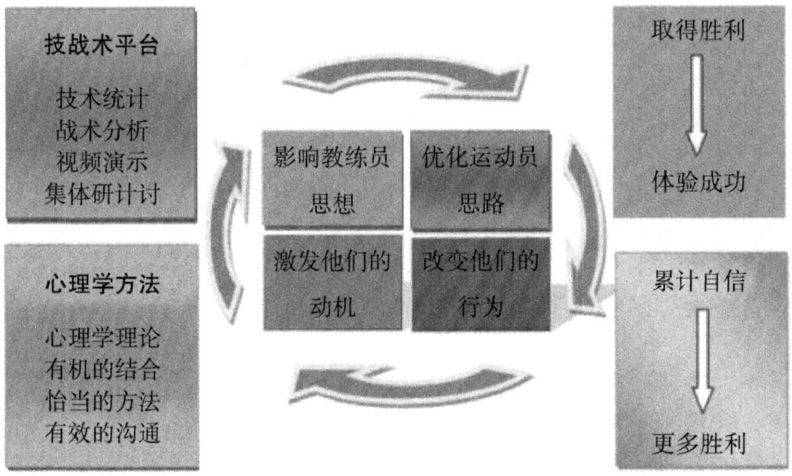

图4

我把影响心理攻关效果的因素总结为读懂比赛：画龙点睛，只有读懂比赛才能在最恰当的时候用上正确的方法；心理知识：力量的载体；结合密度：讲授的内容跟运动员的特性结合得好，运动员才愿意去听，如果都是一些心理学的专业术语，会很乏味，运动员听着也很难消化，要用运动员的语言去讲心理方法，结合得越好，运动员的兴趣点就越高；沟通技巧：接受程度；感情信任：功效放大，运动员信任你，有时候教练员不方便说的话，会让我们和运动员说。

我把心理攻关的整个过程比作心血管系统，或者一个血液循环系统。读懂比赛是心脏，心理知识是血液，结合密度是血管的体积（血管比较粗，血液循环就比较畅通），沟通技巧是血管弹性（如果你沟通技巧不适应，就会导致动脉硬化），感情信任是血液浓度（血液浓度很低，那肯定是不好的。如果浓度高的话，从生理上讲也不好。感情深了其实并不好。队员之间本身就是对手，如果跟某个队员的关系过于要好，其他队员就会对你敬而远之）。

最后，又回到老前辈刘淑慧老师的一句话："只要你深入运动队，运动心理的前景就广阔，前途光明。"要求我们真正把专项吃透，吃透以后，心理学应用起来才会非常有力。信任一旦建立，这个功效是会翻倍的，有时候并非你的方法一定很科学，但是如果运动员信任，那么你的方法就是管用的。

高水平运动员的情绪监测与调控

国家体育总局体育科学研究所　黄俊红

潜意识仍然是当前心理学研究的主题之一。弗洛伊德提出，心理治疗只是停留在记忆和概念上，只是在表面的，精神生活最重要的是情绪。在随后开展的很多心理治疗过程中，不管是心理动力学派，还是其他学派仍然把情绪作为干预的内容。许多心理治疗流派都把识别情绪作为主要任务和过程，为什么来访者会出现各种各样问题？因为没有满足情绪需要。情绪是联结心理和身体的重要概念，这是我选择情绪作为报告主要题目的原因。

当我们出现一些心理问题时，我们的身体会跟着出现问题。比如考试之前、大赛之前，有的人出现胃不舒服，甚至出现溃疡，这都是心身疾病的表现，包括很多女性经历的经前综合征（PMS），这样的一些心身疾病给我们提示了核心概念：情绪。

我们要界定一下应用心理学到底在运动队里做什么，解决影响运动员训练和比赛的相关心理学问题，想办法提高运动员的训练水平和发挥正常。心理学的问题主要集中在三个方面：（1）情绪（emotion)：焦虑、抑郁、愤怒、恐惧等；（2）心理（mental）：思维、想法、观念、信念等；（3）赛前心理调节（压力、焦虑、紧张、怕输等）。心理（思维—所想）指目标、计划、控制、评价（来自重要他人）等。干预方法有认知疗法、注意力训练等。情绪能够在一定程度上反映运动训练情况。

运动训练成绩提高的基础——训练压力与恢复之间的平衡。压力：发生在身体、心理和情绪三个层面，任何耗能的事情都可以视为压力。简单来说，这种耗能的事情可以比喻为花钱，就像在银行的账户存多少钱，既然要花钱就必然要储备，这涉及一个概念——恢复，恢复就是重新获得能量的过程，我们比喻为存钱。恢复得越好，训练得越好。压力与恢复之间要尽量达到一个平衡，当然这个平衡不是绝对的平衡，实际上是波浪式前进，打破平衡，上台阶，再到新的平衡，打造训练平台，依次循环，不断提高运动成绩。运动成绩的提高既不能没有压力，也不能训练太紧，恢复也是非常重要的一部分。平衡到底是一种什么概念呢？其实观察运动员的时候可以看出这个运动员目前的状态、训练压力和恢复之间是不是处在一种平衡。有的运动员总是两眼放光，兴致勃勃，在训练馆精神抖擞，一般这样的运动员处在相对平衡的状态。有的运动员好像训练给他带来很大的烦恼和压力，这样的运动员就出现了失衡的问题。压力和恢复之间的平衡是成绩提高的基础，光有基础还不够，此时还需要"好的压力"来不断适应。"好的压力"会增加应对压力的能力，最后变得能适应当前的运动负荷。"紧张、高强度的刺激"与"调整放松"交替，增加身体和心理上对压力的承受能力。

运动压力分为三个方面。（1）身体压力：例如一场比赛、一堂强度课。（2）心理压力：思考这场比赛的战术等。（3）情绪压力：对自己如何完成比赛、强度课的担忧、紧张、害怕、恐惧等。托尼（Tony）教授讲过一个实验，优秀运动员与普通运动员之所以不同，是因为优秀运动员在完成压力递增的表象训练中受益是最大的，而普通运动员不是这样。所以非常核心的概念就是压力，其实对高水平运动员来说压力应对是非常核心的方面，是低水平运动员技能完善的成熟的关键。

对运动训练的恢复来说，没有恢复，压力就变成了线性的、恒定存在的，最后会削弱运动表现。恢复技能是区分成功者和失败者的关键。在训练过程中会发现，有的队员明明练得很好，但是有一天发现他练不动了，这段时间没有睡好，类似的情况是没有恰当地做恢复这一方面，以至于很多训练不能持续进行下去，之前打的基础就浪费了，可能训练水平还会下滑。我们要重点从以下这几个方面去做：（1）身体压力的恢复：睡眠、饮食、休息等，除了放松、按摩，最重要的有效恢复手段是睡眠；（2）心理压力的恢复：心理释放，感觉平衡，富有创造和想象力；（3）情绪压力的恢复：情绪释放，积极情绪回升，觉得训练有趣、愉悦，负面情绪减弱，安全感增加，自尊、爱、满足感增加。情绪也需要平衡，我们不是不允许出现消极情绪，而是要让积极情绪和消极情绪在一定时间处于相对平衡的状态。情绪和情感是"真实自我"的语言，它在平衡状态下会带来积极情绪，消极情绪意味着高压力与恢复之间失衡。虽然有的运动员不善言辞，但他总有自己特有的方式来表现他的情绪。情感压抑或情绪压制并不意味着是好的应对方式，反而可能把压力与恢复之间的反馈机制打乱了。

情绪与运动表现是直接相关的，2010年学者瓦斯特（Vast）研究采用运动员主观报告的方式，探讨了体育比赛中积极情绪和消极情绪对运动员注意的影响，结果发现积极情绪被认为更可能导致表现出相关的注意集中以及自动化的身体运动表现。消极情绪，如焦虑，会使质疑指向内部的想法、感受和个人的担忧，这会占用工作记忆容量，导致注意更多指向与任务无关的线索，而非运动任务。积极情绪和消极情绪在整个运动过程中是经常会出现的，积极情绪对认知会发生一些作用。积极的情绪，相当于平静放松的一种状态。这样的一种心境状态对我们的认知会产生什么样的影响呢？近10年我国积极心理学的研究发现，积极的情绪会扩大我们的注意资源和思维资源。在积极的情绪下遇到困难会想出更多的应对方式，同时它也会扩大我们的注意广度。如果在焦虑状态下就会引起另外一个特定的方式，会缩小我们的注意广度。所以积极的情绪对我们的运动表现是有帮助的。

那么消极情绪会怎么样呢？消极情绪，如恐惧、焦虑，会引起另外一个特定的反应方式。当出现焦虑情绪时会使我们的注意更聚焦，这时会只关注当前，想到的方法就会少。同时对注意广度和认知也会产生一定的影响，更主要的是消极情绪会影响我们的一种特定的行为反应，叫作战斗—逃跑反应，这是人类进化过程中为了适应和生存，所进化出来的一个相当于生存本能的机制。碰到危险的时候，要么战斗，要么逃跑。这个机制在人类进化过程中是非常有生存价值的。但是就目前来说，人们遇到的压力不会出现生命攸关的事情。这样一个机制在我们生活当中仍然会产生一些作用，比如在公共场合进行一个公开的演讲，你就会产生焦虑的情绪，而焦虑的情绪会引起战斗—逃跑反应机制。这个战斗—逃跑机制在内是有一个HPA轴（下丘脑—垂体—肾上腺轴）的激活，当面对危险的时候，下丘脑会分泌一些化学物质。这些化学物质会直接刺激大脑中下垂体释放激素，下垂体释放的激素直接刺激肾上腺。这时候肾上腺会释放糖皮质之类的激素，然后给我们后面的行动提供能量。HPA轴激活之后影响更多的是我们的行为反应。其实这时候就得到了一个应激反应，应激反应主要是交感神经在发挥作用。换言之，应激反应就是大脑充血了，听力也提高了，注意力非常敏锐。瞳孔放大了目的是获得更多的信息，心跳加速，心脏泵出的血更多，给整个身体提供的能量会更多，消化系统被抑制，所以整个肌肉获得的血液更多，这时候产生的所有应激反应都是来帮助你应对当前的突发事件。这时候免疫系统是被抑制的，所以，长期处于压力应激状态下，人容易得一些感染性的疾病，比如说发炎等，所有耗能的系统都要关闭来应对当前的这个事情。所以说行为反应会出现这种应激反应，情绪反应会出现恐惧、焦虑、抑郁和愤怒这样的情绪。对运动员来说，不是不能焦虑，而适度的焦虑才是合适的。适度的焦虑会提高警觉水平，会使我们在做任务的时候投入轻度的恐惧具有积极的意义，比如司机在开盘山路时在过于放松的情况下会忽略一些危险的刺激。愤怒的情绪反应是带有攻击性的，在激烈情境的比赛场上，很多项目是对抗性的，所以运动员有时候需要一些愤怒情绪。如果运动员在赛前出现愤怒的情绪我认为是好的，这时运动员出现愤怒的情绪会促进自身的运动表现。另外还有一种抑郁的情绪反应。一般来说，个体在评估当前的情景，当发现我们不能应付的时候就会失去信心，这时候情绪表现就是抑郁的状态。

出现应激的心理反应是怎样的呢？2002年，获得诺贝尔经济学奖的丹尼尔·卡尼曼（Daniel Khneman）写了一本名为《快速—直觉—情绪化思考》（*Thinking：fast and slow*）的书，他认为人的思考有两个系统，一个是快速的更倾向于直觉的反应，另外一个是情绪化的反应。其实这里更多的是快速直觉情绪化的反应，启动了大脑中比较原始的一个系统。前额叶负责判断，边缘系统是负责情绪的。当一个人情绪波动较大的时候，边缘系统会抢占前额叶的工作，导致人在极端的情绪下做出不恰当的反应。

既然我们提了这么多情绪和行为与训练的直接关系，那么在训练中我们如何监控情绪？我自己常用的是POMS量表，心理学工作者应该都不陌生，这一量表在实践应用中是比较好用的。因为它能够反映出运动员的情绪问题，也能反映运动员心理失调的问题。有资料显示，大高强度的训练或者大超负荷的训练会给运动员带来情绪的紊乱。举例来说，2012年冬训期间一个队员的量表结果经过我们的评价，有一个慌乱的情绪维度特别明显，消极情绪也明显偏高。针对这样的一个结果，我们当时认为，这个运动员出现了心理疲劳的临界状态，第一方面，我们跟运动员和教练沟通怎么样通过调整训练缓解心理疲劳。第二个更重要的是我们解决他的情绪问题——慌乱。在冬训进行了一个多月的情况下，为什么会慌乱？这一阶段是按部就班像高考一样一点点增加成绩的阶段，一般冬训持续的时间是4个月，在这个慌乱的问题上我们进行了两次咨询。一是冬训的目标，在第一次咨询中谈到整个冬训运动员给自己设置了一个什么样的训练目标。另外，第二次咨询需要了解为什么要坚持下来继续做运动员来训练。国家队高水平运动员的竞争是非常激烈的，有的运动员在训练过程中就会时不时有放弃的念头，就会想这么辛苦的付出值不值得，所以高水平运动员在职业生涯中怎样坚持下来，是第二次咨询要做的事情，在两次咨询后他的训练可以开始正常化进行。

除了PMOS量表外，还有一个指标可以反映运动员的情绪，就是皮质醇。皮质醇是一个压力激素，在压力状态身体需要皮质醇来维持我们的身体机能。如果没有皮质醇，我们的身体可能没有办法对压力做出一个有效的反应。这个压力可以分为两种：一个是急性的压力，就是一个非常紧急、危险的事情出现的时候所产生的压力，这时候人会分泌肾上腺素和去甲肾上腺素，举个例子，它就像汽油一样，汽油一点就会迅速燃烧，它能在短时间内爆发巨大的能量，持续的时间一般为1～20分钟，类似于打架、逃跑这样紧急的事情就会出现急性的压力；但更多的是慢性的压力，即第二种压力，这时候就依赖皮质醇来进行长期的抗战。对运动员来说，训练是主要的事情，运动训练可以看作是一个慢性的压力，训练量和强度既是挑战也是压力。皮质醇除了反映情绪以外，还和体重有直接的关系。皮质醇是分解体内蛋白的一个激素，它之所以能够变成能量是因为它把人体内的蛋白质进行分解。在压力情况下，皮质醇的水平比较高，这时就会把蛋白质分解来提供能量，所以就会得到一些消耗。在运动员身上来说，想知道他在参赛前有没有出现焦虑的情绪或者压力大的情况，有一个非常简单的指标就是称体重。对举重运动员来说称重也是他每天要做的一个事情，体重也是需要管理的。对普通人来说，一晚上的基础代谢，加上早上的排空以外大概损耗0.5公斤的体重，这是正常的。但如果运动员发现一晚上体重少了1公斤，那就可能是压力太大导致消耗体内的能量太多了，所以有时候我们可以通过体重的观察发现他到底有没有在焦虑。

有时候问运动员：“你担心吗？你焦虑吗？”类似这样的话，并不能直接提供真实的答案，我们只能通过一些行为的观察或者量表的手段来观察运动员真正的情绪状态。但是这些手段在比赛的过程中是不太适用的，所以我们要通过其他的手段来观察。除了依据体重，我们还可以根据睡眠情况。在睡眠的情况观察中，我们可以去问他昨天晚上有没有睡好，这个是可以问的。为什么运动员的睡眠和他的压力、焦虑有关系呢？压力和焦虑启动了神经内分泌轴—HPA轴，这个神经内分泌轴涉及肾上腺素，要分泌出肾上腺皮质激素和皮质醇，这些都是提供能量的让人处于警觉状态的激素。总是处在警觉的状态自然是睡不着的，会出现失眠，比赛前出现失眠其实也说明运动员处于一个高焦虑状态。从睡眠、体重来进行监控是因为它们与皮脂醇密切相关，在训练中我们也要监测皮质醇。训练是需要一点点不断循环提高的，要打一个新的平台，再打一个平台，皮质醇低的情况下，这个平台是打不上去的，表现出来就是不能承受训练负荷的要求，训练强度实现不了，训练量达不到，练着练着就累了或者其他训练任务不能满足，而情绪上是紊乱的，运动员会出现焦虑、抑郁、慌乱，等等。另外自我效能感也会非常低，他会觉得自己满足不了当前的训练要求，同时，对运动员来说也会出现意外的伤病。

皮质醇怎么监测呢？我们是在静息状态下对皮质醇进行监测，基本上每周都会有一个血液指标的监测。这里举一个案例，有一名运动员参加青奥会，在赛前6周的时候，他的皮质醇突然下降的非常多，监测的皮质醇指标低于5。这时候他的情绪上也出现紧张、焦虑、烦躁、抑郁、慌乱等症状，同时他还有一个症状是入睡困难。一般赛前两周会出现焦虑，大赛前6周出现是需要直接干预的，我们做了压力咨询和情绪疏导，同时对他的睡眠时间做了一个调整，必须晚上睡眠达到7个小时，午休控制在1小时左右。在这个过程中，我们对他做了一个POMS量表，结果发现，确实表现出比较明显的情绪紊乱和抑郁。通过一周的咨询干预他之前皮质醇值低于5，到了下周一他的皮质醇回升了，上升到11.02，虽然不是最理想的数值，但是能够进行相对正常的训练了，这就是通过监控皮质醇来控制情绪。

同时，情绪还和我们的行为是密切相关的，弗洛伊德说过所有的精神力量只有通过唤起情绪才有意义，心理学家荣格也认为情绪是具有动力特征的。为什么情绪会有驱动力的特征？驱动力就是驱动行为重复不断的出现。这里涉及一个大脑理论，有一种化学物质叫多巴胺。多巴胺是让我们追求快乐的，任何有可能激活我们奖赏系统的东西，都会可能导致多巴胺水平升高，比如说喜欢美食、咖啡的香味儿。当多巴胺控制了，人的注意力在这时只想着获得。喜欢美食的人，看到了就走不动路，非得吃到嘴里才满足；喜欢咖啡的人闻到咖啡的香味儿就一定要去喝杯咖啡，其实这就是一个重复型的类似于成瘾的行为，因为在吃美食、喝咖啡的时候，会从心里感觉到是快乐的，快乐就会促使你不断地去重复这样的行为。同时大脑要维持一定的化学物质的平衡，分泌更多的多巴胺其实下一步就是抑制了，就要降低多巴胺的水平。多巴胺水平高的时候，我们才会感到快乐，为了获得更高水平的多巴胺我们会摄入更多的成瘾性物质，让多巴胺回到正常水平，相当于恶性循环。

既然情绪本身是有驱动力特点，他会给我们带来一些重复性的行为，那么这会使我们养成一种习惯，当某一个行为带来快乐，重复一两次之后，慢慢它就变成了一种行为模式，形成行为习惯。习惯可以使我们更好地适应环境，反过来在培养习惯过程中也可能会养成一些坏习惯，比如成瘾习惯、暴饮暴食、过量摄入酒精、过量摄入咖啡因。大家都直觉性地认为运动员应该维持一个良好的作息习惯，不抽烟、不喝酒，这实际上不是所有的运动员都能做到的。另外还有强迫性的习惯、病态的习惯，有的运动员会在关键时期生病感冒。比如说，一般运动队短训的四周中第三周或第四周是上强度出成绩的时候，一个训练得特别好的队员在第三周的后半段，出现突发性的嗓子发炎。这么一个发炎行为，我们认为是有可能他承受不了冲高强度的训练要求，身体就会做出这样的反应。或者他在以前出现过类似的情况，生病以后，压力事件就得以缓解，所以他的心理放松了，如果这样，生病会在关键时候变成他的行为习惯，这是病态的习惯。另外还有保护性或逃避性习惯，比如各种各样的恐惧症、慢性疼痛，我们可以观察运动员身上有没有这些坏习惯。

情绪监控，除了用量表等心理学的手段，还可以用生活化的手段，比如皮质醇指标，更简单的还有观察他的日常行为，这些行为也包括一些习惯性的东西。这些习惯的形成可能是由于之前压力应对不良造成的，习惯的形成有一定的机制。心理学上最简单的条件反射的适用范围不仅是在生理上建设起来的，我们的思想甚至是某一个行为和情感其实都可以通过这一机制建立起来，比如说很多酗酒的人他认为酒精能够帮助他应对生活中的压力和挫折，因为曾经出现压力的时候，他自认为通过喝酒缓解了。所以他在遇到压力的时候，最直接的行为就是喝酒。另外习惯形成的过程除了条件反射的原理之外，还有条件反射的泛化，通俗地说就是“一朝被蛇咬，十年怕井绳”。恐惧和害怕的东西最终会泛化到所有类似的东西上。除此之外还有一个潜意识的条件反射，你的条件反射不是在你的意识范围之内的，比如《生活大爆炸》里面的谢尔顿（Sheldon）每次一生病就唱歌或让别人给他唱安眠小曲。还有一种情景性依赖条件反射，就是如果我们在某个情景中做了某个事情，那么这个情景再出现的时候就会让我们回忆起之前所做的事情。比如，足球运动员在传球时受到对方运动员的撞击，背部受伤，伤好之后在平时训练中没有任何问题，但只要到比赛的时候，每次传球时就会感到背部疼痛，其实就是他过往的经历和比赛的情景建立起的条件反射，比赛的情景唤醒了他之前的记忆。另外通过社会观察，比如说团队中核心人物的示范效应，在运动队中奥运冠军对其他队员有示范作用，别的队员会根据他的行为去模仿他，所以团队中的核心人物在管理上非常重要，管不住核心队员，他就会把整个队伍的风气带坏。另外还有一种细胞层面的条件反射。

知道了如何监测运动员的情绪，那么接下来就涉及运动员的情绪调节。调节的核心概念是平衡。大脑的边缘系统可以说是人类的情感系统，还有一个高级的系统是大脑皮质，尤其是额叶。这两个系统分别主导快速直觉情绪化思考和较慢的慎重的逻辑思考，它们在一定时期会处于相对平衡的状态。如果大脑皮质前额叶过于发达，在出现情绪事件的时候，前额叶占主导，反映的结果是不表达情绪压力，压抑自己的情感。不表达压力并不代表着是件好事，因为压力会在其他的时间爆发，所以我们要警惕这样的情况。但也不能让情绪占主导，如果情绪占主导，比如你愤怒了就会做一些攻击性的行为，会带来一些更可怕的后果，所以需要两个系统相互平衡，这时候我们就尝试用不同的信念来看待压力事件。当出现压力事件，边缘系统激活的时候，我们换一个角度看问题会发现办法总比问题多，用不同的信念可以将焦虑和恐惧压力转化为动力，还可以想办法将降低焦虑感与成功处理压力事件之间建立起联系，就是在人类的行为中重新建立起新的条件反射。

情绪调节首先要讲信念，大家都知道安慰剂效应，其实安慰剂效应有一个核心的概念就是信念的力量。每当有新药要上市，就会进行安慰剂测试。安慰剂可以由淀粉、糖等充当此药物成分的代替，试验效果出来以后会发现，假如一个新药的药理作用是40%的治愈率，那就是40%的作用，而安慰剂一般也会达到20%～30%的效力，这20%～30%就是心理暗示的作用。安慰剂效应是心理上对康复的期望引起了生理的反应，所以我们要想办法影响我们的信念，尤其是运动员，对一个事件的信念会影响到他的行为。反过来，我们也可以通过改变他的信念来纠正他的行为，比如面对压力事件，我们可以把一场比赛当成决定一生成败的重要事件，拿下奥运冠军后会功成名就，但我们也可以把它看成一次挑战。把比赛看成一个决定成败的重要事件时，就会出现“choking”现象，看作一次挑战可能会有另外一种现象。面对压力要做一些心理准备，其实心理准备也是一种信念，你认为自己能够承受这个压力，或者说承受压力是成功必然要经历的一个环节，你就会做出相应的心理准备。另外信念与压力带来的生理反应也会有一定的关联，有的人接受自己在比赛中的焦虑与压力，认为这是正常的，就会想办法控制自己的行为；有的人认为它是不好的难以接受，急于摆脱当前的困境，就会希望这场比赛快点结束，甚至有逃跑的想法。对压力事件所持的信念做调节使用的是心理学的认知疗法中的理性情绪疗法。另外梅琴鲍姆提出的自我指导训练法以及自我语言，就是当事人对经历的事情经常会有一些内心独白。另外一个简单的方法就是当运动员认为自己没有办法应对当前的挑战或者解决当前遇到的挫折，可以把自己想象成为一个力量非常强大的人，这样可以唤醒内心的力量。

情绪的调节除了调节我们对压力事件本身所持的观念之外，还可以调节情绪本身，我们要学会管理我们的情绪以及情绪带来的生理和心理上的不适感，具体方法可以用压力疏导，学会表达情绪和感受。谈论情绪本身的时候能带来恢复和释放，比如和心理咨询师直接面对面交谈，也可以自己写日记，写日记不是记录当时的感觉，而是写下当时的情绪，还要知道为什么会出现这样的情绪，要学会去识别自己当前的情绪状态，同时最根本的问题是要学会解决问题。另外社会支持方面可以通过亲朋好友和教练来获得，尤其是运动员的好朋友，此外可以通过专业咨询师来指导，同时在调节情绪的时候还要想办法调节自己的主观压力感以及情绪事件带来的压力。调节的方法有重新体验和评价当前的刺激事件，还有正念、冥想、心理放松训练等。我一般建议运动员培养良好的习惯和兴趣爱好，比如健身、练瑜伽、钓鱼、学习乐器、跳舞等，这些习惯可以让自己放松下来疏导情绪压力。情绪调节还可以从生理反应方面来做，负性情绪会带来生理上的不适感，我们可以想办法让自己适应这样的生理反应，可以使用生物反馈训练，学会深度的放松以及意象疗法。情绪既然能表达出来一定是有内在的需求，需求满足的时候就会带来平衡，没有满足的时候就会失衡，带来消极情绪。除了满足需要以外，还应该控制需要，并不是所有的需要都得满足。

从马斯诺需要层次理论来说，我们有不同的层次的需要，最基本的是安全和生理的需要，对运动员来说，比赛的时候，一定要赢得比赛或者证明给自己看，其实是尊重的需要，也是最高层次的需要，有时候我们也会试着去考察运动员的内在需要。

第五章

各领域应用心理学方法对运动心理学的启示

军事作战心理学理论与方法在体育比赛中的应用

石家庄机械化步兵学院　王京生

在军队当中谈得最多的就是纪律，但什么样的纪律才最有效？在炮兵的操练中，除了射击之外，还有一个是关于炮手怎么操作，比如一炮手在哪个位置，二炮手在哪个位置。一下命令，大家各就各位。后来一个军官发现这里面总有一个人没事干，他一会儿站前面，一会儿站到后面。没人知道是怎么回事，条令是这么规定的，他们是按照条令做的。这个军官好奇这件事，然后去查，查到了拿破仑的那个时代。原来那个时代炮是用马拉的，所以把炮卸下来的时候，需要有人看马，所以这个人是牵马的。现在马没有了，这个条令也取消了，一直有一个人在那里站着没事做。这就告诉大家要有为群体成员所理解并且接受的目标，无论是作息制度还是日常行为规范，不仅需要理解，还要大家都能接受，认为这是应该去遵守的纪律，所以如果违反了纪律，就会带着一种内疚，害怕带来的后果，这样的纪律是有效的。否则大家觉得这只是一个游戏，只要躲开规则就行了，那么这种纪律就不能够真正起到作用。

另外，纪律需要与公众的普遍行为准则相一致。比如说当今的战场，跟过去有很大的不同，过去强调击毙多少敌人、杀伤多少敌人、俘虏多少、缴获多少等等这些战果。现在则强调的是在这场战争中，在实现了军事目标之外，平民无一伤亡，强调打得很文明，打得符合国际法。还有纪律要用易于理解的语言表达，有的纪律、规范很多，并不一定能够内化成为个人的信念，并不一定能够真正记到脑子里。最后，处罚的类型和程度要公正，执行纪律的措施和纪律本身的性质要一致。

第二个问题——军人群体与团队协作。军人的勇敢跟团队有关，是在团队的基础上实现的。同样的一个人，他可能会变成特别勇敢的战士，也可能胆小怕事，这在很大程度上取决于他所在的团队的内部状况。关于团队，任何一个群体无非都有两个功能，一个是对组织的，那就是个人必须完成组织的基本任务；第二是对个人的，除了完成组织的基本任务，组织必须满足群体成员的心理需要。任何一个领导，必须兼顾这两个方面，只关心任务，不关心个体的心理需要，这个团体就很可能变成一个低士气的团队。如果成员之间很开心，但是不干活，也不是一个组织所需要的团队。

群体动力学（Group Dynamics）的基本含义就是整体大于部分之和。在军队当中开展心理辅导的时候，往往想到是个体心理疏导。所以当心理工作者去上课的时候，往往会被要求讲一讲怎么去疏导一个人。实际上这是难以完成的任务，因为专业性的心理疏导，一次讲座是讲不够的。如果作为一种心理咨询的技术来讲，这是需要专业的培训。如果一个指挥员或者教练员，为了做个体的心理辅导去学习，要学的东西比自己专业化的东西还要多，这不现实。一个群体的领导者可以尝试去从群体的角度入手，开展群体的工作。体育运动中经常讲的“team work”，告诉我们不是一群优秀的人凑在一起就是一个优秀的群体。群体成员在各方面都不算优秀，但是成员之间的关系非常和谐，这样可以形成一个士气很高昂的群体，每个人的工作做起来就要简单得多。所以说，整体大于部分之和。一个领导或者指挥员要能主动地去调整群体结构，重点关注群体成员彼此之间的关系。

在20世纪80年代，有个美国教授来讲课，上课的时候，学生都坐在后边，前边没有人。他对系主任说：“你给我把人都弄到前面来。”系主任费了半天劲，大家就是不愿意动。教授反而在一旁很得意，他说：“同学们都来我这里，我这里有一堆有魔力的黄纸，一人拿一片。”哗啦一下子学生都上来了，一人拿着一片，惊奇这是什么东西，后来发现上面写着字母和数字。接着教授给拿着不同序号的同学安排座位，等学生都坐好了，教授说：“写有A字母的人现在介绍你的个人情况，B做笔记。”全部介绍完了，之后B介绍，A做笔记。同学之间都不认识，所以很热闹，折腾了大概10分钟，教授开始讲课。他告诉大家，这个课叫——group dynamic in classroom——课堂上的群体动力学。他说：“刚开始你们坐到这里，彼此之间都离得很远，都不参与，那这节课可能就会变成我一个人在作报告，课堂效率是非常低的，所以我想让大家都没有任何顾虑地参与进来。我首先要做的就是打乱你们的结构，让大家变成一个彼此之间没有任何隔阂和障碍的群体，然后才开始讲课。”在这个过程当中，他并没有一个一个地做动员，而是从群体角度着手，打乱群体原有的结构，让每个人成为集体的参与者。

所以得出结论：军人的勇敢不但是一种个人的素质的体现，更是取决于其所在的群体的凝聚力、士气和团队精神。在这里有三个重要的概念，凝聚力

（cohesion）、士气（morale）和团队精神（esprit de corps），这三个概念的层次是不一样的。

凝聚力更多的指群体内部之间的相互关系，群体成员互相信任，互相依赖。每一个人都相信能获得群体其他成员的帮助，相信他人有帮助自己的能力和愿望。在一战、二战期间，把凝聚力叫作共享香烟和同冒死亡危险的兄弟关系。另外就是信任群体的领导者，相信领导不仅有能力，而且还会对群体中的个体负责。比如在足球队伍中，每个人都有自己的任务，但是必须依赖他人才能完成自己的工作。如果群体中有人退缩，可能会对群体的整个目标造成影响。凝聚力通常是针对一个团体而言，但是一个高凝聚力的群体并不一定是组织所需要的，如果它本身目标和组织目标不一致，甚至会产生一定的反作用。

在凝聚力之上更高的一个层次是士气。多少年来，人们一直在探讨到底是什么在决定士气。有人认为军队的强大体现在军队的规模上，后来人们发现军队的数量并不一定产生绝对的优势，开始探讨其他的因素，比如队形、阵型、阵法。随着冷兵器时代的结束，在战争中没有像以前那样继续采用一些固定的排阵方法。热兵器时代都是散兵线，很难集结成一个有固定阵形的队伍打仗。人们仍然发现有这样一个直接影响战斗力的因素，就是士气，跟前面所述的凝聚力不一样，士气包含对组织目标的认同，就是对完成组织任务的成就感。个体不仅愿意隶属于这个群体，还愿意完成在组织中所承担的任务，并且坚信一定能成功。其他影响士气的因素有：对组织的信任，对领导的信任，对其他群体成员的关爱和忠诚。士气高的群体会形成一个重要的社会支持网络，每一个人都认为自己是重要群体的重要成员。

比士气更高的层面就是团队精神。团队精神具有认同次级群体的特征。在这个基础上，自尊与团队的荣誉相联系，个体以所在的团队为荣，而且愿意展示所属群体的标识。一个团队可能凝聚力很强，但是如果团队精神背离组织目标，那么这样的一个团体士气就不会高。外国的军队在心理方面的训练有一个特点：在战前不要过多地强调战争的意义，更加注重的是在士兵的个人目标和重大的国家目标之间加入一个略小的并且没有争议的高尚的目标，实际上就是群体的目标。士兵不是为了自己而战，也不是在单纯为国家而战。影响团队精神另一个因素是首属群体，所谓首属群体就是个体直接面对的群体。面对面的群体的范围和士气是相关联的，首属群体之间一般是互称我们，我们连或者我们排。心理训练的重点是针对首属群体，有些教育工作，包括宣传攻势和心理工作，在作战之前已经开展，但是士兵在战场上如何表现，是否勇敢取决于他所在的首属群体，首属群体重点培养的就是团队精神。军人在战场上，归根结底是为了“我们”团队的目标而战，完成这个任务我们能获得荣誉。

关于如何提高群体动力，首先是增强领导的人格影响力——做重要他人。社会心理学认为，做宣传教育的时候，往往谁在说比说什么要重要。要想改变一个人的态度，前提是他认可你，他愿意被你改变。所以想要做一个有影响力的领导，就要做他的重要他人。在专业领域，重要他人往往是能力比你强，站得比你高，看问题比你深刻的人。作为一个指导员，如果你是一个士兵的重要他人，你不用告诉他应该怎么做，他会主动琢磨你喜欢什么样的人，朝着那个方向尽量去表现，不让你看到他不行的一面。所以提高群体动力的着力点首先是要做他人的重要他人，其次是提供社会支持，就是群体给个人带来一种安全感，每个人都彼此信任，互相依靠，提供社会支持。

另外一个方式是促进群体内部的沟通，营造一个和谐的人际环境。基层部队士气低落的时候，大家都看到了问题所在，但是不知道从哪里入手。这个时候可以尝试从群体的角度出发，首先看看在群体当中沟通是否出了问题。在实际生活中，对于有一定利害关系的人，人们往往很难表达出自己真实的想法。如果把一个士兵叫来，告诉他：你对我有什么意见尽管表达，明天就办。这样往往不会有太大收获。因此，如果能够改善群体之间内部的沟通，真正掌握一个下属对你的评价，是能够提高士气的。有一个方法叫作关键事件群体晤谈（CISD），它来自于战争期间的军队，士兵执行完任务回来以后，每个人说一说今天的事情。现今，它成了在危机干预中的一种治疗手段，就是所有经历过灾难的人坐在一起回顾一下发生了什么，在一定程度上也起到了脱敏的作用。比如在部队里面的事后总结，大家谈谈今天做了什么工作，它的特点在哪里。这种做法体现了群体沟通的要点：及时的反馈和无批判性。群体沟通除了要求大家能够畅所欲言，还要看领导能不能坦率地听他人表述自己的看法，听完之后去分析其可行性。如果大家发现这种形式是规律性的，那他就会很认真地对待这个渠道。假如建立一个零报告制度，每周通报我们对反馈的问题的处理，不指望所有的问题都能够解决，但是可以给大家一个及时的反馈。第一个问题怎么解决；第二个问题我们解决不了，但是给大家一个交代；第三个问题超出我的权限，望大家理解……只有建立这样一个正面反馈，沟通的渠道会越来越畅通。沟通不一定能够解决所有问题，但是沟通效率高的群体一定是一个高士气的群体，即使是解决不了的问题，大家也能够一起面对。

第三个问题是关于军人心理训练的探讨。目前就军队来讲，有很多训练的方法，第一个是模拟训练。与军队的模拟演练相似，关于运动员的模拟训练，可以模拟运动现场的比赛氛围和仿噪音，但是我认为真正给运动员造成压力的是比赛输赢的意义，而这个意义好像是模拟不出来的。某种意义上来说，模拟的情境没有起到真正的作用。在技能操作上的模拟可以降低训练成本，减少训练事故，但是这种模拟常常解决不了问题。第二个方法是放松、表象训练和生物反馈。军队也有一些类似于比赛性质的活动，事关国家、个人荣誉，而且个人的心理压力格外大。比如天安门广场阅兵、参加国际联合军演，这个时候压力是非常大的，所以要采用一些放松的心理训练的方法帮助他们减压。第三个方法是脱敏训练，一个老师讲："你参加的比赛多，实质也就是脱敏。"一件事情经历得多，其本身就是脱敏。所以有机会要多接近实战现场，接近的次数越多，脱敏的效果越好。

拓展训练也是一个心理训练的方法，拓展训练起源于二战期间，那时英美的商船经常被德军的潜艇击沉，之后人们来救援的时候，发现很多年轻力壮的人死了，但是有些看起来年老体衰的却还活着。人们开始关注这些幸存者具有哪些特质。调查结果发现，这些人坚信有人会来救他，当他抱着希望的时候，在很大的程度上能够创造生命的奇迹。但这些人为什么相信别人会来救他，这实际跟他们的团队关系有关。后来人们从此得到启发，模拟这种场景，建立一套训练方式，让人们在这样的过程通过互助去克服各种困难，超越极限，并且作为一种特殊情况下的生存训练。这种方式后来也被应用到企业培训，在企业陷入困境的时候，这种训练能够让员工重振精神。拓展训练的初衷是一个认识自己、了解他人的活动平台，而不是突破个人极限。作为一个组织者（教练员或领导者等），借助这样的平台可以观察在组织当中，成员都在扮演什么样的角色，有没有游离于群体之外的，有没有对活动不敢兴趣的，有没有使不上劲的，其实如果能够在活动中观察到这些问题，即使有的成员不能够顺利地完成活动都不重要，拓展训练最重要的是一个平台，从中可以发现团队存在什么样的问题。因此，我认为一个合格的拓展训练至少应该包括两个环节：第一，让个体融入团队，大家在活动开始之前把团队看成是一个彼此相互依赖、谁都离不开谁的一个群体；更重要的就是第二个环节，活动过后，能够让大家从中得到一些升华。如果活动具备了这样的内容，扩展训练就是有价值的。

下面探讨压力与工作绩效的关系。大家发现存在这样一种现象：原来表现很好的人到关键的时候就开始掉链子。心理学告诉有一个很重要的原理：压力和动机与工作效率之间的关系都是倒U型曲线。压力管理就是把压力水平维持在一个合理的状态，那就能使绩效最高，幸福感也最高。但是一个人如果经常处于高压力状态，他的效率会在达到高峰之后开始下降。所以说压力管理，其实不是让大家摒弃压力，而是维持在一个最佳的状态。

心理学当中有一个提高成绩的方法——强化。强化其实就是奖励，有正强化和负强化之分。强化的理论最初是由巴甫洛夫提出来的，当肉呈现在狗的面前的时候，狗的本能反应是分泌唾液，但是你给它一个音乐旋律，它没有什么反应，因为音乐旋律对于它来说没有任何生物学上的意义。但是当肉和音乐旋律结合呈现在它面前的时候，结果多次反复，音乐旋律也能够引起它的唾液反应，也就是学会了对音乐旋律做出反应，建立了条件反射。它是怎么学会的呢？因为有肉作为强化物，作为奖励。美国人斯金纳设计了更加精确的实验，是关于老鼠的操作性条件反射的。让一只老鼠在笼子里面随意地活动，偶然按动了杠杆，就会出现一个食物球。用行为主义的话来说，这个食物球就是对老鼠按压杠杆行为的强化，被强化了的行为，出现的频率就会增高，慢慢地老鼠学会了进到笼子里面直接按压杠杆，获得食物。因此说这个行为是被奖励出来的。

在部队领导和教练往往就只知道两个概念：一个是强化，一个是惩罚。当成绩达到一定程度上不去或者开始下降的时候，他可能一开始还给予奖励，但是到一定程度就没有了合适的强化物，那就开始惩罚，打不好就要加班、不许睡觉等。最后只能在强化和惩罚里面打转，认为正强化是奖励，负强化就惩罚，然而负强化的正确概念是撤销惩罚，撤销惩罚反过来看就是一个奖励。当没有合适的强化物，用更多的惩罚堆上去的时候，最好的奖励是撤销惩罚。谁表现得更加突出，谁就能获得比别人更多的自由，它比任何的奖励可能都更加有效。

再回过头看斯金纳的实验，假如这个笼子里没有食物，而且通着电，把老鼠电得乱窜，这个时候它偶然按压杠杆就停电了，第二次它再被放进去，又是乱窜，然后又按压了杠杆，电又停了，这样它会很快就学会按压杠杆。在这种情况下，按压杠杆不是获取食物，而是停止电击，这也就是撤销惩罚。虽然操作性条件反射理论是心理学中一个很古老经典的理论，但是想想惩罚到一定程度，结果是什么呢？是习得性无助。比如把一条狗绑在架子上，然后电击，再给予铃声，再电击，再铃声，如此重复。把狗放出来以后，给他铃声，它会有什么反应呢？我们会想到很多种可能，比如逃跑或者咬人等。可实际结果是狗窝在那里不动弹，再给它铃声，还是不动弹。人们试图去揭晓其中的规律，发现狗其实当时想逃避惩罚，但它跑不了，多次努力都不能改善自己的处境的结果就是变得对惩罚无动于衷，没有反应了。其实人也同样如此，个体会倾向于避免失败，到最后多次的努力也不能避免失败的时候，个体就会形成习得性无助。

行为主义强化理论塑造过程告诉我们，第一，不管运动员跟别人比是什么样的水平，你要敏锐地觉察到他变化的幅度。比如有些项目本来就处于比较低的水平，拿运动员跟国外某一个标杆对象比，用奖牌的数量、名次来要求他是不合理的。你可以要求他努力训练，让他超越自己，让他比现在做得更好，但是你绝不能给他规定第几名，因为第几名不是他能够决定的。如果他出现了一定幅度的变化，他超越了自己，这个时候要有觉察变化的敏感性，需要及时跟进，那他就会一步一步地往前走。第二，提高成绩需要一个循序渐进的过程，要经历一个过程成绩才能逐步地上升。第三，选用最佳的强化物，一个缺乏尊重的人，最需要的强化物就是尊重，一个缺乏信任的人最好的强化物就是信任。第四，即时的反馈，只要有变化就应该强化。

最后想强调的是群体动力学的观点，整体大于部分之和，当我们关注某个个体的时候，一定不要忘了他是生活在特定群体中的个体，这个群体对他的影响至关重要。从心理学的角度做一个人的心理工作，我们需要学习专业的知识和技能，但是管理一个团队是每一个人都应该学习和实践的内容，因为其可迁移性非常高，如果你能够和一个3～4人的小团队进行良好沟通，你就有可能在一个更大的团队当中跟别人做更好的沟通，有一天跨行到了另一个领域，这种沟通能力、管理团队的能力是能够迁移到另一个领域中的。

正念训练对运动员心理状态的干预效果

郑州轻工业大学　刘冯铂

目前，精英运动员的临场表现已成为众多教练员和竞技体育科研人员关注的焦点。理论和实证研究都表明，适宜的心理状态是运动员体能和技战术流畅发挥的基础，能够提高其竞技表现。因此，为了帮助运动员在比赛时达到最佳的竞技水平，心理训练或干预具有极其重要的价值和意义。

传统的运动员心理训练研究范式主张通过心理干预（例如，心理技能训练，psychological skills training, PST）来形成有利于完美表现的最佳心理状态（optimal psychological state），如高自信（self confidence）、心流（flow）、反败为胜（clutch state）和最佳唤醒水平（optimal arousal level）等，期望通过获得最佳心理状态，使运动员拥有完美的竞技表现，该理论主要以第二代认知行为流派为基础，认为现行事件主要通过中介心理变量来影响个体的行为，即运动员想要最大可能地获得最佳表现，就需要通过心理技能训练（如目标设置训练、表象训练、唤醒控制、自我对话等）来提高控制心理状态的能力，以此获得高水平竞技表现所必需的内部状态。虽然有研究表明，传统的运动心理技能训练可以有效减少对竞技表现产生消极影响的心理因素，同时提高积极的心理因素，进而帮助运动员获得最佳心理状态，但许多研究结果显示，运动员即使不在最佳内部状态也能取得最佳的运动表现，这就导致以控制为基础（control-based）的传统心理技能训练与竞技表现间的关系可能与其基本逻辑假设产生分歧。

基于此，姒刚彦老师提出了运动员逆境应对理论，该理论认为理想竞技表现是指在竞赛中对各种逆境的成功应对，即便运动员没有处于最佳心理状态，只要能合理应对，就能够处在理想竞技表现上。与传统运动心理技能训练关注“控制”不同，逆境应对理论认为追求卓越运动表现的机制是人类在有限理性支配下的适应过程，实质是以“接受”为基础（accept-based），强调与之共存。

主张“接受”的心理行为训练方法以“正念训练（Mindfulness Training）”为代表。正念（Mindfulness）是个体有目的地（on purpose）把注意力不作判断（nonjudgement）地保持在当下（in the present moment）的体验上，并对当前心理事件进行觉察的一种方法，即每时每刻都专注于当下事件，每分每秒保持警醒，准备好接纳任何可能发生的状况，且不加评判。同样地，正念训练以接受为基础，是个体将注意力集中于当下体验的一种心理行为训练干预方法。正念训练不要求运动员对内部状态进行控制或获得最佳心理状态，而强调对当前处境及内部状态不加评判的注意，从而帮助运动员将更多认知资源投入在与当下运动任务相关的线索上，而非对内部状态的控制。

正念训练在心理指标上的干预效果Meta分析结论较为一致。如佐格曼（Zoogman）等人基于20篇同行评审期刊文章的研究分析显示，正念冥想干预对青少年影响的综合效应量在小到中等范围内，且对心理指标的影响更加明显；邓宁（Dunning）等人基于33项随机对照试验（randomized controlled trial, RCT）的研究分析显示，正念训练在改善儿童和青少年注意力、抑郁和焦虑等负性心理方面存在显著作用，具有小效果量；班贝尔（Bamber）通过对共涉及1492名被试的25项研究进行分析，发现正念冥想可以有效减少大学生焦虑；利兰（Leyland）对符合纳入标准的27项研究进行分析，发现正念训练可以通过影响个体的注意，从而增强负性情绪调节能力，并快速恢复执行功能表现。

在运动员心理干预方面，李（Li）等人对符合纳入标准的10篇研究进行Meta分析，结果发现运动员正念水平与心理疲劳（burnout）呈负相关，彼得森（Petterson）等人对1项RCT和2项非RCT进行分析显示，正念训练可以帮助高中生和大学生运动员提高正念水平，减少消极思想和压力感知；布尔梅尔（Buhlmayer）等人通过对包括290名健康运动员（包括田径、自行车、飞镖和排球等项目）在内的9项研究进行了Meta分析，发现正念训练可以提高运动员的正念水平，同时可以改善射击和飞镖运动员的部分心理状态。至此可知，多数研究支持正念训练在运动员群体中的干预效果。

此外，依据凯斯丁（Kazdin）的观点，考察正念训练干预效果的边界条件，或者说在何种情况下更加有效，比单纯检验有效性更有意义。那么，哪些因素可能会影响运动员正念训练的效果呢？

基于循证医学（Evidence Based Medicine, EBM）理念，我们从被试（Patient）、干预（Intervention）和对照（Comparison）这三个方面关注可能存在的调节变量；同时，综合已有研究，提出影响运动员心理状态干预效果的可能因素：其一，被试特征，主要包括国家地区和年龄；其二，干预特征，涉及干预周期、是否要求家庭练习以及主试资质；其三，研究特征，包括试验类别与研究质量。

第一，被试来源。将爱尔兰、巴西、美国、挪威和澳大利亚归为西方国家；将中国大陆、中国香港和伊朗归为东方国家或地区。正念思想源于东方佛教，其本身带有宗教色彩，表现出一定的文化地域性；与西方文化强调个人主义相比，东方文化更强调“修身养性”“集体主义”；此外，姒刚彦的研究表明，东方对冥想的接受度高于西方，且东方国家拥有更多理论和实践相结合的训练师。那么运动员心理状态的正念训练干预效果是否同样存在这一现象，这一问题值得思考。

第二，被试年龄。正念水平重点关注正念的五个核心要素：观察、描述、觉察性行动、不判断和不反应。有研究者指出，儿童青少年群体由于认知能力处于发展阶段，加之生活经验不足，且一般没有冥想经历，导致其在观察、觉察或描述等要素上的表现不稳定，同时其心理健康和痛苦或功能障碍较难通过正念干预得到改善，这就导致低年龄段群体的正念训练效果可能会受到一定影响；此外，Geiger等人的研究表明，高年龄段群体比年轻人更愿意接纳并直面情感和人际冲突。那么是否高年龄段运动员更容易掌握正念训练核心从而导致干预效果更好，还不明确。

第三，干预周期。根据前人的观点，能够坚持接受训练的个体随着训练周期的增加，心理体验的质量相应提高，更多表现出正性结果。然而，运动员不同于一般群体，尤其对于精英运动员来说，很难找到较长的空余时间接受完整的正念干预，且过长的训练时间可能会给运动员带来困扰，对于无正念训练经验的被试还可能产生“黑夜体验”（dark night experience），引发负性事件，进而影响他们的参与意愿并最终失败。

第四，是否家庭练习。家庭练习与否和正念训练效果之间的关系研究结论尚未统一。霍尔泽（Holzel）等人在对正念训练组被试进行功能磁共振扫描后发现，虽然正念训练能够提高参与者脑区灰质密度，但与正念训练量的大小无关；帕森斯（Parsons）等人检验了家庭练习与正念认知行为干预训练（Mindfulness-based Cognitive Therapy，MBCT）和正念减压训练（Mindfulness-based Stress Reduction，MBSR）干预效果之间的关系，结果显示，家庭练习量会对干预效果产生负性影响且未显著；然而，如前所述，在训练之余的有限时间内进行并记录家庭练习，能在一定程度上反映运动员的动机、对干预有效性的认可，以及寻求减压的迫切性。这能否表明进行并有效记录了家庭训练会正向影响干预效果。

第五，主试资质。与多数传统心理技能训练不同，在运动员正念训练中，主试（带领者）与团体成员之间不存在唯一的治疗与被治疗的二元关系，其往往成为运动员心理投射的对象。范·奥尔德伦（Van Aalderen）等人提出，具备正念带领资质的主试能将正念训练的方法内化、具体化并灵活应用，使运动员更容易理解如何将正念融入生活，否则将只能教授理论，而无法教授正念。

第六，试验类别。本次所纳入的研究均为试验性研究，且将其分为RCT和非RCT两类，非RCT包括采用单组前后测差异对比的控制试验和非随机的对照试验。相较于非RCT，RCT具有随机分组、设置对照和高论证强度等特征，且能够将干预前无关变量对试验结果的影响最小化，同时，与非RCT相比，RCT通过对比试验组与控制组的差异，能在一定程度上降低被试产生社会期待偏差的可能，使结果更接近实际的干预效果量。

第七，研究质量。在Meta分析与系统综述评价类研究中，评估研究质量对研究结果的解释以及为临床实践指导时的有效性，都有重要意义。随机对照设置、盲法使用和统计学信息常作为试验类研究质量评价的三个重要指标。以随机对照设置或盲法设置为例，在心理干预研究中，对于未设置随机对照组或盲法控制的被试来说，其往往受到“社会期待效应”的影响，干预效果可能会被自身的社会期待效应加强，即夸大了正念训练本身所带来的效果。所以，低质量的研究可能夸大了干预本身的效果；而高质量研究通过设置随机对照并使用双盲设计排除了部分无关的影响因素，则可能呈现出较低的干预效果。

通过对已有的Meta分析类文章进行分析，发现存在以下局限。首先，在方法学方面，已有Meta分析研究者计算正念训练在运动领域的效果量时，所纳入的研究数量较少，平均为10项，而在针对干预运动员心理状态的Meta分析中，平均研究仅7项，这就会造成I型错误的风险增加并导致结果出现偏差，结论的可信度和生态学效度降低，并且所纳入研究的数量较少将无法深入考察异质性来源，以及评估发表偏倚风险。其次，在研究目的方面，以往研究多聚焦于正念训练改善运动员心理状态的效果方面，鲜有考察正念训练干预效果的边界条件，即调节变量。除此之外，正念的理念虽源于东方，但迄今为止，正念训练干预过程中的调节变量及其作用机制在东西方文化背景下是否相同也尚不明确。

综上，本研究参考Meta分析研究优先报告项目方案（Preferred Reporting Items for Systematic Reviews and Meta-Analysis Protocols，PRISMA-Protocol），将东西方国家在正念训练干预运动员心理状态领域的研究均纳入分析，系统考察正念训练对运动员群体的干预即时效果与追踪效果，探讨潜在调节因素及其作用程度。

检索英文数据库（Web of Science、EBSCO、PubMed、MEDLINE with Full Text、OpenDissertations、Psychology and Behavioral Sciences Collection、Academic Search Premier）与中文数据库（中国知网CNKI数据库、维普中文期刊数据库、万方数据知识服务平台）获取经过评审的相关论文全文。检索词分解为两类，其一为“正念或冥想”（mindfulness、meditation、正念、冥想）；其二为“运动员”（athlete、player、运动员）。结合不同数据库的检索特点，综合运用“主题词”“关键词”等方式进行检索。鉴于我国在正念训练研究领域起步较晚，另外其概念界定和研究质量在2010年后才逐渐得到学者们的认同，因此我们将文献时间跨度设定为2010年1月1日至2019年12月31日为止，检索时间为2020年2月26日。

文献按照以下标准予以纳入或排除：（1）纳入文献语言为英文或中文；（2）纳入的文献为全文，排除会议论文和摘要等非全文论文；（3）干预方法选用正念减压训练、正念认知行为干预训练、“正念-接受-投入”训练（Mindfulness-Acceptance-Commitment，MAC）、“正念-接受-觉悟-投入”训练（Mindfulness-Acceptance-Insight-Commitment，MAIC）和运动正念冥想训练（Mindfulness Meditation Training for Sport，MMTS）等正念冥想技术，将选取较低或无正念成分的训练作为干预手段的研究予以剔除，同时剔除正念干预组中操控检查结果差的被试；（4）对选取智力残疾、精神残疾或药物滥用等运动员作为被试的研究予以排除；（5）所纳入的研究应明确报告所使用测量工具、数据报告完整、提供可计算效果量的统计信息，同时，多测量结果研究也纳入。检索关键词由第一作者和通讯作者两人讨论后确定，交由另一名研究者进行论文检索；该研究者根据上述标准初步确定纳入与排除文献，后经与第一作者协商一致后确定最终纳入与排除文献。

采用修订的PEDro量表（Physiotherapy Evidence Database Scale）对文献质量进行评估，该量表包含11个二分项条目（是或否），用于评估相关试验的随机化、内外部效度以及统计学信息。选择“是”积1分，得分相加后得到总分。总分越高代表文献质量越好。

文献特征编码指标包括：第一作者，年份，国家和地区，试验设计，样本量，平均年龄（岁），运动项目，干预内容，干预周期，评估工具，结局指标及文献质量评分。由两名研究者对所纳入文献进行独立编码，当出现分歧时，经与第三名研究者协商一致后确定最终编码。采用Review Manager 5.3（RevMan 5.3）软件进行Meta分析。由于不同研究者对相同的变量采用不同的测量工具，本研究使用标准化均数差（standardized mean difference，SMD）Cohen’s d作为试验组（正念组）与对照组（非正念组）的效果量。在进行效果量评价时均采用随机效应模型。

发表偏倚评估。发表偏倚是指，研究结果呈阳性的研究更容易发表，而结果呈阴性的研究常被拒稿，导致在Meta分析过程中，较难将无统计学意义的文献完整收集，这就使得所纳入的研究与相应领域内的实际研究之间存有误差，从而影响Meta分析结果。

调节效应分析。依据纳入文献编码特征，本研究对假设的7个潜在调节变量进行验证，即国家地区（东方和西方）、年龄（13～19、20～26、27～33和34～40）、干预周期、是否家庭练习、主试资质、试验类别（RCT和非RCT），以及研究质量评分。《Cochrane评价手册》（*Cochrane Reviewers' Handbook*）指出，比较不同亚组之间的差异有助于了解正念干预的边界条件，然而亚组分析无法对其他干扰变量进行严格控制，其在本质上是观察性的，易受到其他变量（或水平）的混杂而带来结果混淆，提供因果关系证据的强度较弱，故建议在进行系统评价时应谨慎解释亚组之间的差异。因此，本研究对亚组分析结果采取谨慎态度，以尽量减少误差。因追踪样本数目较少，本研究对追踪效果量的调节因素不作探讨。

结果显示，本研究共纳入符合标准的文献20篇，样本总量为1588。纳入Meta分析的西方国家的研究约占45%；研究样本量为12～55；平均年龄在13～40岁之间；干预周期平均为9.3周；要求家庭练习的研究占22.2%；质量分数PEDro分数的均值为5.5，整体呈上升趋势。

15篇文献评价了正念训练对运动员正念水平的影响，其中英文文献12篇，中文文献3篇。15篇文献合并结果间统计学异质性高。效果量评价结果显示，正念训练对运动员正念水平的干预效果量d=0.65，达到中等到大效果量，95% CI（0.29, 1.01），p=0.0005，即正念训练组与对照组具有显著差异。

16项结局指标评价了正念训练对运动员积极心理状态的影响，其中英文文献指标14项，中文2项。16项心理指标依次代表flow、心理韧性、情绪智力、注意控制、flow、成就动机、心理韧性、睡眠质量、运动满意感、flow、flow、应对能力、接受体验、flow、心理韧性及训练态度，其合并结果间统计学异质性中高。效果量评价结果显示，正念训练对运动员积极心理状态的干预效果量

$d=0.85$，达到中等到大效果量，95% CI（0.51, 1.20），$p<0.00001$，即正念训练组与对照组具有显著差异。

17项结局指标评价了正念训练对运动员消极心理状态的影响，其中英文文献指标13项，中文4项。17项心理指标依次代表经验性回避、焦虑、经验性回避、应激、情绪调节障碍、睡前唤醒、应激、疲劳、焦虑、悲观、焦虑、悲观、应激、经验性回避、心境状态、疲劳及“chocking”，其合并结果间统计学异质性低。效果量评价结果显示，正念训练对运动员消极心理状态的干预效果量$d=-0.57$，达到中等到大效果量，95% CI（−0.74, −0.40），$p<0.00001$，即正念训练组与对照组具有显著差异。

为了考察正念训练对运动员心理状态的整体性影响，先将运动员消极心理状态结局指标得分进行反向计分处理（即由原来的效果量越小改善效果越好统一为效果量越大改善效果越好），后将统一后的所有结局指标综合分析。48项结局指标评价了正念训练对运动员心理状态的影响，其合并结果间统计学异质性中高。效果量评价结果显示，正念训练对运动员心理状态的整体干预效果量$d=0.69$，达到中等到大效果量，95% CI（0.52, 0.86），$p<0.00001$，即正念训练组与对照组具有显著差异。

6项结局指标评价了正念训练对运动员心理状态的追踪影响。6项心理指标依次代表注意控制、正念水平、正念水平、正念水平、接受体验以及flow，其合并结果间统计学异质性低。效果量评价结果显示，正念训练对运动员心理状态干预的追踪效果量$d=-0.08$，效果量极小，95% CI（−0.33, 0.16），$p=0.50$，即正念训练的追踪效果量不显著。

综合运用定性与定量方式评估发表偏倚风险。对正念训练干预运动员心理状态即时效果的检验，表明存在发表偏倚的风险较大。对追踪效果的检验，表明存在发表偏倚的风险较小。

采用随机效应模型进行亚组分析，考察7个潜在调节变量在正念训练对运动员心理状态影响中所起的作用。

第一，东西方文化背景下的运动员心理状态干预效果量差异均显著，$d_{东方}=1.03$，$p<0.001$；$d_{西方}=0.41$，$p<0.001$。东方组内异质性水平中高（$I^2_{东方}=73\%$），西方组内异质性水平低（$I^2_{西方}=62\%$）。组间异质性检验结果显示两组间的效果量差异显著，$p=0.0002$，$I^2=92.9\%$。提示正念训练对运动员心理状态的干预效果受试验对象国家文化背景的调节。

第二，以平均年龄为限，将运动员分为22岁以下和22岁及以上两组，以考察年龄的调节作用。22岁以下运动员心理状态干预效果量差异显著，$d<22=0.61$，$p<0.001$；22岁及以上运动员心理状态干预效果量差异不显著，$d\geqslant 22=0.70$，$p=0.06$。组间异质性检验结果显示高低年龄间的效果量差异不显著，$p=0.55$，$I^2=0.0\%$。提示正念训练对运动员心理状态的干预效果不受试验对象年龄的显著影响。

第三，不同干预周期的运动员心理状态干预效果量差异均显著，$d<8=0.79$，$p<0.001$；$d\geqslant 8=0.58$，$p<0.001$。两组组内异质性均达到中等水平，$I^2<8=53\%$，$I^2\geqslant 8=62\%$。组间异质性检验结果显示两组间的效果量差异不显著，$p=0.22$，$I^2=34.2\%$。提示正念训练对运动员心理状态的干预效果不受正念干预周期的显著影响。

第四，进行或不进行家庭练习的运动员心理状态干预效果量差异均显著，d是=0.74，$p<0.001$；d否=0.66，$p<0.001$。两组组内异质性均达到中等水平，I^2是=56%，I^2否=62%。组间异质性检验结果显示两组间的效果量差异不显著，$p=0.63$，$I^2=0.0\%$。提示正念训练对运动员心理状态的干预效果不受家庭练习与否的显著影响。

第五，主试资质不同的研究心理状态干预效果量差异均显著，d有=0.80，$p<0.001$；d无=0.53，$p<0.001$。有资质组内异质性水平低（I^2有=26%），无资质组内异质性水平中等到高（I^2无=73%）。组间异质性检验结果显示两组间的效果量差异不显著，$p=0.13$，$I^2=56.6\%$。提示正念训练对运动员心理状态的干预效果不受主试资质的显著影响。

第六，RCT或非RCT组的运动员心理状态干预效果量差异均显著，dRCT=0.67，$p<0.001$；d非RCT=0.78，$p<0.001$。RCT组内异质性水平中高（I^2RCT=71%），非RCT组内异质性水平低（I^2非RCT=63%）。组间异质性检验结果显示两组间的效果量差异不显著，$p=0.55$，$I^2=0.00\%$。提示正念训练对运动员心理状态的干预效果不受试验类别的显著影响。

第七，鉴于PEDro总分为10分，因此按照小于6分或大于等于6分对研究质量评分进行分组。不同质量研究的心理状态干预效果量差异均显著，$d<6=0.99$，$p<0.001$；$d\geqslant 6=0.44$，$p<0.001$。两组组内异质性均在中等水平，$I^2<6=51\%$，$I^2\geqslant 6=53\%$。组间异质性检验结果显示两组间的效果量差异显著，$p=0.0008$，$I^2=91.1\%$。提示正念训练对运动员心理状态的干预效果受研究质量的显著影响。

整体看来，本研究遵循优先报告项目–方案（PRISMA–Protocol）原则，纳入证据强度较高的试验类研究，通过Meta分析技术重点考察正念训练干预运动员心理状态的即时效果与追踪效果，同时进行调节效应分析，探讨影响正念训练即时效果的潜在调节变量及其作用程度。

对48项研究指标进行Meta分析的结果表明，运动领域中正念训练对心理状态的影响达到中等效果量，d=0.69，95% CI（0.52, 0.86）不包括0，提示效应量可靠；对6项追踪指标进行Meta分析的结果表明，运动领域中正念训练对运动员心理状态的追踪效果量极小，d=-0.08，95% CI（-0.33, 0.16）包括0，提示效应量不稳定，由偶然因素引起的概率较大。可见，在运动领域中，本Meta分析结果支持了正念训练的核心观点，即运动员通过进行正念训练，改善了即时的心理状态，进而可能对运动成绩起到提高作用。正念的理念源于佛教，主要是通过正念冥想、正念呼吸、正念饮食等形式融入运动员的生活，培养的是其接纳和觉察能力，引导运动员带着觉察的心去体会自己的想法和情绪，帮助运动员重新审视自己的状态，阻止陷入对消极心理状态反复思考的恶性循环，促进运动员对心理状态的管理及消极症状（如心理疲劳）的耐受性，进而对自身心理状态起到积极作用，并最终提高运动表现。综上，本研究结果证明了正念训练对运动员的心理状态有正向影响，且效果量中等。

发表偏倚是客观存在的，检验结果表明，即时效果相关研究可能存在发表偏倚风险，追踪效果相关研究不存在发表偏倚。分析结果提示在运动领域中，虽然正念训练对运动员心理状态的即时效果量达到了中等效果，但可能存在发表偏倚，致使效果量被高估。

正念训练对运动员心理状态的干预效果存在跨文化差异，即东方国家运动员的训练效果要显著优于西方国家运动员。出现这一结果的原因：首先，正念训练的理念源于东方佛教，其本身就带有文化地域性，东方运动员更能掌握正念训练的核心；其次，现今东方各国纷纷效仿我国竞技体育领域内的“举国体制”，在这样的体制之下，运动员容易形成国家利益高于一切的思想，即正念训练希望达到“去中心化”的目的，这与西方文化下强调运动员以自我为中心的思想有显著区别；再次，受儒家思想的影响，东方运动员更懂得伤病或挫折是客观存在的，一味逃避不如学会与挫折共存，即“阿Q精神”，而西方运动员则大多认为必须用实际行动来改变自己以应对挫折。所以，东方运动员在接受正念训练后，更易于将伤病或挫折当作客体，切断其与自身的联系，以实现在比赛中达到适宜心理状态的预期效果。

综上所述，进一步加强正念训练在运动领域的干预研究具有重要的理论与现实意义。虽然高水平运动员的心理素质较一般人群来说更好，但大部分运动员面对重要比赛时难免会经历应激、焦虑、高唤醒或“choking”状态，而正念训练既有普适性又具针对性，对运动员心理状态可具有长期影响，一方面它可以提高运动员觉察接受水平、flow、注意控制及情绪智力等心理状态；另一方面，也可以减少运动员经出现回避、焦虑、应激以及“choking”等心理状态，进而对运动表现产生有益影响。因此未来在运动领域，正念训练干预研究具有进一步拓展的价值。